이천

D

D

대한민국 도슨트
한국의 땅과 사람에
관한 이야기

17

이천

김희정 지음

21세기북스

이천시내 전경

차례

이천 지도

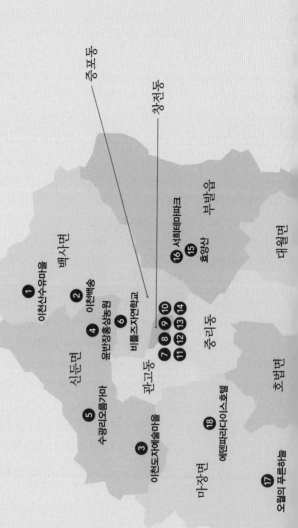

증포동

장천동

부발읍

대월면

배사면

1 이천산수유마을

2 이천백송

윤반정응성농원 4

비틀즈자연학교 6

7 8 9 10
11 12 13 14

16 서희테마파크

15 효양산

중리동

호법면

신둔면

관고동

수광리오름가마 5

이천도자예술마을 3

에덴파라다이스호텔 18

마장면

오월의 푸른하늘 17

동기스타즈

모가면

자채방아이마을 ⑳

서경들마을 ㉑

섬성면

와우목장 ㉒

장호원읍

장호원농산물유통센터 ㉓

율면

부래미마을 ㉔
소국도랑돌레길 ㉕

⑦ 이천시장애인자립생활센터
⑧ 안흥지
⑨ 이천온천공원
⑩ 관고전통시장
⑪ 설봉공원
⑫ 이천 태극당
⑬ 한국동요박물관
⑭ 이천문화원

이천에 이사와 놀란 것은 집값이었다. 부동산중개인의 권유로 이천시 증포동에 있는 23평(76m²) 아파트를 전세로 얻었다. 1997년 준공 후 2년 된, 대기업에서 지은 아파트였다. 전세금은 3,500만 원. 당시 서울에서는 같은 금액으로 다세대주택 1층에 전세로 살았다. 창문 너머로 다닥다닥 붙은 낡은 주택이 보이는 작은 방 두 칸에 좁은 부엌과 화장실이 있는 집이었다.

그에 비해 이천의 아파트는 넓고 쾌적했다. 베란다에 서면 푸른 들녘이 시야 가득 들어왔다. 이삿짐을 풀고 얼마 후 알았다. 당시 이천에는 고층 건물이나 복잡하고 화려한 거리는 없었다. 대신 여백이 많았다. 많아도 너무 많았다. 그 여백은 논과 밭, 그 안에서 자라는 곡식들, 구불구불한 들길과 풀과 꽃, 물길, 구릉지대와 산이었다. 그 여백은 내가 유년 시절을 보낸 해남과 닮은 데도 있었다. 그래서였을까. 아무 연고 없는 이천은 살만했다. 밤이면 깜깜하고 적막한 점은 아쉬움이었다. 책방이나 놀러 갈만한 곳을 찾기 어려웠던 점도 아쉬웠다.

이천으로 이사 오고 며칠 후였다. 오랜만에 만난 사람들은 나한테 사는 곳을 물었다. 나는 "이천"이라고 답했다. 그러면 사람들은 고개를 끄덕이며 이렇게 말했다. "인천요? 아, 서울에 사는군요."라고. 내 이름을 틀리게 불러준 것 같아서 자존심이 상했다. 나는 "이천쌀, 도자기를 생산하는 '이천'이에요. 현대전자도 있구요."라고 부연 설명을 했다. 그러면 사람들은 그때서야 "아~ 이천쌀, 도자기~ 이천."이라고 했다. 인천의 인에서 ㄴ자를 빼면 이천인데, 어떨 때는 서운함보다는 공감이 앞섰다. 나도 이천으로 이사 오기 전에는 이천이 어디에 있는지 몰랐기 때문이다. 대한민국 국민이 삼시세끼 먹는 게 쌀밥인데, 이천쌀이 특산품이라니? 그 쌀이 그 쌀 아니야? 쌀이 특산품이라는 점은 가끔 의아하게 다가왔다.

모르니까 알고 싶어졌다. 2011년이었다. 당시 이천시 명예시민기자로 활동하면서 이천에 있는 보석을 캐 보기로 했다. 이전에 포착하지 못한 이천을 수굿이 봤다. 나태주 시인은 자세히 보아야 예쁘고 오래 보아야 사랑스럽다고 했다. 이천도 그랬다. 자세히 보고 계속 보다보니 아름다운 보석이 여기저기서 반짝거렸다. 나는 그 보석을 캐기 시작했다. 문화예술인, 도예인, 이천쌀, 농업인, 소상공인, 평범한 시민 등. 그들을 찾아가 인터뷰하고 촘촘하게 취재했다. 그것을 다듬어 집필하는 작업에도 참여했다. 다행히 이천의 보석을 캘 기회는 계속 주어졌고 기록물은 차곡차곡 쌓여갔다. 이러한 과정에서 동화와 소설 등 다양한 분야에서 문학상을 받았다. 이천의 여러 마을을 돌아다니며, 마을의 역사와 전설을 알게 됐고 마을이 가진 다양한 콘텐츠를 알아갔다. 무엇보다 자신의 마을을 아름답게 가꾸기 위해 노력하는 마을 주민들을 알게 된 것은 역시나 보석을 캐는 일과 연결됐다. 이천의 마을 곳곳에 빛나는 보석들이 많아도 너무 많았다. 그 세월과 함께 이천에는 이마트와 롯데아울렛, 다양한 대형마트, 대단위아파트 단지와 아름다운 전원주택이 들어섰다. 물가도 오르고 집값도 올랐다. 곳곳에 회사와 물류센터가 여백을 메꿨다. 롯데캐슬 등 높고 거대한 건물도 우뚝 들어섰다. 이천 사람들은 도자기와 이천쌀은 물론이고 산수유, 인삼, 젖소와 한우, 게걸무 등 지역과 마을이 가진 옛 자원과 현대 자원을 콘텐츠로 만들었다. 참신한 지역문화를 만들고 그것을 축제와 연결시켰다. 그 축제를 시민의 힘으로, 그리고 공공기관(公共機關)과 손을 맞잡고 끈질기게 성장 발전시켰다. 이천 사람들은 마을마다 다이아몬드 원석같은 자원을 발견하고 다듬어서 보석으로 만들었다. 그 가치를 높이고 반짝이게 하는 힘이 있었다. 이천 마을 곳곳에서 실시하는 다양한 체험과 농촌체험, 볼거리, 즐길거리 등을 연결해주는 시스템 (사)이천나드리가 만들어졌다. 요즘 누군가가 나에게 사는 곳을 물으면 '이천'에 산다고 당당하게 답한다. 그러면 그들이 부연 설명을 한다.

"오, 이천에 사시는군요. 임금님표 이천쌀, 도자기로 유명하죠. 쌀밥도 맛있고 복숭아도 정말 맛있더군요. SK하이닉스도 있고, 일자리도 많고, 카페도 많고, 살기 좋은 도시죠."

그것뿐이겠는가. 이천에는 다채로운 분야의 예술인들이 작업하기에도 좋은 환경을 갖추고 있다. 곳곳에 회사도 많다. 자신의 삶을 성실하게 일궈가는 청년들도 많다. 이천에서 만난 많은 분들, 이천시청과 이천문화원 관계자 등의 도움 덕분에 이 책을 쓸 수 있었다. 주신 사랑에 고개 숙여 감사드린다. 이 책은 나의 첫 단행본이다. 믿고 기다려준 출판사에 한없이 감사드린다.

백사면 원적산

마을마다 문화예술콘텐츠를 만들고
축제로 이어가는 도시

도농복합도시 이천

이천은 한반도의 중심부인 경기 동남부의 중심에 자리하고 있다. 농촌과 첨단반도체 산업이 공존하는 도농복합도시이다. 적당히 높고 낮은 산들이 마을을 동그랗게 감싸고 있다. 설봉산(관고동), 해룡산(고담동), 원적산(백사면), 정개산(신둔면), 효양산(부발읍), 노성산(설성면), 대덕산(호법면), 와룡산(호법면), 도드람산(마장면), 양각산(마장면), 마국산(모가면), 설성산(설성면), 백족산(장호원읍), 팔성산(율면) 등. 이천 시내권에서도 작은 야산과 구릉을 볼 수 있다. 그러하니 이천은 공기가 좋을 수밖에 없다. 이천은 농촌과 전원생활·관광·레저·도심 생활까지 다채롭게 즐길 수 있는 도시이다. 산 아래 농촌 마을엔 그 마을에서 대대로 전해 내려오는 전통 자원을 활용한 다양하고 흥미있는 체험거리가 풍성하다. 마을 사람들은 그 자원을 콘텐츠화 한다. 스키장과 골프장도 있다. 지산포레스트리조트(마장면), 더반골프클럽(대월면), 호반덕평CC(호법면), 뉴스프링빌CC(모가면), 비에이비스타CC(모가면), 사우스스프링스CC(모가면), 웰링턴CC(모가면), 이천마이다스골프&리조트(설성면), 블랙스톤GC(장호원읍),이천실크밸리GC(율면) 등. 마을마다 승마장과 리조트도 있다. 자채방아마을 승마체험(대월면), HK승마스쿨(마장면), 솔밭승마클럽(호법면), 스티븐승마클럽(호법면), 태극호스파크(부발읍), 파밀리에승마장(설성면), 덕평공룡수목원(마장면), 라드라비 아트 앤 리조트(모가면), 별빛정원우주(마장면) 등. 천연 알칼리성 온천수가 나오는 온천도 유명하다. 600년 전통의 이천설봉온천랜드, 미란다스파플러스, 온천의 지상낙원이라는 의미를 담은 테르메덴 등. 정말 흥미로운 곳 아닌가. 예스파크(이천도자예술마을)에는 전통 및 현대 도자기를 제작하는 도예인과 다양한 분야의 예술인들이 모여 산다. 사음동 사기막골 도예촌은 이천의 인사동이다. 설봉공원에는 이천시립박물관과 경기도자미술관, 한국도자재단, 이천시립월전미술관, 이천시무형문화재전수교육관, 인공암벽등반장 등 다채로운 문화예술 공간이 밀집돼 있다. 축제는 또 얼마나 많은지.

'이천 9경'도 빼놓을 수 없다. 1경 도드람산 삼봉(기암괴석), 2경 설봉호수, 3경 설봉산 삼형제바위, 4경 설봉산성, 5경 산수유마을, 6경 반룡송, 7경 애련정, 8경 말머리바위, 9경 사기막골 도예촌이다. 1경부터 9경에는 저마다 흥미롭고 신기한 전설과 이야깃거리가 깃들어있다. 1경부터 9경까지 구경하다 보면 이천의 역사와 신비를 조금은 알 수 있을 것이다. 이천에는 2000년대에 탄생한 6개의 농촌체험관광마을이 있다. 산수유마을(백사면), 자채방아마을(대월면), 도니울마을(대월면), 우무실마을(설성면), 서경들마을(모가면), 부래미마을(율면) 등.

1경부터 9경까지, 또 농촌체험관광마을을 구경하는 데에 아쉬운 점이 있다. 마을과 마을 사이를 이동할 때 대중교통은 기다리거나 오가는 시간이 많이 소요된다는 것이다. 이천시 티투어와 택시를 타고 갈 수도 있다. 똑버스를 이용할 수도 있다. 똑버스는 경기도 수요응답형 버스다. 스마트폰에 똑타 라는 앱을 설치한 후 그 앱에 출발지 버스정류장과 도착지 버스정류장을 입력한 후 버스를 호출하면 근처에 있는 똑버스 도착 대기 시간 등을 알려준다. 똑버스는 이천역과 이천종합터미널, 이천 시내권에서만 이용 가능하다. 율면과 장호원읍내에서도 운행 중.

이천에는 복하천, 청미천과 신둔천, 양화천 등 크고 작은 하천도 많다. 하천 유역으로 넓은 경작지가 잘 발달 돼 있다. 경작지는 찰흙과 모래가 적절히 혼합되어 비옥하다. 분지형에 구릉도 많다. 이러한 지리적, 지형적 특성으로 인해 풍수해와 가뭄피해가 타 지역에 비해 현저히 적다. 일교차가 크고 가을이면 일조량이 풍부하다. 쌀농사를 비롯해 다양한 곡식과 맛 좋은 과일이 잘 자란다. 1970년대에 정부에서는 농촌의 야산과 구릉지를 개간하여 작물을 심게 했다. 이에 탄력을 받은 이천에서는 복숭아·배·포도·사과·고구마·인삼·대파·도라지 등 다양한 밭작물을 대량으로 재배하고 있다. 근래에는 대형 비닐하우스에서 채소와 딸기, 참외, 토마토, 꽃, 한라봉, 식용버섯 등 다양한 특용작물을 생산하고 있다. 풍요로운 곡창지대이자 살기 좋은 지역이다. 그래서인지, 이천시에 거주하는 농업인은 2만여 명에 달한다. 참고로 이천시의 총면적은 461.4km². 농경지는 67.8km²(36%). 임야 160.1km²(35%), 기타 133.5km²(29%)로 구성돼 있다. 2023년 11월 기준, 인구수는 234,038명(내국인 223,525명 외국인 10,513명)이다. 이 가운데 남자는 122,874명(53%), 여자는 111,164명(47%)이다. 세대수는 104,933세대이다.

이천의 군데군데에 가축을 키우는 축사도 많다. 구릉지대가 좀 더 많은 설성면에서는 돼지·한우·젖소·닭·염소 등 축산업이 성행한다. 오래전에는 이 축사에서 나온 가축분뇨 냄새가 문제였다. 지금은 축산농가와 이천시의 각고의 노력으로 이 문제가 점차 해소되고 있다.

이천은 서울, 경기도, 강원도와 충청도 등 어느 지역으로든 이동하기가 편리하다. 중부고속도로와 영동고속도로가 교차하고 서울에서 충주를 잇는 3번 국도, 그리고 수원에서 여주를 잇는 42번 국도가 교차한다. 대도시인 서울로 오가는 교통수단도 다양하다. 이천종합버스터미널에서 강남고속터미널까지, 또 동서울터미널까지 가는 버스가 20~30분 간격으로 있다. 2020년 3월에 신설된 광역버스 G2100번은 이천종합버스터미널에서 잠실역환승센터를 오간다. 이천에서 출발하면 1시간 이내에 서울에 도착하게 된 것이다. 2022년 3월 31일부터 이천종합버스터미널에서 이천시 마장면을 거쳐 신분당선강남역(중)을 오가는 광역버스 G3401번이 운행되고 있다. 2016년 9월 24일 '경강선'이 정식 개통했다. 경강선은 성남 판교·광주·이천·여주 이렇게 4개 지역을 잇는다. 이천에서 신둔도예촌역, 이천역, 부발역 이렇게 3개 역에서 정차한다.

이천(利川), 임금님이 하사한 지명

이천은 삼국시대부터 정치적, 군사적으로 중요한 역할을 했다. 교통의 요충지이다. 그러한 까닭에 이천은 역사 속에서 여러 지역에 속했다. 삼국시대 초 475년까지는 백제에 속했다. 같은 해 475년 장수왕이 백제를 점령한 후 이천은 고구려에 속했다. 이때 이천은 남천현(南川縣)이라고 불리었다. 이후 551년 신라 제24대 진흥왕 때는 남천주(南川州)로 승격했다. 당시 주(州)는 오늘날의 경기도청소재지였다. 757년 신라 제35대 경덕왕 때는 황무현(黃武縣)으로 개칭됐다. 이천(利川)을 쓰게 된 때는 936년, 고려 태조가 후백제를 정벌한 후였다.

이천(利川)이라는 지명(地名)은 이섭대천(利涉大川)에서 비롯됐다. 이는 고려 태조 왕건, 그러니까 임금님이 지명을 하사한 데에 그 의미가 깊다. 『고려사』 지리지에 수록된 내용을 토대로, 왕건이 이섭대천을 하사한 일화를 소개해본다. 936년 어느 여름이었다. 왕건은(19년) 후백제와 마지막 일전(一戰)을 치르기 위해 직접 군사를 이끌고 이천으로 내려왔다. 그런데 몇 날 며칠 동안 폭우가 내렸다. 넓고 긴 복하천(福河川)이 범람할 정도였다. 왕건은 어쩔 수 없이 군사들을 이천에 주둔시켰다. 비가 그치고 불어난 물이 줄어들기를 기다리거나 다시 왔던 곳으로 돌아가거나, 어느 하나를 선택해야 했다. 그러던 중,『주역(周易)』에서 '이섭대천(利涉大川)'에 주목했다. 이는 '큰 하천(강)을 건너면 이롭다'라는 직역과 '학문과 덕을 쌓고 인생의 위기나 역경에 굴하지 않고 정진하면 큰 공(功)을 세우며 온 천하를 이롭게 한다.'라는 의역을 담고 있다. 왕건은 이를 복하천을 건너서 후백제를 치고 통일을 이루라는 의미로 받아들였다. 문제는 물이 불어난 복하천을 어떻게 건너느냐였다. 이때 이천서(徐)씨 성을 가진 서목(徐穆)의 도움으로 복하천을 무사히 건넜다. 서목은 서희의 당숙으로 효양산 기슭에 살았다. 복하천 지형도 잘 알았다. 왕건과 군사들은 후백제와의 일전에서도 승리해 후삼국을 통일했다. 왕건은 이천에서의 일을 치하하기 위해 이천에 '이섭대천(利涉大川)'이라는 지명(地名)을 하사했다. 이후 이섭대천(利涉大川)에서 첫 글자 '이(利)'와 끝 글자 '천(川)'을 조합해 '이천(利川)'이 됐다. 1257년 고려의 제23대 왕인 고종 때는 이천을 영창(永昌)이라고 했다. 이천의 옛 이름은 현재 도로명으로 사용된다. 황무로, 남천로, 이섭대천로, 영창로 등.

구한말 항일의병 운동의 구심지

1895년(을미년) 이천, 광주, 여주, 안성, 죽산, 시흥, 포천, 양주 등지에서 의병운동이 일어났다. 이천은 경기의병의 중심지였다. 항일의병운동이 전국적으로 확산되는 구심지이기도 했다. 1896년 1월 일본군과의 첫 싸움인 이천광현전투에서 우리 의병이 크게 승리했다. 이에 힘을 얻은 항일의병운동은 전국으로 확산됐다. 이 운동의 중심에 이천수창의소(利川首倡義所)가 있다. 이천수창의소는 1895년 12월, 이천에서 결성한 경기의병연합체이자 독립운동단체이다. 김하락, 김태원, 구연영, 신용희, 조성학 등이 주축이 됐다. 이천 신둔면 수광리 넓고개(넋고개 혹은 광현)에는 이와 관련한 이천의병전적비(利川義兵戰蹟碑)가 있다. 이는 이원회(이천 지역 토박이 원로 모임)가 1988년 7월 이천 의병의 구국정신을 기리기 위해 건립했다.

이천시 행정구역 개편

고려가 망하고, 태조 이성계가 조선을 건국한 1392년, 이천은 이천군(南川郡)에서 이천현(利川縣)으로 변경됐다. 이후 다시 이천군이 됐다가 1444년 세종 때 이천도호부로 승격됐다. 군(郡) 중에서 가구(세대) 수가 1,000호가 넘으면 도호부로 승격한다는 전례에 의해서였다. 당시 이천의 가구 수는 1,026호였다. 1895년, 고종은 광범위한 지방 행정구역을 개편했다. 효율적인 지방통치를 위해서였다. 이때 이천은 다시 군(郡)이 됐다. 당시 이천군청 소재지는 장호원에 있었다. 일제는 1913년 12월 29일 자 조선총독부 관보에 행정구역 개편 시행에 대해 공포했다. 그리고 1914년, 일제는 식민통치의 편의를 위해서 우리나라 전국의 면적, 인구, 경제력 규모 등을 조사했다. 그 것을 토대로 1914년 3월 1일, 조선총독부령으로 도의 위치, 관할구역과 행정구역 명칭과 위치에 관한 대대적인 행정구역 개편을 단행했다. 이때 음죽군과 음성군의 일부가 이천군으로 병합됐다. 이천군 자체에서도 행정구역의 변화가 있었다. 1913년에는 부면과 발면이 합해져 부발면이 됐고 호면이 호법면이 됐다. 설성산의 '설', 노성산의 '성'자를 따와 설성면이, 신면과 둔면을 합해 신둔면이 됐다. 1914년 3월, 대면, 월면, 초면이 합해져 대월면이 됐다. 같은 해 상율면과 하율면이 통합돼 율면, 백면과 사면을 통합해 백사면이 됐다. 1914년 4월 마면과 장면을 통합해 마장면이 됐고 모면과 가면을 통합해 모가면이 됐다. 이천의 규모는 계속 커졌다. 1938년 10월 이천군 읍내면이 이천읍으로 승격됐다. 2년 후인 1941년 10월 이천군 청미면이 이천군 장호원읍으로 승격됐다. 1950년 6·25전쟁이 일어나고 며칠 후인 7월 4일 이천은 인민군에게 점령됐다. 이때 이천의 행정·치안 체계, 주요시설 및 중요한 문서는 파손·소실됐다. 같은 마을 사람들 사이에서 서로 다른 이념 갈등은 참으로 가슴 아픈 일을 남겼다. 1951년 2월 26일 이천은 행정과 치안을 정비했다. 1952년에는 이천군 읍·면의회 의원선거가 실시됐다. 이 선거는 대한민국에서 최초 지방선거이다.

농촌에 불어온 새바람 새마을 운동

이천은 1970년대까지 전통적인 농업지역이었다. 인구의 대부분이 농업인이었다. 농촌사람들은 가난했다. 공업 중심의 경제개발로 소득이 향상돼가고 있는 도시민과 농촌 간의 빈부격차는 컸다. 1970년 정부는 농촌문제를 해결하고자 '농촌 근대화 10개년 계획'을 발표하고 농촌 근대화 발전 사업에 주력했다. 이 사업 가운데 대표사업이 새마을운동이었다. 이 운동은 처음엔 '새마을 가꾸기' 사업으로 시작했다. 1972년 정부는 이 사업을 새마을운동으로 바꾸고 전국민 운동으로 확장했다. 새마을운동의 중점 과제는 농촌의 생활환경개선, 소득증대, 정신계발(의식개혁)이었다. 새마을운동 바람은 이천에도 불어왔다. 이천시에서도 초가지붕·담장·화장실 및 부엌 개조 등 주택개량, 마을 안길 확장, 마을 공동우물 및 빨래터 설치, 하천과 도로변 일대 청소, 상수도설치 등 깨끗한 마을 조성과 생활환경개선 등 다양한 사업이 펼쳐졌다.

기업하기 좋은 도시, 이천

이천시는 반도체 중심의 미래첨단산업도시이다. 이천은 기업을 하기에 좋은 도시, 기업에 투자하기 적합한 도시이다. 2023년 11월 기준, 이천에 있는 기업체는 1,234개, 그 가운데 대기업은 8개, 중견기업은 26개, 중소기업은 1,200개이다. 이 기업체에서 근무하는 사람은 총 46,309명이다. 대기업에서 22,045명, 중견기업에서 4,765명, 중소기업에서 19,499명이 근무한다. 이 외 이천 곳곳에 다채로운 제조업과 식품업체, 그리고 물류센터가 있다. 수도권의 기업확장 규제에도 불구하고 크고 작은 기업이 활발하게 입주하고 생산활동을 하고 있는 것이다. 1975년 영동고속도로가 완전개통된 후 서울, 경기, 충청도, 강원도 등 사방으로 이동이 원활해졌다. 물자수송과 여행도 편리해졌다. 같은 해 10월 이천에는 다양한 제조업체와 공장, 물류센터가 들어섰다. 당시 집계된 이천의 제조업체는 14개, 그 가운데 식음료업체는 4개였다. 이천에는 연평균 10여 개의 공장이 준공했다. OB맥주(구 동양맥주)도 1976년 부발읍에 이천공장을 준공했다. 오비맥주의 전신은 1933년 설립된, '소화기린맥주'. 이 회사는 1948년 동양맥주주식회사로 상호를 변경했고 1952년 5월 22일 정식 민간기업으로 출범했다. 이 맥주는 당시에는 번화가(핫플레이스)에만 소량으로 유통되었다고 한다. 맥주가 매우 귀한 술이었기 때문이다. 오비맥주에서는 국민맥주라 불리는 '카스' 등 다양한 맥주를 출시하고 있다.

1980년 10월 CJ제일제당이 이천에 1공장을 준공하고 육가공 사업을 시작했다. 이 회사는 당시 식품업계 최초로 수출 1억 달러를 돌파했다. CJ제일제당은 1986년 11월 이천에 제약공장을 준공하여 가동했다. 1982년에는 이천군민도서관이 개관됐다. 1983년 hy야쿠르트(한국야쿠르트)가 이천에 팔도라면 공장을 준공했다. 1984년 하이트진로는 부발읍에 이천공장을 가동했다. 하이트진로는 하이트맥주와 진로(眞露)가 통합된 상호이다. 하이트진로의 전신은 1924년 설립한 '진천양조상회'이다. 이천공장에서는 1998년 10월 소주 '참이슬'을 출시했고 2023년 11월까지 누적판매량이 390억 병이다. 이는 소주병을 나란히 세워놨을 때 지구에서 달까지 10번 이상 왕복할 수 있는 길이, 지구를 200바퀴 돌 수 있는 길이라고 한다.

이천의 주요 기업 가운데 SK하이닉스(구 현대전자)를 꼽을 수 있다. 메모리반도체 부문에서 세계 2위인 초우량기업이다. SK하이닉스는 메모리 반도체 시스템 반도체 CIS 등을 전문으로 설계, 제조하는 글로벌 기업이다. 세계에서 최초로 더블데이터레이트(DDR)5를 출시하는 등 반도체 부문에서 세계 최

1992년 부발읍 현대전자

1996년 OB맥주 이천공장

초를 갱신하고 있다. SK하이닉스는 전신은 1949년 설립한 국도건설이다. 1983년 10월 현대전자로 사명을 변경했다. 같은 해 10월 이천시 부발읍에 현대전자 이천공장을 착공했다. 이천에 현대전자가 들어서면서 전기·전자·기계·조립 등 다양한 협력업체도 들어섰다. 당시 이천에 신설된 제조업체는 57개였다고 한다. 1984년 8월 부발면에 반도체조립공장을 착공했다. 현대전자의 생산활동이 활발해지면서 부발면 인구는 늘어났다. 그러면서 1989년 4월 1일 부발면은 부발읍으로 승격됐다. 현대전자는 1999년 7월 LG반도체를 인수 합병, 이어 10월 ㈜현대반도체를 흡수 합병했다. 2001년 3월 ㈜하이닉스반도체로 사명을 변경했다. 2012년 3월 'SK하이닉스 주식회사'로 사명 변경 및 SK하이닉스로 출범 후 지금에 이른다.

도예촌과 관광단지 조성

1988년 서울올림픽 개최를 앞두고 이천시에서는 사음동(구 이천읍 사읍리)과 사기막골 일대, 수광리 일대를 도예촌과 관광단지 조성하기 위한 움직임이 빠르게 진행됐다. 당시 이 지역에는 요장과 도자기공장 약 80여개 업체가 밀집돼 있었다. 이천시에서는 이 일대에 약 7억 원의 사업비를 투자해 도예촌 조성 및 도예전시관 음식점, 주차장 등 편의시설을 조성했다. 사음리 도로가부터 이 일대에 다양한 도자업체가 예쁘고 고급스러운 도자기를 진열 전시해놓고 판매를 했다. 이 일대는 1988년 88서울올림픽 땐 용인 한국민속촌과 이천을 잇는 1일 관광코스가 됐고 한국을 찾은 외국인들에게 인기있는 관광단지가 됐다. 이 즈음 부발읍을 중심으로 대기업과 제조업체, 상업, 요식업, 서비스업 등 다양한 업종이 늘어나고 신둔면에 도예촌이 조성되면서 등 이천에는 일자리와 인구가 증가했다. 아파트도 들어서고 도농(都農)복합도시의 면모를 갖추게 됐다. 1996년 3월 1일 이천군은 이천시(利川市)로 승격했다. 도·농 복합도시가 됐다. 이 당시 이천시 인구는 16만 명, 가구 수는 49,000가구였다. 이천시는 2008년 4월 11일, 중리동 행정타운에 이천시 신청사 개청식을 했다. 새로 입주한 이천시청사는 부지 면적 6만5,333m²에 지하 1층, 지상 9층 규모이다. 이천시청청사를 중심으로 하여 양옆에 이천시의회와 이천아트홀이, 바로 인근에 이천경찰서, 이천세무서도 있다. 2024년 1월 기준, 이천시는 2개읍(부발읍, 장호원읍), 8면(신둔면, 백사면, 호법면, 마장면, 대월면, 모가면, 설성면, 율면), 4동(관고동, 증포동, 중리동, 창전동)으로 구성돼 있다.

도자기의 대한민국 국가대표, 이천도자기 그리고 예스파크

이천은 대한민국 전통도자기의 산실이다. 『신증동국여지승람(新增東國輿地勝覽)』(1530년 간행. 중종 25년)에는 도기(陶器), 백옥(白玉)과 쌀 등을 이천도호부의 특산품으로 기록하고 있다. 사기막골, 마장면 해월리(蟹越里)와 관리(冠里), 모가면 마옥산(磨玉山), 점말 등 이천 곳곳에서 조선시대에 도자기를 구운

이천시청 청사 이천시 부악로에 있는 이천시청 청사.

가마터와 다양한 파편이 출토됐다. 1980년대~2000년대까지 이천시에 300여 개가 넘는 요장(窯場)과 도자기공장이 있었다. 사기막골에는 길을 따라 50여 개의 세련된 도예 상점이 밀집해 있다. 이천시 신둔면 수광리 일대는 고려청자, 조선백자, 분청 등 전통도자 재현에 중요한 역할을 했다. 수광리에 칠기가마도 있었다.

이천시에는 도자 및 공예인프라가 잘 구축돼 있다. 도자시설을 갖춘 신둔초등학교와 설봉중학교, 한국도예고등학교, 청강문화산업대학 도예과(폐지됨)그리고 한국세라믹기술원, 한국도자재단, 이천세라피아 등. 세계도자비엔날레 및 도자기축제 등 굵직한 도예행사와 사업을 위한 인적, 물적, 공간적 인프라도 훌륭하다. 이천시는 2010년 7월 공예 및 민속예술분야 유네스코 창의도시로 지정받았다. 이는 공예 분야에서 대한민국 최초이다. 이어 2018년 6월 폴란드 크라코우에서 개최된 네트워크 회의에서 '공예 및 민속예술 분야' 의장도시로 선정됐다. 그로 인해 3년간 공예분야 창의도시 간의 교류 사업을 이끌었다. 이 또한 국내 창의도시 중 최초이다. 이천시는 도자·공예 도시로서 한국전통도자문화의 우수성을 알리고 대중화에 힘쓰고 있다.

신둔면 고척리 일원에 있는 예스파크도 이천이 도예와 공예 고장이라는 것을 다시 한번 보여준다. 2018년 4월 공식적인 문을 예스파크는 국내 유일·최대 규모의 도자·예술인 마을이다. 예스파크에는 도예인과 다양한 분야의 예술인들이 모여 산다. 전통도자와 현대 도자, 미술, 조각, 회화, 건축, 옻칠, 도자재료, 유리공예, 가죽공예 외에 다채로운 공예 등 250여 개의 수공예 공방과 업체가 작업을 하고 작품을 전시·판매한다. 게스트하우스를 운영하는 곳도 있다. 카페·휴게시설·농협 등 편의시설도 있다. 예스파크에서는 이천의 크고 작은 축제도 열린다. 야외잔디장이나 무대에서 이색적인 문화활동도 한다. 이천은 사계절 동안 축제중이라고 해도 과언이아니다. 그 가운데 몇 개를 소개하려고 한다.

이천은 축제중, 봄의 시작, 이천백사산수유축제

지역과 그 지역의 특산품을 알리는 좋은 방법 가운데 하나는 축제이다. 이천에는 다채로운 축제가 많다. 연중 축제중이다. 이천백사산수유꽃축제, 이천도자기축제, 이천체험문화축제, 설봉산별빛축제, 이천국제조각심포지엄, 이천설봉문화제, 이천주민자치평생학습축제, 장위공서희문화제, 햇사레장호원복숭아축제, 이천쌀문화축제, 이천인삼축제 등. 그 외 마을별로, 또한 다양한 주제를 가진 축제가 많다. 이천에서 가장 먼저 열리는 축제는 이천백사산수유축제이다. 매년 3월 말에서 4월초 이천시 백사면 산수유마을(도립리·송말리·경사리 일대)에는 노란 산수유꽃이 장관을 이룬다. 산수유나무는 500년 이상 된 고목에서부터 어린나무까지 다양하다. 이 마을사람들은 봄의 전령사 산수유꽃을 매개체로 축제를 연다. 이천백사산수유축제는 2000년 4월에 제1회가 열렸다. 20년이 넘게 축제를 지속해오고 있다.

설봉문화제

설봉문화제는 이천 최초이자 가장 오랜 역사를 자랑하는 지역축제이다. 문화와 예술이라는 말이 시민들에게 생소하게 느껴지던 1987년 9월 28일, 제1회 설봉문화제가 이천문화원 주관·설봉문화제추진위원회 주최로 이천읍 일원에서 열렸다. 이천의 전통문화를 계승·홍보하고 이천의 향토문화 축제를 창출하려는 취지였다. 1회 축제 때는 도자기축제, 문예행사, 민속행사, 전야제, 기념식 및 체육행사, 가장행렬, 향토음식시장 등 흥미롭고 유익한 프로그램이 열렸다. 2023년 9월 2일 제37회 설봉문화제가 이천시청 앞 모두의 광장에서 개최했다. 설봉문화제는 이천의 지역성을 토대로 새로운 지역생활문화콘텐츠도 창출한다. 이천 지역문화와 예술을 사랑하는 이천시민이 함께 만들어가는 이천종합문화예술축제이다.

이천도자기축제

제1회 이천도자기축제가 1987년 9월 28일부터 10월 9일까지 이천읍 일원에서 열렸다. 이천문화원이 주관하고 한국전승도예협회원들이 중심이 되어 열린 이 축제는 우수한 이천도자기와 우리 전통 도자문화의 저변확대 및 지역 경제 활성화였다. 이 축제의 처음은 미약했다. 같은 날에 열린 제1회 설봉문화제 행사의 일환이었다. 한국전승도예협회(1981년 4월 설립. 이천에서 작업한 전통도예가들로 구성됨)회원들의 고군분투에도 불구하고 많은 어려움을 겪었다. 축제 예산은 턱없이 적었고 도자기로 축제를 여는 것에 대한 도예인과 시민의 인식 부족도 있었다. 열악한 환경속에서 축제는 1994년 제8회까지 매해 열렸다. 그리고 1995년 제9회에는 문화관광부의 시범축제로 지정됐다. 정부와 지방자치단체로부터 예산도 지원받았다. 이천도자기축제라는 독립 타이틀로 축제를 개최하게 된 것이다. 1996년에는 '전국 8대관광축제'로 선정되는 쾌거를 이뤘다. 연합뉴스 1998년 9월 18일 자에, 김종필 총리(제31대)가 18일 이천시 온천광장에서 열린 제12회 이천도자기축제 개막식에 참석하여 도예관계자들을 격려하고 도자기 전시장을 둘러봤고 신낙균 문화관광부장관 등 정치·문화계 인사 3천여 명이 참석했다는 내용의 기사가 있다. 소규모로 시작한 축제가 국가의 지지를 받은 축제로 발전한 것이다. 이 축제는 매해 설봉공원과 사기막골 일대에서 개최하다가 2018년부터 예스파크와 사기막골 일원에서 열린다. 이천도자기축제는 2001년 제1회 경기세계도자기엑스포, 경기세계도자비엔날레 개최의 발판이 됐다. '흙으로 빚는 미래'라는 주제로 2001년 8월 10일 설봉공원에서 열린 개회식에 김대중 대통령 내외를 비롯해 토니 프랭크스 국제도자협의회IAC 회장, 주한 외교사절 등 2,000여 명이 참석했다는 기사가 있다. 세계적인 도예 행사인 경기세계도자비엔날레는 지금도 2년에 한 번씩 이천·여주·광주에서 열린다.

이천국제조각심포지엄

이천의 여름에는 조각가들의 조각 향연이 펼쳐진다. 7월
~8월에 이천국제조각심포지엄이 열리기 때문이다. 제1회는
1998년 7월 10일부터 7월 24일까지 이천시 마장면 해월리 산
53번지에서 개최됐다. 조각심포지엄의 주제는 '사랑과 평화',
이천시가 이천시를 세계적인 조각 예술 도시로 가꾸겠다는 취
지로 기획됐다. 당시, 우리나라 강대철, 박찬갑 조각가를 비
롯해 브라질·아르헨티나·영국·페루 등 17개국의 조각가 26명
이 작품을 출품했다. 이후에도 이천시에서는 매년 여름 설봉
공원에서 이천국제조각심포지엄을 개최한다. 국내·외에서 활
발하게 활동 중인 조각가가 참여해 작품을 직접 제작한다. 다
양한 조각 관련 행사가 펼쳐진다. 국내·외 유명한 조각가들의
각종 워크숍, 역대 심포지엄을 기념하는 기획전, 참여작가 소
품전, 조각관련 학술 세미나, 조각 퍼포먼스, 조각도슨트 해
설 등. 첫 회부터 이 행사에서 제작한 작품, 출품작 중 우수작
등은 설봉공원, 온천조각공원 등 이천시의 공공장소에 설치
돼 있다. 이천시민들과 이천을 찾는 사람들은 수백 점의 수준
높은 예술조각작품을 향유할 수 있다. 이천국제조각심포지엄
은 전국의 지방자치단체 가운데 그 전례가 드문 국제조형 예
술 행사로 평가받고 있다.

햇사레장호원복숭아축제

장호원에서는 복숭아를 주제로 축제가 열린다. 1990년대 초반 4월, 화사한 복사꽃이 필 무렵, 드넓은 복숭아밭에서 복숭아꽃축제가 열렸다. 이 축제는 장호원읍 진암리 복숭아 과수재배 농가와 장호원읍단체에서 연 작은 마을축제였다. 이후 1998년 '제1회 이천시 복숭아 축제'라는 이름으로 축제가 개최됐다. 2001년 제5회 때부터 4월이 아닌, 9월 중하순 즈음 사흘간 축제가 열린다. 이때는 맛있는 황도 출하 시기이다. 2002년 '햇사레장호원복숭아축제'로 이름을 변경하여 지금에 이른다. 장호원 복숭아에 햇사레라는 상표를 등록한 것이다. 축제는 2009년부터 2024년 현재까지 이천시 햇사레 농산물 산지유통센터 복숭아축제장 일원에서 열린다. 이 축제도 장호원의 복숭아 농가들이 뜻을 모아 소규모로 시작했으나 점점 창대해져가고 있다.

이천쌀문화축제

이천시는 1993년 이천시 통합브랜드 '임금님표이천'을 출범했다. 이는 전국 최초 농산물 브랜드이다. 임금님표 이천쌀은 2005년 지리적표시제에 등록했다. 국내 쌀로는 최초 등록이다. 하지만 '쌀을 주제로 축제를?'이라고 고개가 갸웃거려질

수 있다.

　이천쌀문화축제는 원래 제1회 이천농업인 축제로 시작했다. 1998년 11월 10일~11일까지 서희청소년문화회관(구 이천시민회관)에서 열렸다. 한계레신문 1998년 10월 29일 기사에 따르면 축제를 여는 취지에 대해 이렇게 기술했다. '구제금융으로 귀농인구가 점차 늘어나고 있는 가운데 그동안 소외받던 농업인들의 친목도모와 농업기술교류를 위해 축제를 연다.' 축제 프로그램도 소개했다. '이번 축제에는 성천문화재단 이사장 류달영 박사를 초빙해 구제금융시대의 농업발전 방향이란 주제로 특강이 있고 우수 농축산물 300여 점을 전시하는 품평회도 열린다. 시는 각종 농업기술을 화보로 정리해 최신 기술을 농민들에게 제공할 계획이며 쌀·떡·배·민속주·사과·벌꿀·축산물 등의 시식코너를 마련한다. 또 농민들이 전시한 각종 농산물을 도매가격으로 판매할 계획이다.' 이후 2001년 이천햅쌀축제로 이름을 변경하고 지역축제로 발돋움했다. 2004년 이천쌀문화축제로 명칭을 바꾼 후 비약적 발전을 거듭했다. 2013년부터 대한민국 문화체육관광부 지정 7년 연속 최우수축제, 2013년부터 대한민국축제 콘텐츠 대상 총 7회 연속 수상했다. 이 축제는 매년 10월 설봉공원에서 열렸고 2022년부터 모가면에 위치한 이천농업테마공원에서 열린다. 이천명이천원가마솥밥, 무지개가래떡만들기, 햅쌀 할인판매, 농경유물전시, 14개 읍면동의 맛있는 먹거리, 다양한 농업체험 등 재밌고 유익한 프로그램이 기다린다.

이천인삼축제

이천은 국내 최대의 명품 인삼 생산지이다. 명품이천임삼을 알리기 위해 지난 2015년부터 이천인삼축제가 열렸다. 다양한 인삼체험 행사를 실시했다. 2023년10월 27일부터 2023년 10월 29일까지 동경기인삼농협 이천인삼판매센터에서 이천인삼축제가 열렸다. 축제장에서는 평소 보기 어려운 인삼과 관련한 풍경을 볼 수 있다. 명품 이천인삼을 저렴하게 구입할 수 있는 절호의 기회이다.

장위공 서희문화제

서희테마파크가 2016년 문을 열었다. 부발읍 무촌리 효양산 자락에 있는 '서희테마파크'는 14만2,000여m²에 서희 스토리텔링 산책로, 서희역사관, 서희추모관 등으로 구성돼 있다. 서희는 이천 출신으로 고려 성종 때인 982년 중국 송나라에 가서 국교를 수립한다. 또한 성종 12년(993년) 80만 거란군이 침입하자, 중군사(고려 시대 거란의 침입을 방어하기 위하여 임시로 둔 군직(軍職)중 하나)로 적장 소항덕과 협상을 통해 거란군을 철수시킨다. 강동8성을 가져온다. 전쟁의 위협 앞에서 협상을 통해 우리가 원하는 것을 얻어낸 것이다. 고려시대 탁월한 외교관이자 뛰어난 협상가인 서희는 2009년 외교통상부가 시행한 '우리 외교를 빛낸 인물'로 선정됐다. 이천시는 이러한 서희의 역사적 가치를 재조명하고, 그의 용기와 숭고한 정신을 본받게 하고자 그 이름을 넣어 축제를 연다. 이 축제는 원래 2005년 부발읍에서 '효양산 전설문화축제' 라는 소규모 축제로 시작했고 지금은 전 국민이 찾아오는 큰 축제가 되고 있다.

이천체험문화축제

이천체험문화축제가 지난 2023년 4월 설봉공원에서 열렸다. 9회째였다. 이천에는 6개의 체험관광마을이 있다. 그 마을마다 체험거리가 많다. 2011년에 설립한 (사)이천나드리는 이천 전역에 있는 특히 농촌에 위치한 체험관광마을과 농원, 그리고 개인 체험업체를 엮어서 이천을 찾는 관광객과 연결해준다. 관광객은 이천의 마을에서 대대로 내려오는 자원을 활용한 체험을 하고 농민들은 농사를 짓는 틈틈이 이 일에 참여하여 소득을 올리는 프로그램을 운영하는 것이다. 이천나드리는 2017년 9월 2일 이천시티투어버스 첫 운행을 시작했다. 2021년에는 '도시와 농촌을 잇는 100가지 체험 여행'이라는 슬로건으로 '이천시티투어버스'를 운영했다. 이천나드리와 연계하여 주로 20인 이상 단체 투어를 하려는 대상으로 예약을 받아 토·일요일 등 휴일에 운행한다. 이천에는 백 가지 이상의 체험 거리가 있다. 이천체험문화축제가 있을 정도이다.

이천에는 특별한 학교가 많다

이천에는 특성화고등학교가 2곳 있다. 한국도예고등학교와 이천세무고등학교이다. 한국도예고등학교는 2002년 3월 신둔면에 설립됐다. 도예 분야의 우수한 인재를 길러내기 위해 도예에 대해 전반적인 기술과 전문 지식을 제공한다. 특성화고등학교인데도 대학진학률이 상당히 높다. 이천세무고등학교는 세무·회계 전문 인재를 육성하는 특성화고등학교이다. 이 학교는 설성면에 위치한다. 마장면에 청강문화산업대학교가 있다. 융합콘텐츠, 애니메이션, 만화·게임 등 다양한 문화 콘텐츠 관련 과의 명성이 높다. 청강만화역사박물관에서는 1940년대부터 2024년 현재까지 만화의 역사와 다양한 만화책도 볼 수 있다. 만화도서관은 국내 최초 개관한 만화, 애니메이션, 게임 주제 전문 도서관이다. 이천시 신둔면 고척리에는 한국관광대학교도 있다. 수도권 유일의 관광특성화대학이다. 이 대학에는 대학 호텔·관광·외식경영, 항공서비스, 국제비서사무행정, 군사학과 등이 있다. 이 학교는 서이천IC와 경강선 신둔도예촌역에서도 가깝다. 신둔면에는 실천신학대학원대학교, 대월면에는 성서침례대학원대학교도 있다.

이천시립월전미술관 개관 및 광역자원회수시설 준공

2007년 8월 14일에 이천시립월전미술관 개관식이 있었다. 관고동 설봉공원 내에 있는 월전미술관은 지하1층·지상2층 규모로 5개의 전시실과 월전기념관 등으로 구성돼 있다. 미술관 건축물 디자인 주제는 음(陰)과 양(陽)의 공간, 달(月)의 공간, 학(鶴)이 비상하는 공간이다. 고 월전(月田) 장우성(張遇聖, 1912~2005)선생의 아들인 장학구 월전미술문화재단 이사장은, 부친의 생전 유지를 받들어 부친의 작품과 평생 모은 국내외 고미술품(월전미술관 소장품) 1,532점 등을 이천시에 기증했다. 이천시는 이를 기증받아 전시중이다.

2008년 11월 20일 이천시 호법면 안평3리 일원에 '광역자원회수시설'(쓰레기소각장)이 준공됐다. 이천·광주·하남·여주·양평군 등 5개 시 군이 공동으로 사용하는 광역자원회수시설이다. 이곳에서는 하루 300t 가량의 쓰레기를 소각, 처리한다.

스포츠의 고장 이천

이천시는 전국에서 생활체육이 고루 활성화된 곳으로 손꼽힌다. 각종 생활체육 동호회가 많다. 야구, 축구, 배드민턴, 탁구, 족구, 테니스, 배구, 합기도, 게이트볼, 태권도, 특공무술, 그라운드골프 등. 스포츠의 고장답게 이천시종합운동장은 약 2만석 규모의 잔디구장을 갖추고 있다. 축구와 육상을 위한 주경기장, 보조 축구장, 인라인스케이트장, 테니스장, 정구장, 애견운동장, 탁구전용체육관, 족구장 등이 있다. 꿈의 구장이라 불리는 정규 규격 야구장과 소규모 야구장도 있다. 이천시 백사면 경사리에 '두산 베어스 파크'도 있다. 이곳은 두산 베어스 2군의 홈구장이자 두산 베어스의 클럽하우스이다. 이천시 대월면 부필리에 LG 챔피언스 파크도 있다. 이는 20만4,000m²·관람석 874석을 갖추고 LG트윈스 퓨처스팀(2군) 야구장 및 구단 전용 훈련장 등으로 사용되는 복합체육시설이다. 야구연습장, 실내농구장, 미래관, 보조경기장 등이 있다.

이천에 부대도 많다

대한민국 육군항공사령부가 이천시 대포동에 위치해 있다. 이 사령부는 육군항공대의 모든 항공기를 관할하고 육군의 항공작전을 총지휘한다. 특전사라고 부르는, 육군특수전사령부가 마장면에 있다. 2016년 1월 송파구에 위치한 이 부대가 이천시로 이전에 합의가 이루어졌고 2016년 7월 29일 마장면으로 이전 완료했다. 장호원읍에 제7기동군단본부와 육군정보학교, 국군교도소도 7공병여단, 그 밖에 육군제55보병사단 이천대대, 3공수특전여단도 있다.

이천은 농촌과 세계 제일의 반도체, 다채로운 분야의 문화예술인이 어우러져 산다. 14개 읍면동 사람들은 마을이 가진 자원을 발굴하고 그것에 가치를 부여한다. 귀하게 활용한다. 그것을 시민의 힘으로 축제로 연결한다. 참신하면서도 차별화된 이천지역문화와 예술 콘텐츠를 만든다. 이천 사람들은 문화를 알차고 아름답게 가꿔간다. 그 힘은 어디서 나올까. 그래서 더 궁금하고 매력적인 도시이다.

율면 청미천 황하코스모스길

01

백사면 1
봄이 오는 선비마을, 산수유마을

백사면(栢沙面)은 이천시 최북단에 위치하고 여주시와 경계를 이루는 지역이다. 본래는 백토리면(栢土里面)과 사북면(沙北面) 지역에 속했으나 1914년 행정구역 개편에 따라 백면과 사면, 여주군 흥곡면 일부를 통합하고 백면과 사면의 첫 글자를 합해 백사면이 됐다. 백사면에는 지역명에서 알 수 있듯 측백나무와 잣나무가 무성하고 모래가 많았다고 전한다.

백사면은 이천쌀을 비롯해 산수유, 인삼, 게걸무, 과수 등 이천 특산품의 주 생산지이기도 하다. 여름에는 일조량이 풍부하고 가을에는 일교차가 큰데다 평야는 기름지고 비옥하다. 송말천과 복하천이 흘러서 예로부터 최적의 농경지로 정평이 나 있다.

산수유나무

백사면에는 이천백사산수유꽃축제로 유명한 산수유마을도 있다. 이 마을은 이천 9경 중 제5경이다. 우리나라 자생종 산수유는 주로 공기가 깨끗한 산기슭이나 둔덕, 그리고 땅이 비옥하고 토심(土深)이 깊은 곳에서 잘 자란다. 추위를 잘 견디고 이식했을 때 생존률은 높다. 산수유나무는 사계절 동안 변신을 거듭한다. 봄에는 노란 산수유꽃을, 여름에는 초록 이파리와 작고 귀여운 초록열매를 선보인다. 가을에는 빨갛게 익은 열매가 천연보석처럼 반짝인다. 눈이 펄펄 내리는 찬 겨울, 흰 눈을 이불처럼 덮은 빨간열매는 매혹적이다. 겨울을 지나고 새봄에 노란 꽃이 다시 필 때까지 나뭇가지에 붙어있는 산수유도 있다. 그런 이유 때문인지 봄의 전령사 산수유, 꽃말은 '영원불변'이다. 산수유(山茱萸)는 산에서 자라는 수유(茱萸)라는 뜻으로, 날것, 즉 생으로 먹을 수 있는 빨간 열매를 의미한다. 산수유 과육을 먹어보면 신맛과 단맛, 그리고 쌉싸름하고 떫은맛 등 오묘한 맛을 느낄 수 있다. 오래전에는 씨앗을 제거한 과육을 말려서 한약재로 사용하거나 차와 술을 만들어 애용했다고 한다. 중국 오나라에서 천오백여 년 전부터

백사면 산수유마을 일대 4월에 이 마을에서 이천백사산수유꽃축제가 열린다.

산수유를 오유, 혹은 오수유 라고 부르며 그 나라 특산물로 지정해 재배했다. 약재로서 효능이 뛰어나 지금도 중국 의원에서 귀한 약재로 사용한다. 이천 백사면에서 나고 자란 이천특산물, 깜찍하고 앙증맞은 산수유는 '신선이 먹는 열매'라고도 한다. 청정지역 원적산 기슭에서 자라고, 비타민A와 각종 아미노산, 칼슘, 마그네슘 등 사람 몸에 이로운 영양소를 충분히 함유하고 있기 때문이다. 동의보감에 따르면 산수유열매는 간과 신장을 보호하여 귀에서 소리 나는 증상을 완화 시키는데에 효과가 있다고 한다. 뿐만 아니라 혈액순환과 체력강화, 치매예방에도 도움이 된다고 하니 밥상에 산수유를 활용한 반찬이 올라오면 훌륭한 보약 밥상이 되겠다.

산수유마을의 대학나무와 선비꽃

이러한 산수유나무는 이천시 백사면 도립리, 송말리, 경사리 등에서 거대한 군락을 이루고 있다. 산수유나무가 얼마나 많은지, 산수유마을이라는 이름을 가질 정도이다. 이 마을에는 집집마다 마당이나 정원에 산수유나무가 한 그루 이상 있다. 원적산 아래와 마을 곳곳에 수령이 5백 년이 넘은 고목부터 여덟 살 된 어린 묘목까지 약 1만 7,000여 그루 이상의 산수유나무가 자라고 있다. 그 가운데 도립리는 전국 제일의 산수유 열매 산지이다. 이 마을은 봄이면 노란꽃이 온 마을을 화사하고 따스하게 감싼다. 사계절 내내 사진가와 화가들에게 작품의 소재와 영감을 준다. 이 마을 사람들은 산수유나무를 '대학나무'라고도 불렀다. 산수유마을 사람들은 오래전 가을이면 이 열매를 수확하고 판매해 자식들 대학교육을 마쳤다. 그 정도로 이 마을 농가의 주요 소득원이었다고 한다. 백사면 도립리에서는 산수유꽃을 선비꽃이라고도 한다. 선비들이 산수유나무를 심기 시작했다는 데서 기인한다.

여섯 선비, 육괴정

육괴정(六槐亭)은 1986년에 지정된 이천시 향토유적 제13호이다. 백사면 도립리 마을 안쪽에 있다. 육괴정은 여섯 개의 느티나무가 있는 정자를 뜻한다. 여기서 여섯 개의 느티나무는 '괴정육현(槐亭六賢)'이라 불린 여섯 명의 선비(문신), 즉 엄용순(嚴用順)을 비롯해 김안국(金安國), 강은(姜隱), 오경(吳慶), 임내신(任鼐臣), 성담령(成聃齡)을 말한다. 이들은 1519년 조선 중종 14년 기묘사화 때 조광조를 중심으로 지치주의(至治主義)와 이상주의 정치를 추구한 사림파이다. 당시 조광조와 함께 뜻을 같이한 관료와 선비는 숙청을 당하거나 귀양을 보내졌는데 이즈음 이들도 백사면으로 낙향했다. 특히 엄용순은 그의 부친인 엄훈(嚴訓)묘가 있는 원적산 기슭 백사면으로 내려와 은둔생활을 하는 중에 도립리에 초당을 짓고 연못을 팠다. 연못 이름을 '남당(南塘, 이천고을에 있는 연못)'이라고 짓고 자신의 호로 삼았다. 남당은 조선시대의 전형적인 사각형 연못이었으나 현재는 형태가 약간 변형됐다. 남당 바로 근처에 옛 빨래터가 복원되어 아쉬움을 달랜다. 엄용순이 도립리에 내려와 있던 어느날, 김안국 등 다섯 사람도 엄용순의 초당을 찾아온다. 이들은 한적하고 고즈넉한 산기슭 초가집에 모여 독서모임을 하고 시를 짓고 때때로 사회에 대해 토론했다. 그러다

백사면 도립리에 있는 육괴정 육괴정은 여섯 개의 느티나무가 있는 정자를 뜻하고 여섯 개의 느티나무는 '괴정육현(槐亭六賢)'이라 불린 여섯 명의 선비(문신), 즉 엄용순(嚴用順), 김안국(金安國), 강은(姜隱), 오경(吳慶), 임내신(任鼐臣), 성담령(成聃齡)을 말한다.

가 하루는 연못 근처에 느티나무를 한 그루씩, 총 6그루를 심었다. 그리고 그들의 우정과 신의를 기리기 위해 초당 이름을 '육괴정'이라 짓는다. 육괴정 바로 앞에 있는 느티나무는 경기 이천 보호수 7번이다. 이 나무는 1982년 기준, 수령이 570년, 나무 높이 14m, 나무둘레 6.35m. 육현(六賢)은 육괴정 근처에 산수유나무도 심었다. 그들이 한 그루 두 그루 심기 시작한 것이 도립리와 경사리, 송말리, 조읍리 등 백사면 전역으로 퍼졌고 마침내 군락을 형성했다고 전한다. 그로 인해 산수유나무는 선비꽃이라는 근사한 이름도 얻었다. 육괴정 본당 마루에 앉아 상상한다. 지금으로 치면 서울에서 근무한 고위공무원 및 학자들이 이천 산속에 모여 인문학회나 토론회 등을 한 셈이다. 지금처럼 교통이나 통신수단 등이 발달하지 않던 조선시대 외딴 산기슭에 모여 학문을 강론하고 사회의 변혁을 꿈꾸고 때때로 나무를 심고 또 일가와 마을을 이루고 산 것이다. 불현듯 이 건축물을 둘러보며 옛 선비의 정신을 되새겨보는 것도 의미 있고, 육현(六賢)에 대한 연구를 좀 더 하는 건 어떨까 하는 생각을 한다. 조선시대 육현의 세계관을 다양한 각도에서 재해석해보는 것이다. 참고로, 육괴정은 처음에는 초당이었다. 세월이 흐르면서 팔각지붕에 한식 골기와를 얹고 본당과 본당을 둘러싼 담장과 대문 등을 수차례 중건했다. 현재는 사당 형태를 띤다. 본당은 정면 9m, 측면이 3.78m이고 본당 안에는 엄용순의 손(孫)으로 임진왜란 때 순전한 엄유윤의 충신정문을 비롯해 '남당 엄선생 육괴정서', '육괴정중수기' 등의 현판이 걸려있다.

경기도 생태관광거점 마을, 도립리

산수유마을 특히 도립리에는 다양한 길이 있다. 연인의 사랑이 이루어지는 연인의 길, 사계절 아름다운 마을 안길인 산수유 길, 육괴정 여섯 선비를 기리는 선비의 길, 산수유군락지를 에워싼 원적산 둘레길인 산수유둘레길 등 걷기 좋은 길이 많다. 산수유나무는 사람도 불러 모은다. 물론 축제나 다른 때에도 산수유나무를 보러 사람들이 찾아오지만, 이 마을이 산수유마을로 알려지면서 도립리의 가구 수와 주민 수는 계속 증가하고 있다. 2021년 기준 126가구 정도이다. 호젓한 산골 마을에 전원주택단지가 조성돼 많은 사람이 모여드니 기쁜 소식이다. 한데 아쉬움도 감출 수 없다. 산수유 고목과 산벚나무 등 나무가 한두 그루씩 사라져가고 있다. 나무가 있는 땅은 대부분이 개인 소유라 산수유나무가 팔려나가지 않게 규제할 방법도 없다.

다행스러운 일은 이 동네가 경기도와 경기관광공사가 함

께 진행한 2021년 경기도 권역별 생태관광 거점마을로 선정
된 것이다. 이는 지역의 우수 생태자원을 기반으로, 지역 관
광을 활성화하고 그에 따른 수익을 지역주민에게 환원하는 등
주민 주도형 생태관광지 육성 사업이다. 산수유나무가 우수
한 생태자원이 되어 이천백사산수유축제 뿐만 아니라 마을을
찾는 이들이 사계절 즐길 수 있는 콘텐츠, 그리고 쉼과 재충
전, 거기에 생태환경의 소중함까지 더하여 사람과 자연이 함
께 행복하게 살기 좋은 마을을 만들어가고 있다. 사람은 나무
를 심고 그러다가 사람이 많아지면 나무는 사라지고 사람은
또 나무를 심는다.

백사면 산수유마을의 산수유꽃 백사면 산수유마을 일대(송말리, 도립리, 경사리)는 봄이면
산수유꽃이 장관을 이룬다. 4월 초에는 이천백사산수유축제도 열린다.

기와한옥, 산수유사랑채

백사면 도립리 마을 입구에는 전통기와한옥인 산수유사랑채가 있다. 2013년 백사면 도립리, 경사리, 송말리 등 산수유마을 주민들이 조합원이 되어 이천백사산수유영농조합법인을 설립하면서 사랑채 건립이 본격적으로 추진했다. 이후 2015년 건물 준공을 하면서 복합문화공간 및 숙박업을 시작했다. 이곳에서는 산수유사랑채한옥스테이체험, 꽃차체험, 압화체험(꽃누르미), 숲체험 등 다양한 체험 및 교육을 실시한다. 전통혼례나 공연도 가능하다. 사랑채의 1층에는 산수유 관련 특산품(산수유환, 건산수유, 산수유차, 산수유꽃 기념품)전시장, 워크숍과 세미나가 가능한 강당 2개와 식당, 누마루가 있다. 누마루는 '꽃차가 있는 누마루'라는 주제로 2020년 문화체육관광부 전통한옥 브랜드화 사업에 선정되기도 했다.

산수유사랑채 주차장에서는 한옥을 배경으로 다양한 행사가 열린다. 2020년에는 매월 둘째 주 토요일마다 트렁크마켓이 열렸다. 한옥 주차장에서 트렁크마켓이라니, 생경하면서도 신선하다. 2020년 코로나로 인해 사회적 거리두기가 강화되면서 지역주민들과 이천지역 소상공인들이 자발적으로 트렁크마켓을 열었다. 장이 열리는 날 셀러나 지역 주민들은 자동차 트렁크에서 중고물품, 수공예품, 농산물 등 다양한 물건을 사고팔았다. 트렁크마켓은 2024년부터는 백사 산수유축제 때만 열린다. 2021년 11월 산수유사랑채 주차장에서 '제1회 이야기가 있는 산수유 한 상 요리경연대회'도 열렸다. 이날 산수유를 활용한 맛있는 요리가 등장했다. 산수유산채한정식, 산수유브런치, 산수유두부스테이크, 산수유부초밥, 산수유품은보쌈김치, 산수유초콜릿 등. 종류가 얼마나 다양했는지 일일이 열거할 수 없다. 외국요리에 산수유를 접목한 음식을 보며 나라와 지역 특산품은 있어도 요리는 국경을 초월한다는 것을 새삼 깨닫는다.

사랑채 2층에는 객실이 4개 있다. 그 가운데 가족실, 최대 10인까지 숙박(개인 취사 안 됨, 음식 섭취 가능, 밖에서 바비큐파티 가능)이 가능한 넓은 온돌방도 있다. 사랑채의 투숙객은 고즈넉한 도립리의 밤풍경, 그리고 다음 날 아침 잠을 깨우는 시골의 새소리를 즐길 수 있다. 이곳에서 마을로 올라가 산수유 둘레길을 걷고 원적산 산행을 해보는 것도 즐거운 일이다.

산아래 벽화마을, 경사리

산수유마을 가운데 경사1리는 안온하고 평화로운 마을이다. 마을 입구에 수령이 350년이 넘은 느티나무가 반갑게 맞이한다. 이 마을 이름 유래는 흥미롭다. 이성계가 무학대사

(1327~1405)와 함께 조선 개국 궁터(수도)를 물색하러 다녔다. 백사면에도 들렀고 원적산이 병풍처럼 펼쳐진 산 아래 경관이 빼어난 경사리를 꼽았다. 하지만 마을 앞에 하천이나 강이 없다는 이유로 수도로 낙점되지 못했다. 전하는 말에 의하면 마을 사람들은 이를 아쉬워해 마을 이름을 경계(京界), 경기(京畿), 경대(京大)터 등으로 불렀다고 한다. 1914년 행정구역 개편에 따라 모래가 많다는 사옥리와 병합해지면서 첫 글자를 합해 경사리가 됐단다.

경사리는 2019년 11월 tvN에서 유재석과 조세호가 진행한 〈유 퀴즈 온 더 블럭〉 '이천시 편'에 나온 마을이기도 하다. 원적산 아래 조용한 이 마을은 벽화마을로도 유명하다. 벽화는 백사주민자치위원회원들이 2014년 이천백사산수유꽃축제를 맞이해 마을을 깨끗하게 단장해보자는 취지로 그리기 시작했다. 이후 2015년 마을 만들기 사업에서 벽화 그리기가 선정돼 마을 주민과 청강문화산업대학교 학생들이 벽화작업을 했다고 전한다. 경사리에는 가구 수가 계속 늘고 있다. 2022년 기준 150여 가구. 볼거리도 많다. 원적산의 천연폭포인 낙수재, 산으로 나무하러 간 손자를 기다리다 바위가 된 전설을 품은 할미바위, 공민왕(1330~1374)이 홍건적 난을 피해 피난가다가 타고 가던 말이 죽자 그 말을 묻었다는 말묘자리 등.

원적산과 반룡송

원적산은 해발 634m로 이천에서 가장 높은 산이다. 이천시 백사면과 신둔면, 여주시와 광주시 이렇게 3개 시에 걸쳐 있다. 그러다보니 등산로는 다양하다. 원적산 정상 천덕봉에 서면 이천시는 물론이고 경기도 광주시와 여주시 일대가 보인다. 요즘에는 산행뿐만 아니라 비박을 하는 사람도 늘고 있다. 비박하는 사람들 말에 의하면 산속에서 밤하늘의 반짝이는 별과 달을 보고 산바람을 쐬며 복잡한 스트레스를 잊는다고 한다. 원적산은 예로부터 전국 각지에서 풍수가들이 몰려온 곳으로 유명하다. 원적산 아래 백사면에 금반형지(金盤形地)명당이 여러 곳 있다고 알려졌기 때문이다. 금반형지에 집을 지으면 그 가문은 자자손손 큰 벼슬을 얻고 출세를 하여 부를 누리며 장수한다는 설이 있었다. 백사면에는 실제로 풍수지리상 명당이라 일컫는 자리가 제법 있었다. 그래서였을까. 백사면에서는 과거급제자와 고시합격자가 배출됐다.

백사면에 가면 도립리 어산마을에 위치한 반룡송(蟠龍松)도 봐야 한다. '용이 하늘로 올라가기 위해 서리고 있는 소나무'를 뜻한 반룡송은 이천 9경 중 제6경이다. 만년을 산다고 하여 만년송(萬年松) 또는 만룡송(萬龍松)이라고도 불린다. 반룡송은 1996년에 지정된 천연기념물 제381호이다. 이 소나무는, 이천시 신둔면에서 원적로를 따라 백사면 방향으로 가다가 송말리 즈음 이정표를 보고 우회전하여 가다 보면 들판에 있다. 먼발치에서 보면 광활한 들판 한쪽 둥그런 울타리 안에 솔잎이 풍성한 여러 그루의 소나무가 덩그러니 있는 것처럼 보인다. 반룡송이 있는 곳까지 들어가는 길도 밭과 밭 사이의 흙길이라 불편함도 느낄 수 있다. 마을 주민에 의하면, 수십 년 전 반룡송 주변은 지금과 다르게 소나무와 도토리나무로 우거진 숲이었다고 전한다. 그곳에는 인가 몇 채와 너럭바위가 있었으며 마을 사람들은 이 소나무 앞에서 마을의 안

백사면 도립리 반룡송 반룡송은 '용이 하늘로 올라가기 위해 서리고 있는 소나무'를 뜻한다. 이천 9경 중 6경. 천연기념물 제381호.

녕과 가족의 화목과 건강 등 소원을 빌었다고 전한다. 세월이 흐르면서 이 마을에도 변화가 찾아왔다. 사람들은 떠나고 집은 사라지고 숲은 밭이 됐다. 반룡송만 그대로 남았다. 반룡송을 가까이에서 보면 나무한테서 풍기는 아우라와 영험함, 생경함과 신비로움에 압도당한다. 4.25m의 키에 나무줄기가 부챗살처럼 넓고 길게 펼쳐져 있다. 사방으로 약 12m 정도이고 지상 2m 정도에서 30개의 지지대가 나무를 떠받치고 있다. 나무의 생김새 또한 기묘하다. 나무껍질이 붉은색의 용비늘 같은 데다 용이 하늘로 비상하기 위해 자신의 몸을 구불구불하게 꼬거나 비틀어 마치 용틀임을 하는 듯하다. 또한 그 나무 뿌리에서 뻗어 나온 듯한 한 그루 역시 용이 하늘로 오르기 위해 땅에서 서리고 있는 듯한 형태이다. 나무껍질이 뱀같은 느낌도 들어서 살짝 무섭기도 하다. 반룡송의 나이는 어마어마하다. 생물학적 나이는 대략 500년 정도라고 추정하고, 1,100년 정도 됐다는 설도 있다. 신라 말기 한국풍수설의 대가인 도선대사가 전국을 두루 다니다가 명당 지역에 표지목으로 반룡송을 심고 그 지역에서 장차 난세를 구할 인물이 태어날 것이라고 예언했다고 한다. 당시 도선은 이천을 비롯해 함흥, 서울, 충청도 계룡산, 강원도 통천, 이렇게 다섯 지역에 한 그루씩, 총 다섯 그루의 반룡송을 심었는데 이천 반룡송은 단연 독보적이었다. 이 나무한테 소원을 빌면 이루어진다는 소문과 함께 나무의 가지를 꺾거나 껍질을 벗겨 나무에 해를 입히는 사람은 병을 얻어 사망하거나 심한 피부병을 앓았다는 섬뜩한 속설 등 다양한 이야기가 전해지면서 반룡송 앞에서 무속행위가 이어진 적도 있다. 그로 인해 반룡송 앞에는 '무속행위 적발시 문화재보호법 제92조에 따라 고발하겠다'는 경고문도 세워졌다고 한다. 반룡송의 진정한 가치는 천년이 넘는 세월 동안 이리저리 휘고 꺾이면서도 살아남았다는 것, 진귀한 반룡송을 보전하기 위해 사람들이 애썼다는 것이 아닐까. 희귀한 나무와 나무를 키운 땅은 생물학적 연구 자료로서 가치가 높을 듯 하다.

영원사, 송말리내하숲

영원사는 638년 신라 선덕여왕 때 지은 것으로 추정한다. 송말리에서 산수유둘레길을 따라서 원적산쪽으로 약 1km 정도 올라가면 있다. 그 절의 석조약사여래좌상은 이천시 향토유적 제12호이다. 대웅전 앞에 있는 은행나무는 고려 전기에 심은 것으로 840살 정도로 추정한다.

송말2리 비보내하숲과 비보연못(연당)도 마을과 자연환경의 연관성 면에서 의미가 깊다. 내하마을은 숲과 연못이 마을 앞에 있는 특이한 형태이다. 내하마을은 조선 중기 기묘사화 때 임내신(任鼐臣)선생이 낙향해 살면서 연못을 파고 나무를 심었다. 숲과 연못은 마을을 보호하는 울타리 역할을 하는 동시에 마을에 청량감을 더해줘서 주민들에게 심리적 안정감과 편안함을 준다. 내하숲에는 수령이 100년~500년생의 느티나무, 상수리나무 줄기와 느티나무 줄기가 이어져 한 나무로 자라는 연리목, 물푸레나무, 오리나무 등 다양한 종류의 나무와 곤충들이 살고 있다. 생태문화보고이다. 이를 보호 보전하기 위해 내하숲으로 들어가는 길을 통제하고 있다. 여행자들이 들어갈 수 없어 아쉽다. 백사면에는 이 외에도 압화 체험이 가능한 도립리 입구의 들꽃압화원, 백사면 내촌리 문화마을에 위치한 김좌근 고택도 둘러볼만하다. 김좌근은 조선후기 안동 김씨 세도정치시기의 중심인물로 영의정을 3번 역임한 문신이며 이 고택은 경기도 민속문화제 제12호이다. 현방리 현방공원의 고인돌 등 백사면에는 볼거리가 너무 많다.

02

백사면 2
나라와 사람을 이어주는 이천백송

하얀소나무 백송

"시몬, 백송 보러 가자."

"백송요? 백 가지 노래 말씀이세요?"

"아니, 흰 백(白), 소나무 송(松), 하얀소나무 말이야."

"하얀소나무라… 궁금하네요."

시몬과 그런 문자메시지를 주고받은 삼일 후였다. 봄비가 내린 다음 날이라 풀은 싱그럽고 하늘은 맑고 파랬다. 시몬은 카카오내비에 백사면 신대리 산32번지를 목적지로 설정했다. 이천백송(利川白松)을 보러 가기 위해서였다. 자동차가 움직이자 블루투스에서 아이유의 '라일락'이 흘러나왔다. 시몬은

2021년 2월에 대학교를 졸업한 청년이다. 카페에서 아르바이트를 하고 짬짬이 도서관에 다니며 이천을 여행한다.

소나무야 소나무야

자동차는 노란 산수유꽃이 핀 국도를 지나 한적한 시골마을로 들어섰다. 그러는 동안 우리는 누가 먼저랄 것도 없이 질문하고 대답하는 것을 이어갔다. 이를테면 이랬다.

"한국인이 가장 좋아하는 나무는 뭘까?"

"음… 소나무요."

"오 정답. 소나무는 예로부터 대한민국의 많은 국민이 사랑하는 나무지. 그것을 증명이라도 하듯 한국인이 가장 좋아하는 우리생물 베스트 10에서 나무 부문 1위를 차지했대. 한국갤럽조사연구소에서 지난 2019년 '한국인이 좋아하는 40가지 자연편'에서도 나무 부문 1위에 선정됐다고 하고. 소나무는 이천시의 시목이기도 해. 차가운 눈보라 속에서도 홀로 푸르러서 독야청청(獨也青青). 기상과 절개를 상징하지. 장수를 상징하는 십장생(十長生)가운데 하나이고. 사시사철 푸른빛에 당당하고 고고한 품격이 우러나와 정원수로도 인기가 많고. 목재와 가구, 땔감, 건축자재 등 쓰임새도 다양해."

"나무 하나에 의미가 많네요. 소나무 같은 사람이 있다면

반할 것 같아요."

"맞아. 근데 여기서 끝이 아니야. 정이품송이라고 정이품 (장관급)벼슬을 받은 소나무도 있어. 우리 선조들은 아들을 낳으면 선산에 소나무를 심고 집안의 큰 어른이 돌아가시면 후손들은 묘 옆에 소나무를 심었대. 이천백송도 후손들이 그의 조상을 기리기 위해 심었다고 해."

"그러니까 우리 선조들은 소나무를 사람처럼 귀하게 여기고 나무를 의인화시켜 인간과 자연을 하나로 여겼군요. 그러고 보니 소나무는 예술 작품의 소재로도 많이 쓰이죠. 일전에 같이 갔던 예스파크의 두윤갤러리 안말환 화가님의 〈꿈꾸는 소나무〉 작품, 아름답고 웅장했어요. 참, 〈이천백송〉 작품 그리신 손장섭 선생님은 만나셨어요?"

이천백송, 손장섭 화가와 인연을 맺어주다

"응, 최근 파주까지 가서 뵙고 왔어. 그게 '이천백송' 자료를 찾다가 고 손장섭(80) 선생님의 작품 〈이천백송〉을 봤는데 꼭 뵙고 싶다는 생각이 들더라고. 손 선생님 작품에서 뭐라고 표현하기 어려운 아우라가 느껴졌어. 고목에 칠한 흰색 때문인가? 화가의 시선은 우리와 조금 다르더라구. 선생님 말씀을 듣고 작품을 보면서 이유를 알았지. 손 선생님은 1980년대 이후부터 나무를 그리셨는데 우리가 일상에서 흔히 볼 수 있는 나무가 아니었어. 주로 한 자리에서 수백 년에서 천 년이 넘은, 그야말로 장구한 세월 동안 풍상을 겪은 나무를 그리셨지. 예컨대 마을을 지키는 당산목이나, 보호수와 천연기념물로 지정된 나무, 성스럽고 고귀한 고목을 일일이 찾아가셔서 살핀 후 그림으로 표현하셨어. 고목(노거수) 앞에서 마을 사람들은 마을의 안녕과 한 해 농사의 풍년을 기원하며 마을의 공동체 의식을 다졌어. 동네 사람들의 쉼터이자 아이들의 놀이터이기도 했지. 고목은 한 자리에서 인간과 자연의 생과 사, 전쟁과 평화 등 수많은 장면을 목격하고 소리를 들은 증인이기도 해. 강풍에 자신의 울창한 가지가 잘려나가는 고난을 겪으면서도 묵묵히 그것을 받아들이고 그러면서도 당당하게 자리를 지키고 있지. 손 선생님은 그런 노거수를 사람하고 같이 살아온 역사로 보셨어. 역사가 된 나무라고. 나무에 인간의 이야기를 담았지. 그런데 발전이라는 명목 하에 하루 아침에 고목이 베어지고 사라져 가는 것에 안타까워 하셨지. 선생님을 만나고 인간보다 수백 년 넘게 살아온 고목과 소통할 수 있다면 어떨까. 나무가 건네는 말을 들을 수 있다면, 그런 생각을 했어."

"나무를 하얗게 그리신 계기도 들으셨겠네요?"

"선생님은 오래전부터 그림에 흰색을 사용하셨어. 1980년 중반인가. 하루는 여행을 가다가 나무에 햇빛이 비치는데 그 나무가 하얗게 보였대. 그 후 나무를 그리기 시작했고 나무를 찾아 전국으로 다니셨다네. 최초로 그린 나무는 봄을 앞당기는 신목이었고, 〈이천백송〉은 1995년 작품이고. 선생님은 이 작품을 그리기 위해 이천시 백사면 신대리에 여러 번 다녀가셨대."

"이천백송이 새로운 인연을 만들어준 셈이네요. 나무가 사람과 사람을 이어주는 것 같아요."

천연기념물 253호, 이천백송

그렇게 담소를 나누는 사이 자동차는 들길을 달렸다. 1차선에 흙길이어서 시몬은 자동차의 속도를 줄였다. 들녘은 푸르고 삼월 중순 낮 햇살은 깨끗하고 따뜻했다. 블루투스에서는 비발디의 사계 중 '봄'이 흘러나왔다. 시몬은 음악에 맞춰 운전대를 잡은 어깨를 살짝 흔들었다. 음악은 여행의 더없이 좋은 친구다. 자동차는 산길을 따라 산속으로 좀 더 들어갔다. 이천백송은 신대리를 둥그렇게 감싸고 있는 낮은 산 아래, 둔덕처럼 약간 비탈진 곳에서 마을을 내려다보고 있다. 우리는 주택가 좁은 길가에 차를 세우고 백송을 둘러봤다. 백송은 한 그루인데 뿌리 바로 위부터 크고 굵은 둥치가 두 갈래로 갈라져 있다. 그래서 두 그루처럼 보인다. 백송은 무엇보다 줄기 표면의 흰색이 돋보인다. 흰색 바탕 껍질에 회색 얼룩무늬가 있어 '백피송(白皮松)' 혹은 껍질이 커다란 비늘처럼 벗겨지고 회백색을 띠어서 백골송(白骨松)이라고도 한다. 꽃은 5월에 피고 솔방울은 이듬해 10월에 익는다. 가지 곳곳에 청록색 솔잎 세 가닥이 모여 나와 삼엽송(三葉松)이고 솔잎 길이는 일반 소나무에 비해 짧은 편이다. 일반 소나무는 이엽송(二葉松), 잔가지 끝 즈음에 솔잎이 두 개씩 나오고 무리 지어 마치 푸른 꽃송이 같다.

이천백송은 1976년 지정된 천연기념물 253호다. 2018년 이천시 통계자료에 의하면 이천에 있는 지정 보호수는 60종, 천연기념물은 2종이다. 그 가운데 소나무는 모가면 산내리 권균 묘 앞에 1개(이천-36호), 천연기념물은 신대리 이천백송과 도립리 반룡송이다. 전국 소나무 중에서 현재 천연기념물로 남아있는 백송은 5그루다. 이천백송, 서울 종로구 재동 헌법재판소에 있는 백송, 서울 수송동 조계사 백송, 고양시 백송, 예산군 용궁리 백송이다. 원래는 12그루였는데 7그루는 말라 죽거나 나무 형태가 크게 훼손돼 천연기념물 지정이 해제됐다.

백사면 신대리 이천백송 백송은 껍질이 하얀 소나무, 소나무 중에서 희귀종이다. 천연기념물 253호.

"와, 신기해요. 평소 보던 소나무와 다른데요. 나무껍질이 하얀색인데다 나뭇가지가 자유롭게 뻗어있는 모양이 약간 괴기스럽기도 하고 나무가 춤을 추면서 행위예술을 하는 것 같아요."

"그러게, 나무는 그 자체로 살아있는 예술작품이지. 매일 같은 모습 같지만 매일 새롭게 자신을 가꾸고 변신시켜. 이천 백송의 수령은 약 230살 정도, 나무 높이는 약 16.5m라고 해. 이렇게 나이 많고 키 큰 나무가 매일 즉흥예술을 하는 거지. 연습이나 각본도 없이 말이야. 아쉬운 것은 오래전에는 나무 자태가 더 근사하고 아름다웠는데 중심 줄기 2개가 부러지는 아픔을 겪었어. 2020년 9월 3일 태풍 마이삭으로. 엄청난 고통이었을 텐데, 이렇게 살아줘서 고마울 따름이야. 안 그래도 백송은 소나무 중에서 희귀종이거든. 중국 북부 지역이 원산지이고 동남아시아에서도 서식하는데 문제는 거의 멸종 위기에 처해있다는 거야. 성장 속도가 느리고 번식력이 약한데 고향을 떠나 낯선 곳에서는 잘 자라지 못하고 옮겨심기도 잘 안 되어 증식이 어렵기 때문이라고 해. 그래서 우리나라에서는 오래된 백송은 천연기념물로 지정하여 특별히 보호하고 있어. 생물학적·학술적 가치뿐만 아니라, 중국과의 교류 등 역사 연구로도 보존 가치가 크거든. 여러 색 가운데 흰색을 귀하게 여긴 우리 선조들의 민족성까지 연결할 수 있고."

"우리 선조들은 흰색에 큰 의미를 부여하신 것 같아요?"

"그래. 우리나라 사람들은 예로부터 흰색을 상서로운 색이라고 하여 좋아하고 신성시 여겼어. 일반적으로 흰색은 자연의 순수성과 청결함, 신성함을 상징하잖아. 백의민족(白衣民族), 백두산(白頭山), 백록담(白鹿潭) 등 주변을 둘러보면 흰색을 신성하게 여겨 지은 이름이 많아."

이천백송에 담긴 역사 이야기

"표지석에 따르면 210여 년 전 조선 시대 참판(參判)을 지낸 민달용(閔達鏞)의 묘소를 기념해 후손들이 이 나무를 심었다고 전해온다고 하는데 묘는 안 보이네요?"

"그 묘는 오래전에 다른 곳으로 이장했대. 백송 뒷산에 있는 묘는 다른 집안사람 묘이고."

"조선시대엔 지금처럼 택배 문화나 교통수단이 발달하지 않았는데 어떻게 이렇게 한적한 지역에 백송을 심을 수 있었을까요?"

"전하는 말에 의하면 여흥(驪興, 현재 경기도 여주) 민씨 민정식(閔正植, 1848~1914. 조선 후기 문신)이 그의 할아버지인 민달용의 묘 앞에 이 소나무를 심었다고도 해. 여주시사에 따르면 여흥 민씨 삼방파는 민시중(閔蓍重), 민정중(閔鼎重), 민유중(閔維重) 3형제 이후 약 300년 동안 문과급제자가 70인, 부원군 3인 등 정3품 이상 당상관만 127인을 배출한 조선의 명문가라고 해. 민정식은 세 살 아래인 명성황후 민씨(1851~1895)와 친척이고 전라도와 경상도 관찰사(현 도지사)등 여러 관직을 지냈다고 하고. 여흥 민씨는 여주는 물론이고 이천에도 많이 살았는데 백사면은 여주와 바로 근접해 있어. 여주 지역의 일부가 현재 백사면에 편입됐기도 했고. 이것을 토대로 추론하면 민정식과 그의 친척이 신대리나 근처 지역에 살지 않았

이천백송 표지석 백사면 신대리 작은 마을 둔덕에서 이천백송이 마을을 내려다보고 있다.

나 싶어. 선산이나 선조의 묘소는 후손들이 사는 마을 뒷산이나 마을에서 가까운 산에 모실 가능성이 크거든. 당시 권세를 누린 집안이라 묘터를 잘 알아봤을 테고. 어쨌든 민정식이 중국에서 자라는 백송을 이천에 심을 수 있었던 것은 본인이나 일가들이 중국에서 온 사신에게 선물로 받았거나 혹은 중국에

사신으로 간 사람한테 선물로 받지 않았나 그런 생각을 해. 이 백송은 당시 조선과 중국간의 교류에 대해 알 수 있는 중요한 단초가 될 수 있을 것 같지."

"나무 한 그루에 재미있는 이야기가 들어있겠군요. 백송은 중국에서 건너온 귀화식물인데도 대한민국 천연기념물로 지정돼서 개인과 개인, 나라와 나라를 이어주는 가교역할도 하고요."

"그래서 노거수를 인간과 자연의 복합문화공간, 생명문화재, 지역문화와 역사의 보고라고 해."

우리는 백송 아래에 있는 주택을 돌아가서 백송을 올려다봤다. 하늘을 향해 힘차게 서 있는 모습이 강직하고 신비롭게 보였다. 이천백송은 고향을 떠나 낯선 타국 땅에 뿌리를 내리고 이천 사람들과 함께 더불어 멋지게 살아온 듯 했다. 차 안에서 시몬은 이렇게 말했다.

"백송을 보러 오길 잘했어요. 제가 친구들과 많이 다르다는 것 때문에 외로웠는데 독특해서 좋은 점도 있다는 사실을 새삼 깨달았거든요."

시몬은 커피맛이 좋은 카페를 알고 있다며 신둔면에 있는 '호야' 카페를 향해 출발했다. 달리는 자동차 안에서 나는 이창건 시인의 시 「나무는 저만 모를 겁니다」를 떠올렸다. '자리

지켜 살아가는 나무라고는 하지만 때로는 어디론가 훌쩍 떠나고 싶을 때도 있을 겁니다. 먼 먼 바다를 가슴에 품고 푸른 물살 젓고 싶을 때도 있을 겁니다. 그러나 나무를 사랑하는 사람이 있어 나무의 발을 땅속에 묶은 줄을 나무만 저 혼자 모를 겁니다.' 이천백송이 맺어준 고마운 인연, 손장섭 화가는 2021년 6월 1일 소천했다.

03

신둔면 1
이천도자예술마을에서 예술여행

국내 최대 규모 도자예술공예마을

예술작품이 인간에게 주는 긍정적 효과는 많다. 정여울 작가
는『빈센트 나의 빈센트』에서 "빈센트의 예술작품은 단지 그
림이 아닌 아름다운 문학이었고 치열한 심리학이었으며 열정
적인 여행"이라고 했다. 그뿐이겠는가. 예술작품을 감상한 후
감동을 받았을 때, 우리 뇌 기능은 활성화되고 인격은 성숙해
지며 창의력과 집중력, 사고력 등이 대폭 늘어난다고 한다.
이 외에도 예술작품이 인간에게 주는 효과는 일일이 헤아리기
어렵다. 이렇게 좋은 예술작품, 그것도 대한민국 최고의 예술
작품이 밀집된 마을이 있다. 이천시 신둔면에 위치한 이천도

자예술마을, '예스파크(Ye's Park. 藝'S PARK)'이다. 영어와 한자를 조합한 이름 '예스파크'는 '최고의 예술인과 다양한 예술 작품이 가득한 마을'이라는 뜻이다. 이 이름은 전 국민을 대상으로 한 인터넷 공모에 의해서 선정됐다. 이름의 뜻답게 예스파크는 국내에서 유일하게 전통과 현대 도자와 공예산업을 한 곳에 집적화한, 국내 최대 규모의 도자예술공예마을이다.

예술작품이 가득한 예스파크

예스파크는 40만6,900m²(12만 3천평)에 이른다. 축구장 57개 면적에 가까운 광활한 대지이다. 이곳에는 도자공방을 비롯해 조각, 건축, 미술, 회화, 유리공예, 전통 규방공예, 한지공예, 가죽공예, 옻칠공예, 목공예, 한지공예, 통기타(음악), 사진 스튜디오, 원예 등 250여 개의 문화예술 공방과 도자기공장과 도자재료상 등이 입주해 있다. 예스파크는 워낙 면적이 넓다 보니 가마마을·회랑마을·별마을·사부작길마을 이렇게 4개의 작은마을로 나누어 구성돼 있다. 그 마을마다 전통 및 현대도예작가, 다채로운 문화·예술·공예 작가들이 주거공간과 작업공간을 갖추고 있다. 약 150여 개의 도자공방 및 요장에서는 도예가들이 자신만의 독특한 도예세계를 구축하며 작업을 하고 있다. 청자와 백자, 진사, 분청, 청화백자, 달항아

이천도자예술마을(예스파크) 신둔면 고척리 일원의 이천도자예술마을(예스파크). 국내 최대의 도자공예예술마을이다.

리, 생활자기, 다기세트, 도자악기, 식기, 장식용오브제, 화병, 옹기, 인테리어소품 등 전통과 현대를 아우르는 멋진 작품을 제작하고 전시·판매한다. 디자인과 문양, 색깔, 흙의 종류, 상품과 작품가격 등은 천차만별이다. 예스파크에는 가로등 기둥과 주차장의 주차대 등이 도자기로 감싸져 있다. 특히 가로등 기둥에는 도자 스토리텔링도 있어 거리를 걸을 때 한번 더 들여다보게 된다. 예스파크는 마을끼리 특색 있는 행사와 새로운 콘텐츠를 개발한다. 소규모 예술축제와 문화행사를 기획하고 즐길거리와 볼거리도 제공한다. 예술작품, 공방, 건축물, 갤러리는 전시·진열 풍경이나 바깥 조경이 세련되고 근사하다. 손재주와 예술 감각이 탁월한 작가들이 모여 사는 마을답다. 한두 군데만 돌아봐도 시간이 훌쩍 간다. 산책로도 군데군데가 포토스팟이다. 어느 곳에서 사진을 촬영해도 괜찮은 사진을 얻을 수 있다. 일부 공방은 그 공방 특색에 맞는 교육, 원데이클래스, 물레, 도자기 만들기, 가죽공예 외에 다양한 체험도 운영한다. 단, 방문 전에 미리 공방 정보를 알아보고 전화나 SNS를 통해 방문이나 체험 예약을 하기를 권한다. 예스파크 공방 대부분은 연중 상시 문을 열지만, 작가가 외출할 수 있기 때문이다.

도자기 외에 다양한 소재로 작품 활동을 하는 작가도 많다. '갤러리 두윤'의 안말환 작가는 다양한 나무 그림 작업을 통해 많은 이에게 위로와 쉼을 전하며 사랑을 받고 있다. 특히 고운 돌가루와 다양한 재료를 혼합해 캔버스에 두툼하게 올린 후 물감을 수차례 칠하고 나이프나 못, 조각도 등으로 긁듯이 드로잉하는, 마티에르 화법은 독보적이다. 이 갤러리에서는 안 작가의 상시전과 한 집 한 그림 걸기전, 초대전, 기획전이 열린다. 미술문화 교류장 역할도 한다.

'갤러리 선우아트'에서는 김선우 작가의 회화작품뿐만 아니라 조각 등 다양한 전시가 이루어진다. 인순옥 서양화가는 '갤러리 쏘'에서 가장 한국적인 식물이라는 배추를 소재로 회화 작업을 하며 예술 아카데미도 운영한다. 양점모 작가는 '옻칠아트 MO'에서 우리나라 전통 옻칠공예 작업을 한다. 예스파크 입주자는 이천에서 오랫동안 작업을 해온 작가도 있고 서울이나 분당 등 타 지역에서 활동하다가 이천으로 이사 온 작가들도 있다. 이들은 대부분 예스파크의 작업환경에 만족해했다. 예스파크에 첫 번째로 입주한 작가는 '플로리겐(florigen)' 이연주 도예가이다. 그는 "처음에는 허허벌판 진흙 투성이 땅에 불편한 점도 많았다. 하지만 집이 한 채 두 채 늘어나고 이웃이 생기고 작가들과 교류하면서 정이 들었다. 자기 분야에서 열심히 하는 다양한 분야의 작가들을 보면 동기

이천도자예술마을(예스파크) 다채로운 예술공방이 250여개 입주해 있다.

부여가 된다. 무엇보다 팍팍하고 복잡한 도시 생활과 달리 때
때로 적막하리만치 한적하고 여유로운 작업환경이 작업에 집
중하게 한다."라고 말했다.

다양한 예술행사도 열리는 예스파크

예스파크에서는 매년 봄이면 이천도자기축제가 열린다. 이
기간에는 다양한 공예 예술품 행사, 체험문화축제도 함께 열
린다. 이 기간에는 예스파크에 있는 공방뿐만아니라 이천 관
내에 위치한 여러 도자공방에서 참여하여 아름다운 도자기를
전시·판매한다. 중국 등 타국의 전통도자기 작품도 선보인다.

국제도자워크숍도 열린다. 세계 여러 나라에서 온 도예가의 도자기 제작과정을 직접 볼 수 있는 좋은 기회이다. 게스트하우스 시설이나 숙식이 가능한 공방도 있어서 국내외 방문객이 공방에서 머물며 작업을 하거나 예스파크와 이천관광을 하기도 한다.

예스파크는 그야말로 가족, 연인, 친구, 남녀노소가 함께 관광·체험·쇼핑·데이트·교류할 수 있는 장이다. 한옥으로 된 관광안내소에 있는 예스파크 지도와 공방 정보 등이 수록된 소책자와 팜플렛, 예스파크 안내직원, '미리보는 작은 순환전시관' 등을 통해 관심 있는 공방에 관한 정보를 미리 알아보고 가는 것도 한 방법이다. 예스파크에는 널찍한 공용주차장이 여러 곳 있고 공방마다 주차 공간이 있다. 거리는 넓고 밝고 쾌적하다. 예스파크를 둘러보다가 고단하면 식당과 카페가 있는 카페거리에 들러 카페 오르골에서 쉬어도 좋다. 이 카페에서는 커피와 음료, 디저트가 맛있다. 서정적이고 맑은 선율, 다양한 디자인의 오르골을 구경할 수 있고 오르골 제작 체험도 가능하다. 카페 웰콤(Well come)은 세련된 인테리어로 소문이 나 있다. 하얀 달항아리와 나무, 자갈 등으로 연출한 카페 인테리어는 하나의 훌륭한 작품이다. 이 카페에서는 최근 커피 광고를 촬영했다고 한다. 깜찍한 옹기에 담긴 옹기티

라미슈, 1~2인용 작은 가마솥에 흰쌀밥처럼 소복이 담긴 쌀밥빙수는 상상만으로도 군침이 돈다. 맛있다. 이 외에도 예스파크에는 특색있는 카페와 식당, 야외공연장, 농협 등 다양한 편의시설이 있다.

예스파크, 국내 유일, 국내 최대의 세라믹&아트밸리가 되기까지

예스파크는 몇 년 전까지만 해도 광활한 벌판이었다. 그랬던 이 마을이 '도자와 예술'이라는 주제로 거대한 도자예술마을이 된 계기가 있다. 이는 이천시와 이천시도예인들의 오랜 숙원(宿願)에서 시작됐다. 사실 도자문화는 예전이나 지금이나 이천의 대표문화 중 하나이다. 하지만 1990년대 중반 IMF를 전후해 이천의 도자업체는 점진적으로 침체기로 접어들고 있었다. 이 현상은 영세도자업체에 영향을 미쳤고 그것은 지역경제 침체로 이어졌다. 아이러니한 점은 다양한 이천도자기를 구입하고 싶어한 소비자는 요장 위치를 알기 어려웠다. 홍보나 SNS활동, 검색활동이 지금처럼 일상화되지 않던 시절이었다. 이에 이천시와 (구)이천시도자기사업협동조합(이하 이도협)은 아름다운 우리 전통도자문화를 계승·발전시키고 이천의 도자산업 활성화 방안에 대해 다각적이고 지속적인 노력을 거듭해 왔다. 그 일환으로 이천시와 신둔면에 산발적으로 위치한 도자업체 300여 개를 한 곳으로 집적하여 대단위 도예문화단지를 조성하자는 데에 의견일치를 봤다. 도예문화단지가 조성되면 도예인들은 좀 더 쾌적한 공간에서 창작활동을 하고 판로와 홍보에도 용이하며 소비자는 한 곳에서 다양한 도자와 예술품을 감상하고 쇼핑할 수 있는 장점이 많다는 것이었다. 뚜렷한 목적이 있었던 것이다.

하지만 없던 마을을 만드는 과정은 녹록하지 않았다. 예스파크가 조성되기 전 허허벌판 앞에서 사람들은 머리를 맞대고 마을 구성에 대해 의논하고 방법을 강구했다. 진흙투성이 땅에 굴삭기가 들어오고 논과 밭이었던 땅은 매일 매일 달라졌다. 광활한 논밭에 길을 내고 건물을 올리는 것에 따른 행정절차 등 문제를 해결했다. 이 문제는 이천시뿐만 아니라 경기도와 대한민국의 예산과 협조가 적극적으로 수반되어야 했다. 그 과정에서 마을 만들기를 멈춰야 할 위기에 처한 적도 있었다. 수많은 난관에 봉착했다. 도예인들 사이에 의견이 엇갈려 절망감에 사로잡힌 적도 있었다. 그렇다고 해서 멈추거나 포기하지 않았다. 이천시는 이를 위해 도자산업특구지역 신청을 했고 2005년 7월 5일 전국 최초, 대한민국 유일의 도자산업특구로 지정받았다. 도자산업특구는 이천 도예인들에게 작은 희망이었다. 이제 수도권 규제가 문제였다. 그때나 지금이나 이천은 수도권 규제로 인해 개발에 제한받는 부분이 많다. 이천시와 이도협은 2008년 12월 예스파크 조성 공동추진을 위한 「이천도자예술촌 조성사업협약서」를 체결하고 업무를 분담한다. 이도협은 토지 매입대금 확보, 입주업체 유치와 분양에 관한 제반사항을, 이천시는 토지보상비, 행정절차와 가스·수도 등 모든 도시기반 설치 등을 담당햇다. 예스파크 조성사업은 탄력을 받았다. 이천시는 2009년 10월 26일 당시 지식경제부로부터 예스파크 조성에 필요한 시설 결정을 이끌어냈다. 이도협은 2009년부터 2011년까지 공방업체들을 모집했다. 입주자 자격은 이도협조합원, 이도협 비회원 가운데 도예 전공 석사학위 이상, 또는 도자 쪽에 사업자 등록증이 있는 자, 수공예 분야에 종사한 전 국민이었다. 이천시는 이천시의 기후, 입지여건 등 다양한 측면을 고려하여 300여 개 이상의 공방이 들어설 수 있는 적합한 부지를 신둔면 고척리 일원으로 결정했다. 이곳에 민·관 공동 투자 방식의 공사비가 투입돼 예스파크 조성에 박차를 가했다. 2017년 12월 신둔하이패스 IC(중부고속도로가 개통됐다. 제2중부고속도로(하남방향)에서 이천휴게소를 지나 바로 예스파크로 차량 진·출입이 가능하다. 예스파크는 2018년 4월 마침내 문을 열었다.

마을의 형태를 갖추고 공식적으로 문을 연 지 6년째. 예스파크는 입주자뿐만 아니라 국내외 사람들이 함께 만들어가는 마을이다. 마을에 길을 낸 사람, 행정절차를 진행한 사람, 그리고 전통 장작가마와 다양한 작품을 구경하러 온 국내인 및 외국인 등 일일이 열거할 수 없다. 원적산이 둥그렇게 둘러싼 예스파크는 겉에서 보면 고요하고 평화로워 보인다. 하지만 공방 안으로 들어가면 작가들의 예술을 향한 열정은 뜨겁다. 끊임없이 실용성과 예술성을 겸비한 작품을 만들고 있다. 이 마을 작가들은 더불어 잘 살아가는 도자예술마을, 대한민국 대표 관광지를 넘어 세계인이 찾아오고 싶어 하는 세라믹&아트밸리가 되도록 애를 쓰고 있다.

이천도자예술마을에 들러 예술작품을 감상하고 나만의 작품을 만들어보고 작가와 대화를 나눠보기를 권한다. 맘에 드는 작품을 구입해 가정에 두고 감상하는 것도 의미가 깊을 것이다.

04

신둔면 2
인삼과 커피나무가 자라는 신비로운 땅

인삼 주산지 신둔면

신둔면은 예로부터 농업과 요업(도자기), 그리고 원예와 인삼 농사가 발달한 지역이다. 신둔면은 인삼의 주산지이기도 하다. 몸체부터 뿌리까지 육질이 단단하고 사포닌 함량이 높아 약효가 뛰어난 6년근 고려인삼의 주산지이다. 이천은 인삼 경작 총 면적이 2018년 기준 전국 3위이다. 인삼은 땅을 심하게 가린다는 말이 있을 정도로 땅(예정지)이 중요하다. 이천은 물기가 잘 빠지는 마사토 토양이 많은데다 일교차가 크다. 가을 일조량은 풍부하다. 6년근 인삼재배에 최적지이다. 인삼(人蔘)은 인간과 밀접한 식물이다. 뿌리가 사람을 닮아서 사람 인

(人)자를 사용한다는 유래가 있을 정도이다. 특히 우리나라 인삼, 특히 6년근은 세계 여러 나라의 인삼 가운데 사포닌 함량이 가장 많다고 알려져 있다. 사포닌은 혈관을 깨끗하게 해주고 면역력을 증강 시키는 등 그 효능이 우수하다. 우리 선조들은 인삼을 '신비의 양약'이라며 귀한 약재로 사용했다.

면역력 짱! 피로 싹! 6년의 기다림, 신둔면은 고려인삼의 주산지

신둔면에는 3~4대째 인삼농사를 지으며 6년근 인삼을 생산하는 농가도 많다. 그만큼 인삼농사의 역사가 길다. 인삼 재배 기술이 뛰어나며 인삼농사가 잘 된다. 신둔면 토박이 윤여민 님은 그의 할아버지에 이어 아버지도 인삼을 재배했다. 그의 자녀도 그를 따라 인삼밭을 오간다. 2021년 10월 이른 아침, '윤반장 홍삼농원'에 도착했다. 윤 반장은 그가 인삼농사를 짓기 전에 다니던 직장의 직함이다. 그 직장을 그만두고 인삼농사를 짓고 있는데 주위분들이 그렇게 불러서 농장 상호로 사용했다. 트랙터와 굴착기가 인삼밭 고랑 사이로 천천히 움직인다. 6년근 인삼을 호미로 캘 것이라는 상상은 일순 깨진다. 땅속에 있던 황금색 인삼이 형태를 드러낸다. 이주노동자들이 인삼을 다듬고 분류한다. 예전에는 마을 어르신이나 아주머니들이 함께 인삼을 캤다. 요즘은 이주노동자들이 대신

한다. 이일을 할 한국인을 찾기 어려운 게 농촌현실이다. 인 삼밭에는 한국인삼공사(정관장. KGC인삼공사) 현장 실사단도 와 있다. 인삼 상태를 면밀하게 살피고 현장을 촬영한다. 윤 반장네 인삼은 정관장과 계약재배를 하고 있다. 이천인삼 농 가 대부분은 정관장이나 농협(한삼인)등과 계약재배를 한다. 인삼밭에서 인삼을 수확 한 후 바로 출하되는 경우가 많다. 정 관장은 인삼재배농장(인삼밭 예정지)부터 경작에 이어 인삼 수 확, 그리고 수확한 인삼을 정관장 원주 공장으로 이송 후까지 직접 실사를 하고 촬영을 한다. 엄격하고 체계적인 절차를 거 친다. 물론 농협과 계약재배한 다른 농장도 이와 마찬가지이 다. 나도 주인장의 허락을 받고 인삼을 한 개 들고 요리조리 살펴본다. 냄새도 맡아본다. 몸체는 물론이거니와 잔뿌리도

6년근 인삼 캐는 날 신둔면 윤반장 홍삼농원에서 6년근 인삼을 캐고 있다. 신둔면은 인삼 주산지이기도 하다.

고루 튼실하고 향은 진하다. 6년근 인삼 한 뿌리를 입안에 넣는다. 달콤 쌉싸름하다. 좋은 에너지가 세포 곳곳에 듬뿍 들어가서 힘이 불끈 솟는다.

사모(samo)인삼도 3대째 인삼농사를 짓는다. 2022년 3월, 사모(samo)인삼농장을 찾았다. 이날 1년근 육묘삼을 캐서 다시 심는다고 해서다. 인삼은 봄에 씨앗을 뿌린다. 그 씨앗이 연푸른 싹을 틔우고 자란다. 추운 겨울 이파리는 추위에 언다. 하지만 땅속에는 살아있는 육묘삼이 있다. 이듬해 봄에 그 육묘삼(1년근)을 캐서 뿌리가 길고 야무지게 생긴 것을 골라 다른 밭에 옮겨심는다. 이 인삼이 이 자리에서 5년을 자라면 우리가 흔히 아는 6년근이 된다. 그 사모인삼 주인장이 건넨 육묘삼 한 뿌리를 입안에 넣는다. 향기롭고 아삭아삭하다. 싱싱한 봄맛이다. 이천 인삼밭에서는 3~4년근 인삼에서 씨앗을 채취한다. 6년근 인삼을 캐는 등 인삼밭 현장을 보려면 주인장의 허락을 꼭 받아야 한다. 주인장 허락없이 인삼밭에 들어갔다가는 자칫 불필요한 큰 오해를 살 수 있다.

동경기인삼농협(동경기인삼농협유통센터)

동경기인삼농협(조합장 윤여홍. 동경기인삼농협유통센터&인삼가공센터&이천인삼판매센터. (구)경기동부인삼농협)에 가면 인삼에 관한 더욱 다양한 것을 보고 누릴 수 있다. 동경기인삼농협은 이천시 사음동과 신둔면 수남리 사이에 위치해 있다. 부지는 4천670m². 이천·용인·광주·여주·성남·시흥·안양·군포·의왕·광명·안산·하남·과천·양평군·서울특별시, 이렇게 총 15개 도시에서 인삼을 경작하는 농업인 등이 조합원으로 구성돼 있다. 센터는 전국 최대 규모이다. 이 센터에서는 인삼의 성장과정, 인삼세척실, 홍삼가공 및 인삼가공공장, 저온저장고, 물류센터, 인삼홍보관, 영농자재 판매센터 등을 둘러볼 수 있다. 특히 인삼홍보관에서는 인삼축제 품평회에서 수상을 한 체형우수수삼 등 독특하면서도 아름다운 인삼, 1년근부터 6년근까지의 인삼 생육과정 사진, 우리나라 인삼의 유래와 역사 등을 관람할 수 있다. 이곳 인삼은 우수농산물관리제도인 GAP 인증을 받았다. 전국 최초로 인삼의 생산에서 유통에 이르기까지 과정을 QR코드 하나로 확인할 수 있게 만든 인삼 생산유통이력제도 적용한다. 안전하고 우수한 6년근 이천 인삼, 수삼과 그 외 동경기인삼농협에서 개발한 홍삼 브랜드 '333프로그램' 등 다양한 홍삼제품을 시중보다 가격으로 구입할 수 있다. '333프로그램은 인3이나 홍3을 하루 3번, 3개월 이상 꾸준히 섭취 시 면역력 증진과 건강에 도움이 된다는 의미를 내포한다고 한다.

인삼열매(씨앗) 이천은 인삼의 주산지이다. 이천 인삼밭에서는 3~4년근 인삼에서 씨앗을 채취한다.

이천시는 매해 10월이면 이천인삼축제도 실시한다. 2015년부터 실시한 이 축제 때 이천 인삼농가에서 경작한 인삼과 인삼요리, 홍삼제품 등 인삼에 관한 다양한 것을 볼 수 있다.

국산커피, 이천커피체험농장

이천시 신둔면 마교리에 이천커피체험농장(산하농원)이 있다. 이천에서 키우지 못하는 나무는 어떤 나무일까?. 이 농장에서는 커피나무를 재배하여 국산 커피열매 수확에 성공했다. 우리가 카페에서 흔히 마시는 아라비카 원두커피, 이름도 낯선, 아프리카 에티오피아·과테말라·콜롬비아 등 아열대 지역의 해발 600~2000m의 고산지대, 평균기온 20℃ 전후, 기후, 토양, 습도, 강수량 등이 맞아야 대량으로 재배가 가능한 커피를, 4계절이 뚜렷한 우리나라 이천에서 수확한 것이다. 이 농장에서 재배하는 키 큰 커피나무는 약 2,000그루, 수확량은 커피체리(열매)를 기준으로 했을 때 5~7톤, 생두를 기준으로 500~700kg. 국산 커피 농가 중에서 많은 양을 수확하는 편이다. 이 농장에서 커피나무를 재배하게 된 건 농장의 구색을 맞추기 위해서였다. 이 농장의 박혁원 대표는 원래 관엽식물을 재배했다. 그러다가 2000년대 중반, 지인이 수입한 커피모종을 키우지 못하게 되자 그 모종을 가져와 키운 게 지금에 이르렀다고 한다. 커피는 모종에서부터 열매를 맺기까지 보통 3~4년 정도 걸린다. 커피꽃은 주로 3~4월 즈음 예고 없

이천커피체험농장의 레드버번 신둔면 마교리에 위치한 이천커피체험농장에서 레드버번이 익어가고 있다.

이 핀다. 무척 아름답다. 열매는 사시사철 열린다. 커피 수확은 보편적으로 3~7월 사이에 한다. 이 시기에는 커피열매 따기 체험을 할 수 있다. 이 농장에서 첫 모종이 자라서 열매를 맺고 그 열매에서 나온 씨앗을 이천 땅에 다시 심고 키워서 커피 열매를 수확한 것은 2021년. 이천커피를 수확했다. 이 농장에서는 레드버번(Red Bourbon, 빨간색 커피열매), 옐로우버번(Yellow Bourbon, 노란색 커피열매) 등을 수확한다. 커피나무 모종 외에 다양한 다육식물과 야생화 오렌지자스민 모종 그리고 바나나·파파야·애플망고 등 아열대 과일나무도 있다. 핸드드립 등 커피에 관한 다양한 체험도 가능하다.

발효음식의 명가 안옥화 음식갤러리

신둔면에는 맛집 많다. 임금님 쌀밥, 거궁, 청목, 나랏님 이천쌀밥, 태평성대, 이천돌솥밥집, 미곡반상 등 한정식 음식점이 많다. 갓 지은 따끈하고 고소한 이천쌀밥 생각하니 군침이 돈다. 이 가운데 안옥화 음식갤러리는 경기도 농업기술원과 이천시가 공동 육성·지원한 '농가맛집'이다. '발효음식 명가'이다. 이 갤러리는 신둔면 지석리 마을회관 근처에 있다. 지석리 마을로 진입로에서 오른쪽으로 조금 떨어진 논두렁에는 고인돌(지석묘)이 있다. 고인돌은 괸돌이라고도 하며 청동기시

안옥화 음식갤러리 신둔면 지석리에 위치한 발효음식의 명가. 농가맛집 '안옥화 음식갤러리'.

대 부족장(部族長)의 무덤으로 추정한다. 이 무덤으로 보아 당시 이 일대에 대규모 부족이 살았을거라고 본다. 지석리 고인돌은 1986년 4월 14일 이천시 향토유적 4호로 지정됐다.

안옥화 음식갤러리 마당으로 들어서자 단정하게 진열된 항아리가 반긴다. 항아리 속에서는 안옥화·탁용일 부부가 직접 담근 된장과 고추장이 숙성되고 있다. 그들이 텃밭과 정원에서 재배한 채소, 이천의 산과 들에서 직접 채취한 약초와 과일 등이 세월을 숙성시키고 있다. 숙성된 지 30년부터 3년 된 것 등 그 숙성 횟수도 다양하다. 항아리는 200여 개가 넘는다. 갤러리 안에 들어가면 또 한 번 감탄한다. 200여 개의 약초 발효액(효소)이 진열돼 있다. 백년초, 엄나무, 오디, 민들레, 구절초, 오가피 등. 된장 고추장 발효액 등은 이 갤러리만의 '전통발효·약선요리'에 사용된다. 이 갤러리 음식 맛이 깊고 깔끔하고 건강한 비결이기도 하다. 안옥화님이 코스로 내오는 음식은 맛뿐만 아니라 색감도 예쁘다. 안 대표가 식재료 이름과 특성, 맛있게 먹는 방법 등도 설명해준다. 이 음식갤러리 음식은 세월과 정성이 함께 만든 보약과 같다. 안옥화 님은 2024년 사음동에 '이천 안옥화 양조장'을 열었다. 이곳에서는 임금님표이천쌀로 약주인 전통주(안옥화 이천 괸돌 막걸리, 이천 괸돌 옥주, 이천 소주 옥향)를 빚는다.

예술작품인 카페와 도자공방

신둔면에는 도자기와 예술작품으로 카페 인테리어를 한 근사하고 독특한 카페도 많다. 도자기와 문화예술의 고장답다. 차(茶) 전문점 여여로(如如路)에서는 차와 디저트가 예술이다. 먹기 아까울 정도이다. 카페 호야는 한국도요 내에 있다. 전통미와 현대미가 조화를 이루며 더없이 품격있는 한옥카페이다. 이렇듯 예술가가 카페를 운영을 하면서 예술을 하고 인테리어까지 한 예술작품같은 카페가 여행자를 기다린다. 신둔면 소정리에 위치한 도자공방 '오름 오르다'에도 꼭 들러보기를 권한다. 박채영 도예가는 이 공방에서 흙으로 물레를 차고 기물면에 세필로 그림을 그린다. 도자기에 소정리의 꽃을 담고 흙으로 문장을 빚는다. 박 작가는 20대에 랭보와 보들레르를 사랑하여 대학에서 불문학을 전공했다. 고흐와 샤갈 등을 좋아하여 쉼없이 그림을 그리고 판화와 조각 등을 해왔다. 이야기가 많은 작가의 작품은 전국민한테 꾸준히 사랑을 받고 있다. 박 작가의 남편 고호석 작가의 스티브잡스 등 그림이 있는 도자기 작품도 압권이다.

이천의병전적비

이천시 신둔면 수광리 넓고개(광현)에는 이천의병전적비(利川義兵戰蹟碑)가 있다. 넓고개는 1896년 우리나라 의병이 일본군과 전투를 벌여 첫 승리를 거둔 곳이다. 이천의병전적비는 이원회(李元會)가 이 전투의 승리를 기념하고 이천수창의소 의병들의 구국정신을 기리기 위해 1988년 건립했다. 이원회는 1975년에 이천 토박이 원로들이 창립한 순수 민간단체이다. 이천의병전적비에는 이천수창의소(利川首倡義所)의병들에 관해 이렇게 기록돼 있다.

"1896년 1월 18일 새벽, 일본군 수비대 100여 명이 공격을 해와 광현(신둔면 수광리 넓고개)에서 매복하고 있던 이천 의병들과 첫 전투가 벌어졌는데 새벽부터 시작된 전투는 하루

종일 계속돼 해가 저물도록 그칠 줄 몰랐고, 이날 밤 일본군이 더 이상의 저항을 포기하고 수십 명이나 되는 전사자들을 남겨둔 채 도주했다."

군인이 아닌 일반인들이 나라를 지키기 위해 일본군인과 사투를 벌인 것이다. 상상만으로도 아찔하다. 죽음을 무릅쓰고 나라를 지킨 평범한 시민들의 고군분투가 있어 지금 우리가 있다. 넓고개에는 설화도 있다. 1592년 임진왜란 때 신립 장군은 충주 탄금대에서 왜군과 치열한 전투를 했으나 안타깝게 그곳에서 생을 마쳤다. 이에 부하들이 그 시신을 수습한 관을 들고 서울로 올라가는 길이었다. 부하들이 "장군님"하고 부르면 관속에서 신립장군이 "오냐"하고 답했다. 그런데 기치미고개(이천시 관고동과 사음동의 경계)에 이르러 장군을 불러도 "에헴"이라는 기침 소리만 들렸다. 하여 기치미고개라 했다. 기치미고개를 지나 넓고개에 이르러 장군을 몇 번을 불러도 아무 대답이 없었다. 장군의 넋이 편안히 떠난 고개라 하여 넋고개라고 불렀다. 넋고개는 옛 문헌에 광현, 넓고개로 기록돼 있다. 넓고개는 이천시 신둔면과 광주시와 경계를 이룬다. 3번 국도가 관통한다. 교통의 요충지이다. 여러모로 의미있는 고개이다.

05

신둔면 3
대한민국 등록문화재 제657호, 수광리오름가마

도자기의 시작은 흙소꿉놀이로부터

흙으로 소꿉놀이를 해본 적이 있는가. 어릴 적 친구들과 흙돌
담 아래서 고운흙을 모아 그것에 물을 섞고 반죽한 다음 꽃잎
과 풀잎을 붙여 흙꽃떡을 만들고 그릇을 만들며 놀던, 흙소꿉
놀이는 정말 재미있었다. 초등학교 미술 시간에 찰흙을 조몰
락거린 후 그릇과 동물을 만들 때도 그랬다. 아쉬운 건 그렇
게 만든 물건을 어떤 용도로도 사용하지 못했다는 것이다. 상
상컨대 이와 같았을 때 오래전 인류는 고민했을 듯 하다. 애써
만든 흙덩이가 물을 만나도 형태가 변하지 않고 단단한 상태
로 유지되어서 무언가를 담을 수 있게 하는 방법을. 그러다가

그것을 불에 구워봤을 것이다. 주변에서 쉽게 구할 수 있는 흙과 돌멩이 등을 섞어 가마를 만들고 그 안에 흙으로 만든 기물을 넣고 불을 때면서 이렇게 저렇게 실험을 해봤을 테다. 마침내 단단하고 쓰임새 있으면서 아름다운 도자기를 만들어냈을 것이다.

도자기는 장수의 아이콘

도자기는 장수의 아이콘이다. 흙으로 만든 기물을 700~800℃에서 한 번, 그것을 꺼내어 열을 식힌 후 유약을 바르고 말려서 1,200℃가 넘은 뜨거운 불 속에서 또 한 번, 그렇게 두 번을 가마에 넣고 불을 땐다. 그래서일까. 도자기의 생명력은 길다. 깨뜨려 폐기하지 않은 한 1,000년도 넘게 산다.

가마가 등록문화재?
등록문화재 제657호 '이천 수광리 오름가마'

도자기는 천년 전 인류가 만든 최고의 하이테크 제품이었다. 더 놀라운 것은 도자기와 불을 품는 가마이다. 가마(kiln)는 도자기나 벽돌, 기와 등을 굽는 시설이다. '도자기의 완성은 불'이라고 할 정도로 도자기 제작에서 중요한 부분이다. 가마는 나라마다 형태가 다르다. 그 가운데 오름가마는 등요(登窯)라고 한다. 구릉에서 여러 개의 굴이나 터널 모양의 가마를 위로 길게 이어가는 형태를 띤다. 불을 땔 때 주로 장작을 때서 장작가마라고도 한다. 조선시대에 진흙과 망댕이로 제작한 가마가 주를 이루면서 우리나라 전통가마로 자리 잡았다. 그 가운데 '이천 수광리 오름가마'는 2016년 2월 15일 대한민국 등록문화재 제657호로 지정됐다. 등록문화재는 문화재청이 근대(개화기부터 6·25전쟁 전후)문화유산 가운데 보존 및 활용 가치가 큰 유산을 지정 관리한다. 원형 그대로 보존하는 문화재가 있고 사용가능한 문화재가 있다. '이천 수광리오름가마'는 등록문화재 가마 가운데 김제 부거리 옹기가마에 이어 두 번째이다. 흙덩이를 넣고 불을 때서 굽는, 단순한 원리의 가마가 문화재가 되다니. 궁금하지 않은가.

이 가마는 한국전통오름가마 제작 방식에 근대식 가마 제작법을 접목해 한국화된 현대장작가마의 초기양식을 잘 보여준다. 이천이 한국전통도자기의 맥을 잇는 고장이 되게 하는 데에 중요한 역할도 했다. 뿐만 아니라 우리나라와 이천의 초창기 요업실태와 근·현대 전통도에 상황을 알 수 있는 특별하고 중요한 문화 사료로 인정받아 등록문화재로 지정받았다. 현재 사용 가능한 '장작가마' 중 가장 이른 시기에 제작한 가마이기도 하다.

수광리오름가마는 이천시 신둔면 수광리에 있는 '광주요 (廣州窯)'내에 있다. 광주요 정문에 도착하니 두 갈래 길이 나온다. 왼쪽은 광주요 이천공장이고 오른쪽은 광주요문화관과 판매장, 그리고 카페 코유와 수광리오름가마가 있다. 광주요는 1963년 창립 때부터 현재까지 한국전통도자기법에 현대적인 디자인과 예술성을 가미한 예술생활도자기를 생산한다. 자체 제작한 흙과 천연유약을 사용한다. 도자 분야에서 20년 이상의 경험을 가진 최고 장인이 성형(물레)과 조각을 한다. 도자기를 대량으로 생산할 수 있는 시스템도 구축돼 있다.

　수광리오름가마는 상상했던 것보다 크고 길다. 이 가마

1963년 광주요　신둔면 수광리에 위치한 광주요는 1963년 창립 후 2024년 현재까지 전통도자기법에 현대적인 디자인과 예술성을 더해 세련된 생활자기와 작품을 생산하고 있다.

는 원래 고 홍재표(洪在杓)선생이 1949년 자기와 칠기(漆器, 검은자기. 1960년대 초까지 서민들이 사용한 생활자기)를 굽는 전통 가마로 제작했다고 한다. 이후 광주요 설립자인 조소수(趙小守,1912~1988)선생이 이 가마를 인수해 1963년 도자기전용 가마로 개축했다. 이 가마는 개축 당시 원형 그대로이다. 수광리가마는 전통가마가 그러듯이 우리 선조들의 삶의 지혜와 뛰어난 지식이 담겨있다. 역학과 기체역학, 수학과 과학 등에 대한 충분한 지식과 이해를 바탕으로 제작했다. 가마 안에서 불에 의해 발생하는 도자기의 팽창과 수축 정도, 불에 의해 유약의 변화, 날씨와 기온, 습도와 바람 등 자연에 대한 이해도 수반됐다. 이를 토대로 제작한 수광리가마의 전체 길이는 약 27m, 경사는 22~25도, 가마 칸은 총 12칸이다. 1번 칸 내벽 폭은 1.65m, 가장 위 칸인 12번 칸은 3m, 위로 올라갈수록 내벽 폭이 넓고 천장은 높아지는 계단식 칸가마이다. 이 가마의 아궁이는 망댕이로 쌓았다. 망댕이는 망생이라고도 하며 직경 약 15cm, 길이 20~25cm의 원통형 흙벽돌을 말한다. 이는 가마가 1300℃ 이상의 고온에서도 견디게 하는 비결 중 하나이다. 전통가마는 아궁이부터 아치형의 가마 내부를 망댕이와 진흙으로 제작한다. 반면 수광리가마는 아궁이는 망댕이로 하고 가마 내벽과 천정은 근대에 발달한 내화벽

1963년 창업 당시 광주요 전통장작가마 신둔면 수광리에 위치한 광주요 전통장작가마는 1963년 창립 당시에 2개가 있었다. 작은 가마 1개는 소실됐고 긴 가마는 개축하여 사용하다가 2016년 등록문화재 제657호로 지정됐다. 현재 사용가능하다.

1960년대 광주요 전통장작가마 광주요는 신둔면 수광리에 위치해 있다. 이 가마는 이 자리에서 60년 넘게 도자기를 굽고 있다.

돌과 진흙으로 축조했다. 외부는 점토를 두껍게 발랐다. 내화 벽돌은 1,500℃~2,000℃ 정도에서도 견딘다. 불을 때면 소나무 재에 의해 가마 내부가 코팅되면서 가마는 더욱 단단해진다. 또 가마 칸마다 칸문(기물을 넣고 빼내는 출입구. 1960년대 개축 당시 도공의 체형에 맞게 제작함)과 불보기 창이 각 1개 씩 있다. 때문에 칸마다 불을 땔 수 있고 불 온도 조절이 가능하다. 청자와 백자 등을 구분해 구울 수 있다. 이렇게 긴 가마에 불을 때려면 여러 명의 도예인과 많은 기물, 그리고 엄청난 양의 장작도 필요했다. 도자기 한 점이 탄생하기까지 긴 시간 동안 장작을 넣고 불의 온도를 살피는 등 인간의 수고와 기다림이 수반돼야 한다. 이 가마는 60여 년 동안 전통과 현대의 기술이 어우러져 세상에서 단 하나뿐인 예술적인 도자기를 생산하고 있다.

오랜 세월 풍상속에서도 견딘 이천 수광리 오름가마

이 가마가 등록문화재로 지정받기까지는 가마가 견딘 세월이 있다. 1950년대 우리나라 가마는 앞을 다퉈 부서지고 허물어졌다. 이천에 있던 가마도 그랬다. 일제의 조선도자 말살정책과 6·25 전쟁이 남긴 상흔이었다. 기물을 구울 가마가 없어지다보니 서울에서 고려청자와 조선백자 등을 재현하기 위해 고군분투하던 일급 도예장인들도 일자리를 잃고 뿔뿔이 흩어졌다. 너나 할 것 없이 먹고 살기에 급급한 시절이었다. 그러던 1950년대 말 전국의 도예장인들에게 기쁜 소식이 있었다. "이천에 가면 도자기를 구울 수 있는 가마가 있다"였다. 아무리 솜씨 좋은 도예가가 좋은 흙으로 멋진 작품을 빚었어도 뜨거운 가마불 속에 들어가야 도자기가 된다.

실제로 이천시 신둔면 수광리에는 가마가 있었다. '수광리 오름가마'와 수광1리칠기가마(미나리가마)였다. 그 시절 이천 사람들은 두 가마를 '칠기가마'라고 불렀다. 이 가마에서는 한 달에 5~6회씩 불을 땔 정도 칠기를 많이 생산했기 때문이다. 칠기는 제작과정이 고려청자 제작 과정과 비슷했다. 때문에 전국에서 도예인들과 서울에 소재한 대학의 도예과 학생들도 이천으로 모여들었다. 그들은 이 가마를 빌려 그릇, 분청 화분, 화병, 술병 등을 굽고 청자, 백자 등을 실험했다. 그리고 맥이 끊긴 청자와 백자, 분청, 진사 등 전통도자기 재현에 성공했다.

당시 가마가 있는 신둔면은 도자기 제작에 필요한 것을 구하기 수월했다. 원적산과 정개산, 그리고 경기도 광주와 여주의 이포나루하고 가까워 도자기와 재료 등을 서울과 전국에서 가져오기도 용이했고 운송하기에도 편리했다. 도예장인들에

대한민국 등록문화재 제657호 수광리오름가마 신둔면 수광리에 위치한 광주요 내에 있는 수광리오름가마. 이 가마는 2016년 대한민국 등록문화재 제657호로 지정됐다. 우리나라 근현대도자문화와 가마문화를 알 수 있는 중요한 자료이다.

게는 매력적인 지역이었다. 그러면서 이천에 가면 뛰어난 도예기술을 배울 수 있다는 소문이 전국으로 퍼졌다. 도자기 시장이 호황이던 시절이라 전국에서 도자기 기술을 배우고 싶고 도자기 공장에 취직하고 싶은 청년들이 이천으로 모여들었다. 대학에서 도예를 전공한 도예가들이 이천에서 요장을 차리기 시작했다.

도자기업체가 수백 개 됐고 이천은 명실공히 대한민국 도자공예 도시가 됐다. 그러는 과정에서 오름가마는 하나 둘씩 사라졌다. 대신에 편리한 가스가마와 전기가마가 자리를 잡았다. 가마에 장작을 넣다가 골병들었다는 도예가들의 고생을 멋지게 해결해 준 셈이다. 불과 흙이 만나 변화를 일으키는, 즉 요변예술 도자기를 점점 보기 어려워졌다는 점은 큰 아쉬움이었다. 수광리오름가마는 그 자리에 변함없이 있었다. 60여 년 동안 수많은 도자기를 구워냈다. 물론 그 세월 동안 여기저기 보수를 하면서 계속 사용했다. 광주요에 대형 전기가마가 들어오면서 사용을 잠시 멈춘 적은 있다. 하지만 2015년 다시 가마에 불을 지폈고 2016년 등록문화재로 지정됐다. 오랜 세월 풍상을 겪으면서도 그 근엄한 자태와 품위를 잃지 않고 있다. 세월을 견디면 자기의 세월이 온다고 근엄한 자태를 보여주고 있다. 2021년 5월에는 이 가마에서 등요제, 그러니까 오름가마에 불을 때서 도자기를 굽는 행사를 실시했다. 60여 년 전 도예장인과 도예과 학생들이 가마를 찾아 이천으로 왔듯이 서울에 소재한 대학의 도예과 학생들이 이곳을 찾아와 가마에 기물을 넣고 불을 땠다. 역사는 흐르고 세월을 견디니 가마의 시절이 온 것이다. 이 가마는 보수를 하면 계속 사용할 수 있다. 수광리오름가마는 찬찬히 봐야 그 매력을 느낄 수 있다. 뜨거운 불을 안고 견딘 세월의 결을 볼 수 있다. 가마 주변 청자로 쌓은 담장도 살펴봐도 좋을 일이다. 우리도자의 아름다움과 건축의 신비가 새롭게 다가올 것이다.

광주요 이천 센터점 내 '광주요 문화관'도 둘러보기를 권한다. '광주요 문화관'은 지난 2020년 겨울에 오픈했다. 이곳에서는 광주요의 62년 역사와 문화유산을 보고 듣고 체험할 수 있다. 광주요 설립 초기에 만든 제품부터 도자도구, 광주요 대표 문양 '목부용문'의 디자인 변천 과정, 현대 아티스트와 협업한 달항아리 등. 광주요 라는 도자기 브랜드의 변천사인 동시에 대한민국 도자의 변천사를 엿볼 수 있을 것이다. 수광리오름가마 바로 앞에 있는 카페 '코유(coyu)'는 지난날 광주요 디자인연구소로 사용된 건물이다. 이 카페에서는 창문너머로 가마를 보면서 식·음료를 즐길 수 있다. 도자기와 다양한 수공예품도 전시 판매중이다.

06

증포동
배증개와 비틀즈자연학교

이천의 신흥도시 증포동

증포동(增浦洞)은 한때 이천의 강남이라고 했다. 이천 신흥발전 도시라고도 했다. 이러한 증포동의 우리말 명칭은 이천시 도심권문화유적 민속보고서에 따르면 '배증개'와 '요곡, 요골'이라고 한다. 장서각 소장본 『이천군읍지(利川君邑誌)』에 첨부된 관내지도에는 '이배포(梨增浦)'라 표기되어 있고, '증포리(增浦里)'는 이 이증포(梨增浦)에서 따온 지명이라고 한다. 증포리는 1914년 행정구역 개편때 요골과 병합하면서 생긴 지명이다. 증포리는, 1938년 10월 1일 읍내면이 이천읍으로 승격되면서 이천읍 관할 지역이었다. 1996년 이천군이 이천시 승격되면서 증포동이 됐고 창전동이 관할했다. 당시 타 지역에서 증포동으로 이사 온 사람들은 버스를 타고 창전동사무소까지 가서 전입신고를 했다. 2003년 2월 5일 증포동은 창전동에서 분동됐다. 2003년 2월 15 증포동 49-16번지에 증포동사무소 개청했고 2005년 12월 27일 증포동 182-5에 증포동행정복지센터 신청사를 신축 개청하여 현재에 이르고 있다. 이때부터 증포동행정복지센터는 법정동인 증포동·안흥동·갈산동·송정동을 관할한다. 증포동에서 관할하는 초등학교는 4개교, 중·고등학교는 각각 3개교이다. 병원 등 의료시설은 25곳이다. 인구는 58,087명, 이천 인구의 4분의 1일 정도가 거주한다. 2024년 1월 31일 기준이다. 이천교육청(증포동) 수원지방법원 이천등기소(안흥동), 국민건강보험공단이천지사(갈산동) 등 굵직한 기관도 많다. 이천보건소도 증포동(2000년도에 건축, 이후 두 차례 증축)에서 23년 동안 있었다. 2023년 12월 중리동 이천시청 근처로 이전했다. 늘어나는 보건사업을 수용하기에 면적이 부족하고 시청과 거리도 좁히기 위해서였다.

2019년 9월 19일부터 안흥동 브라운스톤 내 상가에서 안흥현장민원실을 운영하고 있다.

이렇듯 이천 인구의 4분의 1일 살고 있고 다양한 편의시설이 들어서 있는 증포동은 1990년대까지 아직 농촌 풍경이 남

2008년 증포동 대단위 아파트 풍경 증포동 대단위 아파트 일원 그 너머 신둔천 일대가 배증개. 이곳에서 작은 배에 쌀과 도자기 등을 실어서 여주 천양나루로 보냈다고 한다.

아있었다. 1997년부터 이곳에 대기업에서 지은 대단위 아파트단지가 계속 들어섰다. 국지도 70호선이 관통하고 온천과 온천공원도 있다. 가구수가 늘어나면서 초등학교와 중학교 고등학교가 연이어 생겼다. 학부모들의 교육열도 높았다. 이마트, 우리마트, 이천마트 등 대형마트도 여러 곳이다. 음식점, 카페 등 다양한 편의시설도 밀집돼 있다. 증포동의 곳곳은 지금도 계속 새로운 건물이 들어서고 있다. 이러한 증포동에 작은 배가 드나들었다는 사실은 아주 새롭다.

배증개와 요골

증포동이 고향인 어르신들은 증포동을 배증개, 배진개 라고도 부른다. 배중개는 뱃짐개, 뱃짐뫼라고 하며 뱃짐을 매던 곳, 배에 실을 짐을 정리하여 매던 곳이라는 뜻이다. 지명 중에서 '~개'는 강이나 내에 바닷물이 드나드는 곳에 사용했다. 그러니까 이르 종합하면, 배중개는 작은 배에 짐을 실어 이동하던 곳이다. 위치는 현재 증포동에 소재한 한솔2차 아파트 인근 신둔천과 백사면 모전리로 이어지는 다리가 있는데 이곳 일대이다. 현재 이곳에는 아파트와 주택, 스타벅스와 배스킨라빈스 등 다양한 상가들이 들어서 있다. 이마트에서 신둔면 방향으로 오가는 새 도로도 있다. 예전에 이곳에서 이천에서 생산된 품질 좋은 진상미와 도자기를 작은 배에 실어 여주 천양나루에 갖다주면 천양나루에서 더 큰 배에 실어 서울이나 타지역으로 보냈을 것으로 추정한다. 배중개는 이천에서 나온 특산품을 작은 배에 실어 신둔천과 복하천을 오가며 이천과 서울, 또는 타지역으로 오가게 하는 중요한 관문이었던 것이다.

요골은 요꼴이라고 부른다. 지형상 움푹 들어간 곳에 자리잡은 마을이란 뜻이다. 증포동 2000마트(이천마트) 건너편 일대이다. 이 마을에는 지붕이 낮은 주택 벽에 동화같은 벽화가 볼만하다. 요골 입구 도로가에 위치한 을를가페에서는 맥주와 식사, 커피 브런치 등을 즐길 수 있다.

송정동

증포동 관할 지역에 송정동이 있다. 송정동은 과거에 소나무 정자가 있다고 하여 송정(松亭) 또는 소정이라고 불렀다고 전한다. 현재 송정동에는 산어귀나 둔덕에 전원주택과 아파트가 많이 들어서 있다. 큰 도로 근처에 새로운 도로가 연이어 생기고 크고 작은 건물과 아파트, 주택도 계속 들어서고 있다. 송정동은 과거에는 신동면(新洞面)에 속했다가 1914년 송정리가 됐다. 1996년 3월 이천군이 도·농복합형태의 이천시로 승격되면서 송정동으로 개칭했다. 이후 2003년 2월 창전동 관할에서 증포동이 분동되면서 증포동 관할(管轄)지역에 속해있다. 송정동은 증포동과 바로 인접해 있다. 그 가운데 송정2통(구 아리芽里)에는 조선시대에 아리역(芽里驛)이 있었다고 전한다. 지금은 역이 있었다는 흔적은 찾아볼 수 없다. 흥미로운 사실은 역 주변에 음식점이 많았듯이 송정동 아리역이 있었다는 곳 근처에는 맛집이 즐비하다. 산 아래 정원이 예쁘고 아담한 카페 '사가담', 창 너머 풍경이 시원한 '나무향기', 오전 9시에 문을 여는 '숙브런치' 정원의 다양한 조형물과 정자와 벤치 등이 운치있는 카페 베이커리 '롤링핀', 칼칼한 국물에 쫄깃한 옹심이가 듬뿍 '강원도옹심이칼국수', 칼국수의 명가 '홍두깨칼국수', '샤브향', '짬뽕대가', '이동우 스시' 등.

이외에도 다채로운 맛집과 카페가 도로 옆이나 마을, 논과 들판, 둔덕 등에 자연과 함께 있다.

송정동 풍산아파트를 조금 지나면 이천에서 경기도 광주시, 여주시, 서울특별시, 충청권 등으로 통하는 도로가 나온다. 지난 2022년 10월 31일에는 아리사거리에서 지방도 337호선을 연결하는 신설 도시계획도로가 개통됐다. 이 도로는 아리사거리에서 비틀즈 자연학교로 통한다. 도심 속에 자연학교가 있는 것이다.

자연과 더불어 사는 삶, 비틀즈 자연학교

자연학교에 도착하면 커다란 비닐하우스가 반긴다. 비닐하우스 앞에서 약간의 실망감이 밀려온다. 이천의 들녘이나 주택 주변에서 흔히 볼 수 있는 비닐하우스이기 때문이다. 그런데 하우스 안으로 들어가자 실망감은 순식간에 사라진다. 비닐하우스 5개가 연결되어 있는 공간마다 별천지이기 때문이다. 친환경 목공퍼즐 작품을 만들다 멈춘 흔적, 원예 수업을 진행한 듯한 자료 등등. 이곳의 주인은 이 분야의 고수라는 느낌이 훅 밀려온다. 외관으로 편견을 갖거나 지레짐작하는 것은 어디서나 금기이다. 건물을 지나자 정원이 나타났다. 이번에는 호기심이 스멀스멀 올라온다. 아이들과 어른들이 삼삼오오 모여있다. 자연학교에서 가족 단위 체험행사가 진행 중이다. 체험객은 이 학교 대표인 왕잠자리 선생님의 설명을 들으며 탄성을 지른다. 왕잠자리 선생님은, 자연학교 체험객들이 자연학교 대표한테 부르는 호칭이다. 아이들은 정원에서 허리를 숙이거나 쪼그리고 앉아 풀잎 사이에 메뚜기가 있나, 뱀이 스르륵 하고 지나가나? 흙 속에 지렁이가 숨어있나? 넝쿨 식물의 푸른 이파리 위에 청개구리가 앉아 있나? 하고 눈을 동그랗게 뜨고 식물을 요리조리 살펴보고 관찰한다. 이 학교에서 자연은 아이들에게 신기함 자체이다. 어른들은 징그럽거나 겁이 나서 소스라치게 놀라는 지렁이와 뱀, 곤충이 아이들

비틀즈학교에서는 곤충잡는 아이 비틀즈자연학교에서는 곤충도 아이들의 친구가 된다.

에겐 같이 놀고 싶고 교감하고 싶은 친구가 된다. 책 속에 있는 이론과 그림과 사진을 직접 눈으로 보고 손으로 만지면서 촉감을 느껴본다. 왕잠자리 선생님과 아이들 일행이 가는 길을 계속 따라가 본다. 아이들은 곤지(昆池)에 들어가 왕잠자리와 다양한 잠자리가 있는지 살핀다. 곤지에서는 왕잠자리, 고추잠자리, 청동실잠자리 등 다양한 수서곤충이 서식한다. 멸종위기 2급인 맹꽁이도 있고 물뱀(무자치)도 있다. 연꽃을 주제로 한 연지(蓮池)에는 물방개, 송사리, 우렁이, 물자라, 게아제비, 장구애비, 잠자리 유충 등 온갖 수서곤충이 산다.

비틀즈(Beetles), 그리고 왕잠자리 선생과 나비 선생

자연학교의 이름인 비틀즈(Beetles)는 장수풍뎅이, 굼벵이 등 딱정벌레류를 뜻한다. 비틀즈가 예스터데이(Yesterday), 헤이주드(Hey Jude) 등 팝송을 부른 영국의 4인조 록그룹 이름을 빌려왔나? 생각했는데 그와는 별개이다.

왕잠자리 선생한테 비틀즈 자연학교가 탄생한 계기를 들어봤다. 왕잠자리 대표 2004년 청강문화산업대학 창업보육센터에서 교육을 받고 농사를 지었다. 농업과 관련된 콘텐츠 개발에 주력했다. 이어 2009년 농촌 후계자로 지정받았다. 논농사를 계속 지으면서 다른 농업인과 차별화된 농촌 사업 아이템을 찾기 위해 고민했다. 그리고 농업에 수경재배와 딱정벌레 곤충류 쪽으로 방향을 정했다. 2010년 곤충산업진흥법이 생긴 것도 방향을 정하는 데에 도움을 줬다. 곤충은 아이들이 좋아하고 먹거리로도 사용된다. 애완용, 반려용으로도 키울 수 있는 장점이 있다. 당시 장수풍뎅이 등 딱정벌레류는 아이들이 집에서도 키울 수 있는 애완곤충으로 호응이 있으리라 예상했다. 그러면서 농업과 곤충과 자연, 생태 등을 집약한 자연학교 이름을 비틀즈(Beetles)로 지었다. 그렇게 야심차게 자연학교 문을 열었다. 처음에는 좌충우돌이었다. 수입은 없었다. 이천은 사방으로 눈을 돌리면 자연이다. 그러하니 일부러 자연학교에 가야할 이유를 찾기 어렵다. 초기에 왕잠자리 선생은 다른 곳에서 일하여 생긴 수입을 이곳에 투자했다. 이 과정에서 왕잠자리 선생은 인생의 전환기를 맞았다. 환경단체에서 만난 아내와 결혼을 한 것이다. 왕잠자리 선생의 아내는 체험객들에게 나비선생이라고 불린다. 그녀는 처음에는 무당벌레를 보고 화들짝 놀랐다. 한데 지금은 능숙하게 만진다. 결혼을 하면서 두 사람은 원래 논이었던 이곳을 텃밭으로 만들었다. 왕보리수, 블루베리, 소나무, 해바라기 등 다양한 과실수와 식물과 꽃을 심었다. 강자갈 놀이터, 바다모래 놀이터, 산흙놀이터 등 놀이터를 만들고 연못과 도랑도 복원했다.

자연학교를 사계절 자연의 변화를 보고 느끼고 관찰할 수 있게 구성했다. 그에 따라 프로그램과 재미있는 이야기도 개발했다. 왕잠자리 선생과 가족은 이곳에서 재배하는 식물에 농약과 비료를 사용하지 않는다. 직접 풀을 뽑고 퇴비를 주면서 가꾼다. 식물과 곤충과 동물 등이 화학물질에 노출되지 않고 자연적으로 살아가도록, 시간과 육체노동과 정성을 쏟는다. 빠름과 편리함의 시대에 사람의 건강과 더불어 살아가는 생태를 생각하지 않으면 하기 어려운 일이다. 자연학교에서는 곤충, 양서류, 야생동물 등 온갖 동식물이 자연스럽게 어우러져 생활한다. 땅과 풀 사이를 자세히 들여다보면 호박도 있고 신기한 채소와 앙증맞은 풀꽃이 눈에 띈다. 하우스 안에서 수박이 철재에 모빌처럼 조롱조롱 매달려있다. 사과보다는 크고 메론보다는 작고 일반 수박보다는 훨씬 작은 애플수박이다. 이 수박은 선 채로 팔을 올려서 딸 수 있다. 평소 수박은 밭에서 자란다는 상식이 깨진다. 자연학교에는 곤충채집체험, 농촌체험, 생태체험, 원예체험, 도시농업활동 등 다양한 체험프로그램도 마련돼 있다. 체험은 가족 단위나 단체여야 가능하고 체험 및 방문을 원할 경우 전화로 문의 후 예약해야 한다.

자연체험은 영혼의 자양분

자연학교의 작은 오솔길과 물이 흐르는 도랑을 지나 논으로 간다. 논에 도착하니 논의 벼는 샛노란 황금빛이다. 회원들이 오월에 직접 손 모내기를 한 벼이다. 논은 벼가 자라는 곳이기도 하고 여름에 송사리, 논우렁이, 새뱅이, 물방개 등을 관찰할 수 있는 논생태 체험장이기도 하다. 아이들은 부모님과 함께 논에 들어가 낫으로 벼를 벤다. 볏단을 마당에 있는 탈곡기에 대고 낟알을 떨어낸다. 그 낟알을 가정용 도정기에 넣고 즉석 도정한다. 도정한 쌀은 투명한 캔(캔쌀은 이곳에서 특허를 받았다)안에 넣어 집으로 가져간다. 아이들은 벼가 쌀이 되기까지 일련의 과정을 체험한 것이다. 체험객은 밭에서 고구마도 캔다. 그 고구마는 집으로 가져가거나 고구마 굽는 통에 넣고 구워서 먹을 수 있다. 자연학교에 오면 시간 가는 줄 모른다. 체험 행사가 끝난 후 군고구마와 애플수박을 먹었다. 꿀맛이다.

문득 엉뚱한 생각이 교차한다. 유치원부터 초·중·고 학생들이 일주일에 하루는 농촌체험을 해보는 건 어떨까. 자연의 변화를 관찰하고 기록하고 사진도 찍고 체험을 하면 좋겠다. 이러한 일에 남녀노소 연령에 제한을 두는 것은 어리석은 일이다. 농업은 접목할 수 있는 분야나 콘텐츠화할 게 무궁무진

비틀즈자연학교 논생물 체험장 비틀즈자연학교에서는 모내기를 한 후 벼 수확까지 일련의 과정을 체험할 수 있다. 논은 모내기부터 벼수확 외에도 송사리, 논우렁이 등을 볼 수 있는 생물 체험장이다.

하다. 4계절 변하는 생명의 신비를 몸소 경험하는 시간을 가져본다면 어떤 이는 시를 쓰고 또 어떤 이는 그림을 그릴 것이다. 먹거리와 곤충과 동물의 생태, 자연 색감과 디자인 등에 관심을 가지고 요리와 건강과 예술과 과학과 수학의 원리를 터득하고 기계와 경제에 관심을 갖는 아이도 생길 것 같다. 어릴 적 자연에서 놀던 정서는 돈으로 살 수 없다. 누구라도 자연으로 가자. 그곳이 자연학교이어도 좋고 집 근처의 텃밭이어도 좋다.

07

증포동에서 신둔천까지
이천시장애인자립생활센터 K와 여행

이 이야기는 K와의 짧은 여행기이다. K는 중도척수장애1급
이다. 대학교 2학년 때 교통사고로 인해 척수가 손상됐다. 휠
체어를 탄 바리스타 세계2호이기도 하다. 현재 이천시장애
인자립생활센터(이하 센터)에서 근무한다. 그날 일정은 K와
함께 센터를 둘러보고 이천교육청에 있는 카페에서 차를 마
신 후 신둔천 자전거대여소에 가서 자전거를 타기였다. K와
첫 인연은 2019년이었다. 그 당시 K가 근무하는 센터는 창
전동의 다세대 주택과 현진에버빌 아파트 사이 좁은 도로 옆
건물 1층에 있었다. 주차장은 좁은데다 약간 경사가 져서 장
애인이든 비장애이든 주차를 한 후 차에서 내리기가 불편했

다. 센터에서 다양한 활동이 이루어지는 것에 비해 사무실 공간은 협소했다. 이야기를 들어보니 센터가 처음 문을 연 해는 2013년, 그때는 중리동행정복지센터 건너 주택가에 있는 10평 남짓한 공간에서 K를 비롯해 세 사람이 근무했다고 한다. 당시 세 사람은 그곳에는 커피바리스타 교육을 진행했다. 커피머신기는 한 대 있었으나 싱크대가 없어서 설거지는 화장실에서 했다. 열악한 환경이었다. 그런데도 이천뿐만 아니라 인근 지역 장애인분들도 와서 즐겁게 커피 바리스타 수업을 했다고 한다. K와 이번에 만난 센터 건물은 평지였고 두 번째 공간보다는 넓고 쾌적했다.

이천시장애인자립생활센터

K가 따뜻한 아메리카노를 내왔다. 커피 맛은 깊고 중후했다. 맛있었다. 커피는 이곳 센터 소장이 직접 볶은 원두를 사용한다. 커피는 센터를 처음 시작한 연결고리였다. K의 안내에 따라 센터를 둘러봤다. 분위기가 활기찼다. 코로나19가 장기화 때도 그랬단다. 이유를 들어보니 회원들의 재능에 맞는 일을 찾아서 이천 지역의 교육기관·학원·행정복지센터 등과 연계한 활동을 주로 하기 때문이라고 한다. 코로나19 시기에는 사회적 거리 두기 단계에 따라 4인 1조로 움직였다고 한다. 한

번에 할 수 있는 일을 여러 번 나눠서 한 셈인데, 그래도 어렵게 집 밖으로 나와 웃음을 되찾은 사람들이 활동을 지속한다는 생각에 힘듦도 잊었다고 한다. 이 센터에서는 현재 주요사업만 12가지 이상을 한다. 장애인권익옹호 및 지역사회 활동 및 인식 개선, 청소년발달장애인 방과후활동서비스, 발달장애인 주간활동서비스, 경기도 여성장애인교육사업서비스, 자립생활체험홈, 장애인 맞춤형 일자리, 동료근로지원 활동지원사업. 꿈꾸는 커피 세상, 꿈꾸는 자전거 세상 등. 이 가운데 70%가 활동서비스란다. 센터 소개를 들으며 공간을 살펴보는데 한 공간에서 다른 공간으로 이동할 때 문턱이 없다. 문을 열 수 있는 버튼은 휠체어 높이에 있다. 바리스타교육실 싱크대 높이도 마찬가지다.

휠체어와 자동차가 저의 다리에요

센터를 둘러본 후 K가 운전하는 자동차를 향해 갔다. K는 자동차 문을 열고 능숙한 자세로 운전석에 앉는다. 나는 무거운 휠체어를 접어서 자동차 트렁크에 실은 후 운전석 옆 좌석에 앉았다. 평소 도와주는 사람이 없을 경우 휠체어를 어떻게 싣느냐고 물었다. 그럴 때는 본인이 의자에 앉은 다음 휠체어를 접어서 운전석 뒷좌석에 놓는단다. 생각에 잠겨있는 사이 K

는 카페, '꿈꾸는 커피 세상'을 향해 자동차 시동을 걸었다. 자동차가 움직이자 편견은 바로 깨졌다. 일반적으로 비장애인은 장애인을 배려하고 도와야 한다는 편견이다. K가 비장애인인 나의 이동을 도와주고 있다. 나는 운전을 하지 않은 지 꽤 됐고 K는 운전에 능숙했다. 사고 후 일상생활에서 불편한 점 가운데 하나가 이동수단이어서 운전면허증을 취득했다고한다. 장애 정도에 따라 운전적법 판정을 받으면 운전교육을 받을 수 있다. 한쪽 발 장애, 양쪽 발 장애, 한손 장애, 청각장애, 지체장애 등 장애 유형에 따라 맞춤형으로 출시된 차도 있다. K는 손으로 브레이크를 작동한다. 그는 다리가 마비돼 자동차 페달을 밟지 못하기 때문이다. K는 "휠체어와 자동차가 저의 다리에요."라고 덧붙였다. K가 '휠체어와 자동차'를 자유자재로 움직이기까지 그의 삶의 여정도 조금 그려진다. 생각해보니 그 차이이다. 자신의 의지로 어디든 자유롭게 갈 수 있는가 없는가, 타인에 대해 피상적으로 알고 있던 편견이 또 한번 깨진다.

카페, 꿈꾸는 커피세상

다음 코스는 카페 '꿈꾸는 커피세상'이다. 자동차는 이현고등학교를 지나 이천보건소를 지났다. 그리고 이천교육지원청 신관 주차장에 도착했다. K가 주차를 하자 나는 트렁크에서 휠체어를 꺼내 운전석 가까이에 댔다. K는 익숙한 자세로 휠체어에 몸을 실었고 두 손으로 휠체어 바퀴를 민다. 신관 1층 엘리베이터 안이다. K는 휠체어에 앉아 2층 버튼을 누른다. 카페 '꿈꾸는 커피세상'은 2층에 있다. 이천교육청 신관은 3층 건물인데 엘리베이터가 설치돼 있고 엘리베이터의 층을 누르는 버튼도 휠체어에 앉아 누를 수 있을 정도의 높이에 있다. 섬세한 배려이다. 2층 이상 건물에 엘리베이터가 없으면 휠체어를 탄 사람, 다리가 불편한 사람은 어떻게 2~3층에 올라가야 할까. 1층에만 살아야 할까. 일상에서 유니버설 디자

이천교육청 꿈꾸는 카페 이곳은 장애인 바리스타와 비장애인이 함께 일한다.

인(universal design, 보편설계, 모든 사람을 위한 디자인)과 설계가 절실해지는 순간이다. 카페에 들어서자 H바리스타가 반갑게 인사한다. H바리스타는 휠체어를 타고 이동한다. 이 카페는 이천교육지원청이 장애인이나 취약자의 자립을 위해 지원하는 사업이다. 이천교육지원청이 공간과 기반시설을 제공하고 이천시장애인자립생활센터가 커피머신기 등을 설치해 장애인바리스타와 비장애인이 함께 근무한다. 바리스타는 다른 직업에 비해 비장애인이 장애인을 편견없이 보는 직업이라고 한다. 커피를 마시며 K에게 몇 가지 질문을 했다.

K와의 짧은 대화

당신에게 여행이란: 떠나고 싶지만, 막상 가면 불편함이 많은 것. 휠체어를 타고 갈 수 있는 곳이 한정적이에요. 함께 가는 가족이나 일행에게 미안하고 화장실도 불편해요. **이천에서 여행지로 추천하고 싶은 곳:** 에덴 파라다이스호텔 정원. 조용히 자연을 구경할 수 있어서 좋았어요. **최근 가장 가고 싶은 곳:** 숲속 휴양림, 자연을 좋아하는데 저 혼자 휠체어 타고 산에 오르기는 힘들어요. 그래서 더 가고 싶어요. 다른 지역을 가더라도 대부분 일을 목적으로 가고 평소에는 집과 사무실만 왔다 갔다 하잖아요. 숲속에서 아무 일도 안 하고 아무 생각도 안 하

고 멍 때리고 싶어요. **장애인에게 자립이란:** 누군가에게 때에 적절한 도움을 받는 거예요. 내가 원하는 것을 스스로 해낼 때까지. 우리는 누구나 혼자 살 수 없잖아요. 특히 장애인은 아기가 어느 정도 성장할 때까지 부모님의 절대적인 도움을 받듯이 누군가의 도움을 받아야 해요. 그러다 보면 홀로 서고 또 지역사회의 한 구성원으로서 역할을 할 수 있어요. 누군가를 도울 수 있고요. **갑자기 장애를 입은 분한테 해주고 싶은 말씀:** 어떤 일이든 일단 시도를 해보라고 말씀드리고 싶어요. 물론 겁이 많이 나지요. 부끄럽고요. 하지만 생각을 전환해서 부딪혀 보는 거예요. 집 밖으로 나와서 두드리다 보면 의외로 자신이 할 수 있는 일이 많아요. 도움을 주는 데도 많고요. 그러다가 어떤 일을 시작했는데 장애인으로서 제약에 부딪힐 때도 많아요. 신기한 점은 뭔가를 하려는 사람한테는 어떻게든 할 수 있는 방법이 생겨요. 그리고 내가 하는 일이 소소할지라도 그것을 세상에서 가장 귀한 일이라고 여기셨으면 좋겠어요.

신둔천 자전거대여소와 복하천 자전거대여소에서 자전거 타기
카페에서 커피를 마신 후 우리는 신둔천 자전거 대여소(송정동 427 쉼터 일원)로 향했다. 자전거대여소에는 재미있는 자전거가 많다. 아동용, 1~2인용, 깡통트레일러, 가족형자전거 등 다양한 자전거가 비치돼 있다. 이곳은 센터에서 운영하는 자전거대여소 두 곳 가운데 하나이다. 다른 한 곳은 복하천(진리동 140)제 1수변공원 일원이다. 신둔천 자전거대여소에 도착하자 풀냄새가 반긴다. 자전거대여소 바로 아래 신둔천을 기점으로 양옆으로 하천이 길게 이어지고 하천변에는 사시사철 이름 모를 들꽃과 풀이 자란다. 복하천과 신둔천 주변은 산책로와 자전거길이 잘 조성돼 있어서 오래전부터 시민들이 산책과 운동을 하거나 자전거를 타곤 한다. 자전거를 타고 백사면과 부발읍, 여주시, 마장면과 호법면, 모가면 방향 등 여러 지역으로 갈 수 있다. 문제는 그곳으로 자전거를 직접 가지고 가

신둔천 자전거 대여소 신둔천 자전거 대여소는 이천시청이 지원하고 이천시장애인자립생활센터가 운영한다. 이곳에는 재미있는 자전거가 많다.

야 하는 불편함이 있었다. 이천시는 이를 해결하고 시민들은 자연 속에서 여가를 즐기고 장애인과 취약자 등에게 일자리를 제공하는 취지로 자전거대여소를 마련했다. 이곳 자전거대여소는 이천시가 장소와 기반시설을 제공하고 센터가 자전거를 구입해 장애인과 비장애인이 함께 근무하며 운영한다. 나는 자동차 트렁크에서 휠체어를 꺼내 운전석 가까이에 대고 K는 휠체어에 앉았다. 비가 오락가락했다. 이렇게 비 내리는 날, 도와주는 사람이 없다면 K는 빗물에 젖은 휠체어를 어떻게 넣을까. 엉뚱한 상상이 또 나래를 편다. 로봇인간을 만들어내는 AI 시대, 맥가이버가 짠 하고 등장했으면, 그래서 장애인들의 불편한 몸을 회생시켜주면 얼마나 좋을까. 가볍고 튼튼하고 디자인과 색깔도 예쁘고 복사용지 A4 크기만 하게 접히고 높낮이도 조절 가능한 휠체어를 만들어준다면, 비 오고 눈 오는 날을 대비하여 우산도 있고, 버튼 하나 누르면 흙탕물에 젖은 휠체어의 바퀴를 깨끗하게 청소해주고 자동으로 펴지고 접히는 그런 휠체어가 만들어져 저가로 판매된다면?

누구에게나 열려 있는 자전거 길

K는 휠체어를 타고 나는 자전거를 타면서 나란히 가는 풍경은 다음으로 미뤘다. 비가 계속 내렸기 때문이다. 생각해보면

신둔천 자전거길 신둔천 자전거길에서 바람을 가르며 자전거를 타 보자. 이 길은 누구에게나 열려있다.

그것은 내 입장에서 그린 풍경이다. 같은 눈높이로 가야 좀 더 즐겁게, 함께 갈 수 있다. 며칠 후 나는 바람을 가르며 자전거 페달을 밟았다. 자전거를 탄 사람들, 강아지와 함께, 또 홀로 산책하는 사람이 눈에 들어왔다. 하천의 물소리도 들렸다. 이 길이 아름다운 이유는 남녀노소, 동물과 자연 등 누구에게나 열려 있기 때문이다. 참, 이천시장애인자립생활센터는 관고 동으로 이전했다. 그들의 행진을 응원한다.

08

안흥동 1
안흥지와 애련정

이천7경 안흥지

안흥지(安興池)공원(이하 안흥지)은 이천시 안흥동(구 안흥리)에 위치해 있다. 안흥동은 호텔과 대단위 고층아파트단지, 온천, 낡은 주택과 빌라, 편의점과 카페, 공영주차장과 음식점 등이 다닥다닥 붙어있는 도심 한가운데 있다. 구만리뜰인 논도 있다. 전형적인 도농복합도시이다. 2000대에 들어와 급속도로 개발되고 있는 지역이기도 하다. 안흥지(연못)는 이천 9경 중 7경이다. 안흥지 수심은 2.7m. 철 따라 자기만의 멋을 연출한다. 봄이면 안흥지 둘레길에 핀 벚꽃은 눈부시게 화사하다. 여름날 나무마다 초록으로 반짝이는 이파리는 복잡한 도심

1998년 안흥지(안흥연못) 안흥지(안흥연못)는 1907년 일본인에 의해 소실되었으나, 1998년에 이천시가 복원했다. 지금은 더없이 아름답게 바뀌었으며 도심을 숨쉬게 하는 숨터이자 시민들의 힐링공간이다.

을 숨 쉬게 한다. 가을나무는 고아한 단풍옷을 입는다. 눈 덮인 겨울의 공원은 차가운 아름다움이다. 공원가에 줄 지어 선 비석, 초가집 모양의 돌조형물, 연못 중앙에 있는 정자 등, 이 공원을 지나갈 때마다 작은 공원에 뭔가 흥미로운 이야기가 있을 것 같다는 생각을 했다. 울창한 나무 이파리가 때로 청녹색 커튼을 드리운 듯 오묘한 느낌으로 다가온 적도 있다.

이천온천, 약수영천

안흥지공원은 미란다호텔스파플러스와 담 하나를 사이에 두고 있다. 설봉온천랜드와도 근접해 있다. 미란다스파플러스와 설봉온천랜드 두 곳에서는 천연온천욕을 즐길 수 있다. 문헌에 안흥지는 이천읍 안흥리 이천온천 앞에 있다고 했다. 이천온천 자리에는 현재 설봉온천랜드와 미란다호텔이 있다. 이 온천은 '약수영천(藥水靈泉)'이라 할 정도로 온천 효능이 탁월했다. 세종과 세조 등 조선시대 많은 임금이 이곳에 들러 몸에 쌓인 피로를 풀었다고 전한다. 한때 신혼여행객들이 온천욕을 즐기기 위해 줄을 선 적도 있다.

구만리뜰에 물을 대주고 시민들의 휴식처 안흥지

안흥지가 생긴 배경을 따라가 본다. 1950년 이천군에서 편찬한 『이천대관(利川大觀)』에 따르면 안흥지는 소호(沼湖, 늪이나 호수를 이르는 말) 혹은 안흥방죽이라고 불렀다고 한다. 이천 사람들은 이천둑방이라고도 했다고 한다. 이를 통해 안흥지는 농사와 연관이 있어 보인다. 세종대왕의 셋째 아들 안평대군이 여주 능행길(선대왕의 능에서 제사를 지내기 위해 오가던 길)에 구만리뜰의 농업용수 공급을 목적으로 안흥방죽을 축조했다는 설도 있다. 고려와 조선 조정 신하들은 안흥방죽 앞의 논 갖는 것을 영광으로 여겼다고 한다. 그만큼 좋은 땅이었던 것이다. 구만리뜰(구만리들판)은 안흥지 일대와 미란다호텔과 설봉은천랜드 부근, 그리고 롯데캐슬아파트 앞 도로 건너 일대를 말한다. 이곳에서는 오래전부터 논농사를 지었다. 지금도 롯데캐슬아파트 도로 건너편 논에서는 농사를 짓고 복하천이 흐른다.

조선시대 안흥지 근처 논에서 수확한 자채(紫采, 양질의 올벼)쌀은 임금님께 진상했다. 그 우수성은 지금까지 인정받고 있다. 현재 안흥지 일대에는 아파트와 다양한 건물이 들어섰고 도로가 나 있어 농사를 지을 수 없다. 해서 안흥지에서 물을 끌어 쓸 필요도 없다.

안흥지는 조선시대보다 이른 통일신라말(900년 즈음)에 축조했다는 설도 있다. 그 근거는 이천안흥사지(安興寺址)오층석탑에 기인한다. 안흥사는 안흥지에서 가까운, 현재 이천중학교 뒤편 안흥동과 갈산동 사이에 자리했던 대규모 사찰이다. 이 사찰 자리는 현재 주택단지가 들어섰고 개발이 많이 되어 흔적을 찾기 어렵다. 하지만 2004년 이곳에서 '안흥사'란 명문(銘文, 금석이나 기물 등에 새긴 글)이 있는 기와 조각과 안흥사지오층석탑 재료로 추정된 옥개석이 출토됐다. 안흥사지오층석탑 양식 등으로 보아 이 사찰은 통일신라 말이나 고려 초기에 지은 절로 추정한다. 안흥사지오층석탑은 일제강점기인 1916년 경복궁으로 이전했다가 현재 국립중앙박물관 야외전시장에 있다. 이를 토대로 보아, 안흥지는 통일신라시대 이전부터 구만리뜰의 농업용수원 역할을 했고 조선시대에 와서 복원하지 않았나 하는 추정을 해본다.

전국 최초 어린이를 위한 길, 도란도란 동심의 길

안흥지(安興池) 공원 둘레길을 걷는다. '도란도란 동심의 길'을 걷는다. 공원 둘레길은 안흥지를 중심으로 빙 두른 길을 의미한다. 사람 심리 참 묘하다. 같은 장소인데 '동심'이라는 단어에 마음이 확 열린다. 동심이란 얼마나 순수하고 정겨운 단어인가. 이천시공영주차장 근처 공원 둘레길에서 미란다호텔 방향으로 걷는다. 길을 가운데 두고 양쪽에 전시된 아이들의 그림과 동시가 눈길을 끈다. 2021년 제19회 이천설봉신문 사생대회 및 백일장에서 수상한 작품이다. 주제는 '지구환경'이다. 그러고 보니 공원 안은 산뜻하다. 운동하고 산책하는 이들도 많다. 역시 어떤 곳이든 마음을 열고 봐야 한다. 이 둘레길은 원래 있었다. 그 길에 2020년 '동심의 길'이라는 새로움을 더했다. 둘레길에서 약 170m가 어린이 전용 상설전시장이다. 전국에서 최초로 만든 어린이를 위한 길, '동심의 길'이다. 이 길이 특별한 까닭은 또 있다. 한국동요박물관 건립에 초석을 닦은 윤석구 관장의 어린이 문화운동의 연장선이기 때문이다. 2019년 코로나가 발발한 이후 실내에서 하는 많은 단체활동이 중단됐다. 그러면서 윤 관장은 야외에서 어린이 문화공간을 만들어봐야겠다는 생각을 했다. 이 소망에 이천시와 이천설봉신문, 이천교육청, 한국동요사랑협회, 이천시민 등 이천지역사회에서 힘을 모았다. 2020년 처음 이 길에는 어른들이 지은 동시와 캘리그래피 등을 전시했다. 이어서 어린이 글과 그림 작품도 전시했다. 그러면서 어린이가 행복한 공간을 만들고자 하는 어른들이 마음을 모았다. 어른들은 안다. 어른 속에는 아이가 살고 있다. 시간은 흐르고 이 공원에 방정환·육석중·김소월·윤동주·윤석구 등 시인의 시(詩)표지석이 들어섰다. 이렇게 안흥지 공원은 명랑해지고 환해지고 있다. 지방도시 이천에서 어린이 문화 운동, 동심회복운동이 일어나고 있다.

애련정, 진흙 속에서도 품위와 아름다움을 유지하는 연꽃처럼
이천에서 본 정자 가운데 으뜸은 애련정이다. 애련정은 우아한 단청에 목조로 된 측면 2칸, 전면 3칸의 6칸짜리 팔각지붕 형태이다. 이천시 향토유적 제15호, 이천 9경 중 7경이다. 정면 현판 글씨는 교육자이자 농학자인 류달영 선생이 썼다. 애련정은 그 자체로도 단아하고 기품있다. 하늘을 향해 시원하

2021년 안흥지(안흥연못)와 애련정 안흥지(안흥연못)와 애련정은 이천시에서 계속 가꾸어 더욱 아름다워지고 있다. 여러 차례의 위기 속에서도 꿋꿋하게 살아남았다. 삶이 힘든 날 안흥지에 가보자.

게 뚫린 연못(안흥지)가에 있는데다 분수와 버드나무 등 주변 경관이 아름답다. 중종 때 문장가 임원준(任元濬)이 지은 '애련정기(愛蓮亭記)'에 의하면 애련정은 세조 12년(1466년)에 이세보(李世珤)가 이천부사이던 때 재건했다고 한다. 오랫동안 사용하지 않아 허름하고 낡은 정자를 정비하고 습지에 사각형 연못을 만들고 연꽃도 심었다.

'애련'이라는 이름은 당시 영의정인 신숙주(申叔舟)가 진흙 속에서도 품위와 아름다움을 유지하는 연꽃을 사랑한다는 의미를 담아 지었다고 한다. 폐건물을 아름답게 변신시키는 일은 그 가치를 아는 사람이 할 수 있다. 애련정에 대한 기록은 『조선왕조실록』에서도 찾을 수 있다. 이천읍내에 애련정이란 정자가 있었고 중종, 숙종, 영조, 정조 등 조선시대 역대 임금들이 여주 능행길에 이천행궁(임금님 숙소, 현 미도아파트 자리)에서 유숙할 때 애련정을 찾았다. 중종은 이곳에서 노인잔치를 베풀었다는 등의 기록도 있다. 애련정에서 어린이 음악회를 열고 조선시대의 능행길 행사도 재현해보는 건 어떨까.

오뚜기 같은 안흥지와 애련정

이러한 안흥지와 애련정은 몇 회의 중건 과정을 거쳤다. 애련정은 1907년 정미년에 화재로 소실된다. 이천에서는 의병항

쟁이 치열했고 일본군은 의병진압이라는 명목하에 이천군에서 930여 가구, 이천읍내에서는 483가구를 불태웠는데 이때 애련정도 불탔다. 이를 이천충화사건이라 한다. 이를 생각하면 일본을 이웃이라 생각할 마음이 완전히 없어진다. 흥미로운 점은 일제강점기 초 민원식(閔元植)이천군수가 안흥지를 정비하고 주변에 나무를 심고 연못 한가운데 팔각정을 지어 공원으로 꾸몄다. 이어서 안흥지 주변에 이천온천이 다시 개발됐다. 수여선(水驪線, 수원−여주 간을 잇던 협궤철도)이 개통되고 철도가 이천을 통과했다. 이 당시 안흥지 일대는 수도권의 명소가 된다. 하지만 애련정의 화려한 시기는 짧고 시련의 시간

2021년 애련정 안흥동 안흥지에 있는 애련정은 이천 9경 중 7경이다. 애련정은 진흙 속에서도 품위와 아름다움을 유지하는 연꽃처럼 아름다운 정자라는 뜻이 담겨있다.

은 길다. 애련정은 1950년 6·25전쟁 때 화재로 또 위기에 처한다. 어느 해인가 연못은 물까지 말라 폐허에 가까워진다. 1990년대 초 안흥지마저 아예 사라질 상황에 처한다. 당시 창전동에 있던 이천경찰서가 이전 계획을 세우면서 안흥지를 메우고 그 자리에 신청사 건립을 추진한 것이다. 하지만 이천읍 노인회를 비롯한 이천시민사회단체가 안흥지 보존 운동을 벌여 그 계획은 무산된다. 이후 이천시는 1997년부터 1998년까지 2년여에 걸쳐 애련정 복원을 비롯한 안흥지 시민공원 개발을 추진한다. 그 시절 18만 이천시민의 헌수운동도 합해져 애련정은 1998년 복원된다. 이어 1999년 6월 11일 안흥지 공원은 준공식을 한다. 이때 미란다호텔에서 애련정으로 가는 다리 입구에 있는 애련정시비도 설치된다. 강대철 조각가가 제작한 이 시비에는 조선시대 월산대군·조위(曺偉)·서거정(徐居正) 등이 지은 애련정에 관한 시 번역문이 새겨져 있다.

이천애향가(利川愛鄕歌) 돌조형물 앞이다. 상부는 초가지붕을 중앙은 이천쌀알을 형상화한 이 조형물은 1997년 제막됐다. 이천애향가는 류달영 박사가 지은 노랫말에, 작곡가 형석기 씨가 곡을 붙였다. 이천애향가비에서 둘레길을 따라 걷다보니 이천 선정비군(善政碑群)이 눈에 들어온다. 이는 조선시대 이천도호부사와 이후 이천 군수를 지낸 분들의 선정을 기념하기 위해 세운 기념비이다. 1569년(선조2) 이천부사 박응천(朴應川) 선정비를 비롯해 총 27기이다. 이 기념비는 처음에는 안흥지 주변 일대와 관고동, 창전동, 증포동 등에 있다가 1981년 10월 설봉호수변으로 이전했고 1999년 다시 안흥지 공원으로 옮겨온 후 이 자리에 모여 있다.

작은 공원에 이렇게 많은 역사가 숨어 있다니. 긴 세월 동안 잘 버텼다고 말해주고 싶다. 이제 안흥지 공원은 동심이 가득한 곳으로, 시민들의 숨터로 새 역사를 쓰고 있다. 하여 살아가다가 힘든 날, 안흥지 공원을 걸어보자. 애련정과 공원이 건네는 어떤 말에 귀 기울여보자.

09

안흥동 2
이천온천공원

온천공원에서 숨은 조각작품 찾기

온천공원을 산책하다가 깜짝 놀랐다. '이건 뭐지?' 호기심은 늘 발목을 붙잡는다. 공원의 오르막길에서 발걸음을 멈추고 숙녀를 멀거니 쳐다봤다. 좀 더 가까이 다가가 이리저리 살폈다. 숙녀는 양푼을 뒤집어놓은 듯한 챙이 있는 모자를 썼다. 머리카락은 체인모양이고 코는 피노키오처럼 돌출됐다. 코 양옆으로 날카로운 수염 여섯 개가 부채꼴 모양으로 퍼져있다. 뼈와 조직이 드러난 어깨와 종아리, 끌고 다니는 여행용 가방을 잡은 손에서는 강렬함과 전투력이 느껴진다. 지구의 어디든 갈 것 같다. 목 아래, 특히 몸통과 허벅지는 실오라기 하나 걸치지 않은 맨몸이다. 그런데도 관능미보다는 팔과 종아리의 근육으로 보아 당당함과 젊음이 느껴진다. 신비로운 것은 여운이다. 그 여운은 뇌의 어느 곳에 저장돼 있다가 예상치 못한 시간에 불쑥 튀어나온다. 그것도 질문의 형태를 띠었다.

여행하는 여자, 질문을 건네다

'지금 당신의 삶은 어떤가요? 대책 없이 분주하진 않은가요?' 그런저런 질문이다. 질문은 답을 찾아가는 지난한 숙제이다. 산책길에서 숙제라니. 노크도 하지 않고 마음으로 훅 들어오는 질문은 여행이 주는 선물이다. 그렇게 여러 해의 봄이 오고 여름이 갔다. 가을이 오고 겨울이 가고 봄이 왔다. 그러는 동안 나는 가끔 온천공원에 갔다. 그때마다 숙녀가 있는 곳, 그러니까 서희청소년문화센터 근처에서 시작하여 온천공원으로 이어지는 산책로를 걸었다.

온천공원의 출입구는 여러 곳이다. 대문이 없고 사시사철 열려 있다. 사람을 가리지 않고 아무 때나, 누구든 들어오시오 라고 묵언으로 말한다. 산책로 역시 그러하다. 그래서 공원을 사랑한다. 어떤 날은 숙녀를 힐끔 보고 갔고 또 어떤 날은 내가, 혹은 그녀가 서로에게 무슨 말인가를 건넸다. 변함

〈여행하는 여자〉 조각작품 작가명: 빅터 나야카루(Victor Nyakauru), 작품명: 여행하는 여자(Travel Lady), 작품크기(1800×1100×2300mm), 작품재료: 고철, 화강석, 제작년도: 2014년.

이 없었던 것은 그녀는 언제나 그 자리에 그대로 서 있었고 나의 일상은 분주했다는 것이다. 최근 또 숙녀를 만나러 갔다. 이 숙녀를 여러 사람에게 소개하고 싶었기 때문이다. 아이러니한 것은 그때서야 나는 허리를 숙이고 숙녀 앞에 있는 작품 설명을 들여다봤다. 작가명: 빅터 나야카루(Victor Nyakauru), 작품명: 여행하는 여자(Travel Lady), 작품크기(1800×1100×2300mm), 작품재료: 고철, 화강석, 제작년도: 2014년. 작품 설명도 읽었다. '전통적으로 아프리카 짐바브웨 사람들은 동물이 인간의 삶과 모습을 가장 잘 반영할 수 있는 매개체라고 여겼다. 이 작품은 이러한 문화를 바탕으로 사람을 닮은 쥐가 여행을 떠나는 듯한 모습을 담아냈다. 쥐는 항상 바쁘게 이동하고 살아가는 현대인들의 모습을 반영하며 여행은 현대인들이 세상과 새로운 문화에 대해 호기심을 반영한다.'

작품설명을 읽으며 문득 위로를 받았다. '빅토리아폭포로 알려진 남아프리카 짐바브웨 사람들도 바쁘게 사는구나'하는 묘한 공감과 위로였다. 연민도 올라왔다. '내면의 치열함을 들킨 것 같았기 때문이다. 어느 날부터였던가. 가만히 있는 것 같은데, 하지 않는 일이 없는 사람처럼 보이고 싶었다. 공원을 걸으면서 깨달았다. 그 마음도 과욕이라는 것을.

온천공원에는 예술조각작품이 있다

작품의 숙녀처럼 씩씩하게 여행하는 상상은 늘 즐겁다. 흥미로운 사실은 온천공원에는 이처럼 인체를 통한 인간의 다양한 면을 예술적으로 표현한 조각작품이 많다는 것이다. 작품들은 보는 이에게 삶의 본질적인 질문을 던지고 영감을 준다. 상상력을 자극하고 사색의 숲을 걷게 한다. 이 공원에 설치된 조각작품은 이천국제조각심포지엄을 통해 탄생한 것이니 그럴 만하다. 작품을 제작한 작가 역시 국내뿐만 아니라 세계 여러 나라에서 탁월한 실력을 갖추고 열정적으로 활동하고 있다.

미국, 스코틀랜드, 루마니아, 중국, 인도 등. 그도 그럴 것이 이천에서는 1998년부터 매해 여름이면 국내외 조각가를 초청하여 국제조각심포지엄을 개최한다. 기간은 7월~8월 약 한 달간. 이천 설봉공원에서 진행되는 이 행사에 참여한 작가들은 이천시의 전폭적인 지원 아래 창작 활동에 전념한다. 아울러 관람객들은 철과 돌덩이가 작가의 손에 의해 매일 새로운 피조물이 돼가는 생생한 현장을 볼 수 있다. 이천시민으로 구성된 조각도슨트의 조각작품에 대한 해설을 들을 수 있고 조각과 미술 관련 프로그램에 참여할 수 있다. 20여년 이상 이천국제조각심포지엄을 통해 탄생한 작품은 300여 점이다. 이 작품은 설봉공원과 이천 곳곳, 그리고 이곳 온천공원에는 약 50여 점이 설치돼 있다. 온천공원을 걸을 때는 조각 작품이 건네는 말에 귀 기울여 볼 일이다.

온천 야외 족욕체험장

'여행하는 여자'를 살펴본 후 산책길을 따라 언덕을 올라간다. 산책로 양쪽에 있는 작품과 꽃과 나무를 보며 5분~10여 분 정도 올라가면 잔디광장에 다다른다. 이 광장에는 많은 이가 추천하는 명소가 있다. 바로 온천 야외 족욕체험장이다. 이곳은 2017년 준공식을 하고 2018년 개장했다. 경기도 최초의 온천 야외 족욕체험장이기도 하다. 사실 온천공원 근처에는 이천설봉온천랜드, 이천미란다호텔스파플러스 등이 있다. 이곳은 이천에서도 온천이 유명한 지역이다. 『신증동국여지승람』에 따르면 600여 년 전 조선시대 세종대왕과 세조 임금 등이 안과 질환과 피부병 치료 등 질병 치료와 스트레스 해소와 쉼 등의 이유로 이천온천(利川溫泉)에 행차했다는 기록이 있다. 또 전하는 말에 의하면 오래전 눈병을 앓던 한 농부가 이천 구만리뜰(논)근처의 한 논에서 사시사철 따뜻한 물이 샘솟은 것을 봤다. 하루는 이것을 기이히 여겨 이 물로 세수를 했더니 눈병이 깨끗하게 나았다고 한다. 이후 이 물은 약수로 알려졌다. 구만리뜰의 논마다 웅덩이가 있어 논두렁온천, 온천배미라고 불렀단다. 일제강점기 이천에 온천이 개발됐을 때 수온이 30℃, 1일 용출량(솟아나는 물의 양)는 6,500ℓ에 이르렀다고 한다. 당시 수도권 지역 유일한 온천으로 화제가 되기도 했다. 이천온천은 눈병, 피부병, 신경통, 부인병 치료에 도움을 준다며 유명세가 더해졌다. 지금까지도 많은 관광객이 찾고 있다. 온천과 관련된 재미있는 일화도 있다. 현 이천설봉온천랜드(구 설봉온천)은 1935년 '약수목욕탕' 이라는 상호로 최초 영업을 시작했다. 이후 1970년 '이천온천'으로 이름을 바꿔 문을 열었다. 이 온천은 1970~80년대에는 신혼여행지로 인기가 높았다고 한다. 인근 구만리뜰의 논을 가로질러 줄을 설만큼 신혼부부와 여행객이 많이 몰려들었다고 한다.

온천공원의 족욕장은 이천특산물인 쌀의 눈을 형상화하고 역시 이천특산물인 도자기(청자매병)를 분수로 설치했다. 이곳의 물이 천연 온천수라는 점도 매력적이다. 온천수는 공원 근처에 위치한 안흥유원지 온천공 심도 수백 미터 아래서 끌어 올렸다고 한다. 평소 족욕장 물의 온도는 36~40도이다. 이는 족욕에 적절한 온도이고 자동제어 시스템을 갖추고 있어 가능하다.

하지만 맨발로 족욕을 하다니. 불특정 다수가 오가는 공원 한가운데서이니 말이다. 어쩨 조금 쑥스러울 것 같다. 그런데도 일단 발과 다리를 따듯한 물에 담가 보기를 권한다. 종아리가 투실하면 좀 어떤가. 여행의 묘미는 안 해 본 것 해 보기인 것을. 골치 아프고 우울한 생각은 허공에 날려 버리고 따듯한 물에 발을 담가보시기를. 뭉쳐있던 근육과 쌓인 피로가 풀어지는 것을 느낄 수 있을 것이다. 발은 제 2의 심장이라고 했다. 머리는 차갑게 다리는 따듯하게 하라고 했다. 발이 따듯하면 혈액순환은 원활하다. 근육이 이완되니 머리가 맑고 상쾌해질 것이다. 이 외에 족욕의 효능은 많다. 91m인 온천공원 정상에서 하늘에 떠다니는 구름을 쳐다보다가 '바람의 노래'의 가사를 흥얼거린다. 볕이 따스한 날에는 족욕을 하며 시집 한 권 읽어도 행복할 듯하다. 족욕을 하고 나와 어느 맑은 늦은 오후라면 온천정(정자)에 서서 저 멀리 설봉산과 하늘로 퍼지는 석양을 바라볼 일이다. 고아한 소나무와 예술작품 사이에서 노을을 바라보고 있노라면 저물어가는 찰나도 눈부시게 아름답다는 것을 깨달을 것이다. 그리고 오른쪽으로 발걸음을 옮겨 설치작품 '환(幻), 모나리자'를 보자. 프랑스 루브르 박물관에 가야 감상할 수 있는 거장 레오나르도 다빈치의 모나리자 작품을 볼 때와 또 다른 모나리자를 만날 수 있다. 2m 이상 높이의 철로 제작된 커다란 작품 앞에 서면 작가의

온천공원 모나리자 해질녘 온천공원 정자에서 보는 석양이 아름답다. 정자 바로 앞에 온천 족욕장이 있다. 설치작품 〈환(幻), 모나리자〉 작품 감상도 온천공원에서 누릴 수 있는 묘미이다.

독특한 발상에 감탄사가 절로 나온다. 이 작품은 박승모 작가가 2011년 이천국제조각심포지엄에서 제작했다. 철망을 얽히고설키듯 촘촘하게 덧대어 모나리자 형상을 되살렸다. 잔디광장에서 창전동 방향으로 산책로를 따라 걷다보면 온천교를 만난다. 이 다리는 안흥동과 창전동 사이 도로를 연결한 다리다. 이 다리는 특히 밤 풍경이 근사하다. 야간에는 조명이 켜지는데 이 다리 위의 설치물을 통해 하늘을 보거나 저 멀리 마을을 바라보는 것도 좋다. 안흥동 방향에서 창전동쪽으로 다리를 건너면 하늘을 향해 죽죽 뻗은 메타쉐콰이어 나무가 기다리고 있다.

시민을 위한, 시민이 함께 한 온천공원

온천공원은 이천시 증포동, 갈산동, 안흥동과 창전동이 둥그렇게 감싸고 있다. 근처에 수많은 빌라와 주택 그리고 6,000여 세대가 넘는 아파트가 있다. 학교도 많다.

온천공원은 수십년 전부터 조성계획이 있었다. 1955년 4월 22일 자 경기도 관보에 따르면 안흥리 일대 130,000m² 부지에 공원 조성계획이 있었음을 알 수 있다. 이어 1976년 12월 10일 자 경기도 관보에 따르면 공원 부지를 172,000m²로 넓혀갔다. 주민들에게 운동과 휴식공간을 제공하기 위한 취지였다. 그리고 2009년 창전동과 안흥동 일원 94,919m²의 부지에 공원 조성을 위한 첫 삽을 떴다. 다양한 산책로와 다목적운동장, 야외공연장, 게이트볼장, X-게임장 등을 조성했고 2011년 완공했다. 이곳에서 이천시 주민자치평생학습축제, 청소년문화축제, 프리마켓, 문화마켓 등 다양한 문화행사도 이루어진다. 2018년 이 공원에 평생학습 북카페와 아이랑 카페 2호점이 개관했다. 온천공원은 아이부터 노년, 물론 반려동물까지 누구에게나 열려 있다. 수준높은 예술작품을 감상하며 운동과 산책, 여가생활을 즐길 수 있다. 주차도 편리하다. 2020년 공원 근처 서희청소년문화센터 부지내 공용주차장을 조성했기 때문이다.

온천공원은 원래 산이었다고 한다. 공원이 들어선 데에는 이천시의 의지와 시민을 위한 공익사업에 덕(德)을 베푼 사람들이 함께 했기 때문이다. 안흥동 방향 동쪽 산책로에 세워진 추모비(2010년 10월에 세워짐) 따르면 '온천공원 부지는 안동김씨 선조인 부윤공(부의 장관직) 김상복의 8세손인 김길순(치행 2세손)이 구한말 경 그의 선조의 분묘를 이곳 임야로 이장하여 봉행했고 1876년 김길순이 사망하자 그의 후손들이 이 공원 동쪽 전망 좋은 자리에 안치했다. 이 부지는 김길순의 후손들이 매년 선조들의 시제행사를 올리던 종산이었고 이천시가 시

온천교 온천공원은 창전동, 안흥동, 증포동 일대에 있다. 온천교는 이렇게 세 동네를 이어준다. 밤 풍경이 근사하다.

민을 위한 공익사업의 일환으로 온천공원을 조성하겠다며 협의 수용 의사를 타진해왔다. 이에 안동김씨 부윤공파 참판공 종친회는 적덕을 게을리하지 않은 선조들의 뜻을 이어가고자 이천시가 제시한 토지 수용 안에 조건 없이 허락했다고 한다.

이 공원을 산책후 온정만두에 들러 만둣국을 먹고 커피비너리에서 커피를 마셔도 좋을 일.

10

관고동 1
관고전통시장

착해지고 싶을 때, 사람이 그리울 때 관고전통시장에 가자

시장에 가고 싶을 때가 있다. 살 거리가 있으면 마트나 편의점에 가서 구입하면 될 텐데, 굳이? 재래시장에 가고 싶을 때가 있다. 시장에서 뭘 사기 위해서도 아니다. 어쩐지 조금은 외롭고 쓸쓸해질 때이다. 조금 편안하고 헐렁한 차림으로 걷다가 아무라도 만나고 싶을 때 일 수도 있다. 늘 가던 일이 아닌, 새로운 길을 택하여 시장에 간다.

이천 장날, 이천천종합터미널에서 출발하여 중앙로 문화의 거리를 걷는다. 거리에 음악이 흐른다. 경쾌하고 신나는 음악이다. 외로운 마음은 어디로 사라진 걸까. 덩달아 기분이

유쾌해진다. 음악에 맞춰 콧노래가 절로 나온다. 문화의 거리에는 젊은이들로 북적거린다. 얼굴, 차림새, 발걸음. 풋풋하고 활기차 보인다. 액세서리 가게 즈음에서 길 두 개가 하나로 합해진다. 연말이면 구세군 종소리가 울려 퍼진다. 다양한 거리공연 등 지역 문화축제가 진행되는 곳이다. 거리에 진열된 물건과 쇼윈도 너머 상점 물건을 건너다보며 걷는다. 커피전문점, 옷가게, 패스트푸드점, 화장품 가게, 휴대폰가게, 음식점, 다방, 뷰티샵, 전당포, 일본음식점, 사진관, 한복집, 피트니스 클럽, 여관, 외국인 센터, 서점, 스포츠 마사지, 애견미용실, 실용음악학원, 결혼정보회사, 꽃집, 옷수선집, 과자 할인점 등 점포가 즐비하다. 세상에나 이 거리에 이렇게 많은 상점이 있었던가. 천천히, 여유로운 마음으로 걸으니 허투루 봤던 풍경이 새롭다.

마침 이천 장날이다. 이천 장날은 날짜의 끝자리에 2나 7이 들어있는 날이다. 오일장인 셈이다. 관고전통시장은 매월 셋째 주 일요일은 쉰다. 셋째 주 일요일이 이천 장날인 2일 7일과 겹치는 경우는 정상적으로 영업한다. 이천 장날에는 문화의 거리 상점 상인도 신이 난다. 노점(露店)상인도 즐겁다. 특히 노점에서 무엇인가를 구입하려면 허리를 숙이거나 앉아야 한다. 그래야 자세히 보인다. 땅과 가장 가까운 곳에 앉아 물건을 파는 사람들이 눈에 들어온다. 걸음을 멈추고 차가운 시멘트 바닥에 종이를 깔고 앉아 있는 할머니 앞에 선다. 조그마한 고무대야에 시래기, 도라지, 호박, 서리태, 참기름, 마늘이 말을 건넨다. 비타민과 미네랄이 풍부한 시래기(푸른 무청을 삶은 것, 혹은 새끼줄에 엮어 말린 것) 한 단이 이천 원이다. 시래기와 굵은 멸치 넣고 푹푹 끓인 된장국을 떠올린다. 군침이 돈다. 지갑에서 현금을 꺼내 시래기를 산다. 어르신께서 고맙다며 시래기를 더 담아준다. 고맙다는 말을 들으니 왠지 착해진 느낌이 든다. 고마운 건 오히려 나다. 수고하지 않고 맛있는 먹거리를 거저 얻은 기분이다.

와글와글 바글바글, 시장엔 삶이 있다

시래기를 배낭에 넣고 걷는다. 문화의 거리를 지나니 드디어 관고전통시장이다. 와글와글 바글바글. 사방이 사람 소리로 시끌벅적하다. 큰 길을 가운데 두고 양옆으로 다양한 가게가 길게 다닥다닥 줄지어 있다. 그 길목 중간에 골목이 있다. 그 골목에는 상점과 노점이 줄지어 있다. 장날에는 도로가 인도에도 좌판이 열린다. 걷기에 불편한데 이것에 항의를 하는 사람은 드물다. 사람들은 알고 있어서일까. 도로변에 앉아 물건을 파는 사람들이 누군가의 부모이자 할머니 가족일 수도 있

관고동 관고전통시장 날짜 끝자리에 2나 7이 들어가 있는 날에는 관고동 관고전통시장에 가 보자. 눈비를 피하기 쉽도록 아케이드가 설치돼 있다. 맛있는 먹거리도 많다.

다는 사실을. 장날에는 물건을 파는 사람이나 사는 사람이나 양쪽 다 너그러워진다. 오히려 좌판에 있는 물건을 보는 재미를 느끼고 즐거이 사 간다.

길을 걷고 있는데 어디선가 '뻥' 하는 소리가 들린다. 그 소리를 따라가 본다. 시장에서 이천성당 방향으로 가다보니 도로가에 뻥튀기 차가 눈에 들어온다. 뻥튀기 차 아래에 뻥튀기 재료와 번호표가 담긴 깡통이 줄을 서 있다. 쌀, 콩, 보리쌀, 서리태, 말린 우엉, 옥수수, 말린 돼지감자, 땅콩, 흰떡 등. 종류도 아주 다양하다. 뻥튀기 사장님과 이런저런 대화를 나눈다.

"예전에는 연세 드신 분들이 많이 오셨는데, 지금은 젊은 새댁도 많이 와요."

아니나 다를까. 아이 손잡고 온 젊은 부부가 있다. 할머님 두 분이 집에 갈 버스 시간이 다 되어 간다며 뻥튀기 사장님을 재촉한다. 하지만 기계에서 '뻥'하는 소리가 날 때까지 기다려야 한다. 재료마다 튀겨지는 시간이 정해져 있기 때문이다. 할머님들은 앉아 두런두런 담소를 나눈다. 마침내 귀 막으라는 사장님의 주문에 이어 뻥 하는 소리가 들리고 원재료보다 훨씬 커진 뻥튀기가 고소한 냄새를 풍기며 자태를 드러낸다. 사장님은 주변에 있는 사람들 손에 뻥튀기를 한 웅큼씩 나눠 준다. 인심(人心)을 거저 받는다. 시장에서는 서로 전혀 다른 시대와 지역과 삶을 살아온 사람들이 스스럼없이 이야기를 나눈다. 흩어지고 또 오고 간다. 아이 쇼핑, 보는 것만으로도 재

관고전통시장 뻥튀기 시장에 가면 뻥튀기 아저씨도 만난다. 이곳에서는 누구라도 친구가 된다.

미있다. 삶의 의욕이 생긴다. 시장이야말로 즉석 퍼포먼스이자 살아있는 예술무대이다. 지휘자나 감독, 대본도 없고 모든 이가 주연인 생방송 드라마이다.

뻥튀기를 입안에 넣고 도로변을 걷는다. 도로변에 별의별 물건이 줄지어 있다. 군복(軍服) 파는 가게를 지나 공예품을 구경한다. 키, 다듬이방망이, 맷돌, 소쿠리, 짚신 등 텔레비전 드라마에서나 본듯한 진귀한 물건들이 즐비해 있다. 깔끔하게 정돈된 대형마트에서도 결코 느낄 수 없고 볼 수 없는 풍경이다. 보는 것만으로도 정겹다. 공예품 노점에서 대나무 주걱을 구입 한다. 통후추를 맷돌에 넣어 갈아 파는 어르신도 만난다. 마침 후추가 다 떨어져 후추 한 대를 달라고 한다. 어르신께서 고맙다며 후추를 덤으로 더 담아준다. 상인들께 고맙다는 말을 자꾸 들으니 내가 인심을 쓰고 있는 듯한 착각과 고마움이 스멀스멀 올라온다. 지갑 속 현금은 줄었고 등에 멘 배낭은 무거워진다. 카드로 계산하여 카드 포인트도 쌓고 연말 정산 때 세금 혜택을 받아야지 하는 생각은 저만치 사라진다. 시장이라는 공간이 주는 힘이다.

명품 관고전통시장을 향한 발돋움

관고전통시장은 1930년 즈음부터 지금의 관고동 자리에 장이

섰다는 기록이 있다. 사람들 말에 의하면 이곳에 장이 선 시기는 더 오래됐음 직하다고 한다. 아무려나, 관고전통시장의 나이는 90살이 넘었다. 그 세월 동안 수많은 점포가 생기고 사라졌다. 이천 장날이면 이천 인근 지역 상인들도 많이 모여들었다. 장날에 비가 오거나 눈이 푹푹 내리면 노점 상인들이나 장구경을 온 사람은 피할 곳을 찾았다. 오고 가는 길이 흙길인데다 비나 눈을 막아줄 지붕이 없던 시절이었다. 사람들은 내리는 비와 눈을 고스란히 맞았다. 이러한 불편함을 해소시키기 위해 2009년 아케이드가 설치됐다. 이는 관고전통시장 시설현대화 사업의 일환으로 추진됐다. 총사업비 12억 9백만 원, 제1구간이 폭 10m, 연장 60.4m, 제2구간이 폭 6m, 연장 65.1m 규모였다. 2010년에도 10억6천8백만 원을 투입해 제2단계 아케이드 설치공사를 추진했다. 세월은 흐르고 세상은 빠르게 변해갔다. 시장문화도 변했다. 글로벌시대에 인터넷 쇼핑과 대형마트, 그리고 TV홈쇼핑 등 신유통업의 확장으로 인해 소비자의 소비패턴이 다양해졌기 때문이었다. 상인들은 자구책을 찾기 시작했다. 손님들에게 더욱 상냥하고 친절한 서비스를 제공했다. 젊은이들도 즐겁게 찾아올 수 있는 시장문화를 만들기 위해 기존 방식을 탈피하기 노력을 시도했다. 물건의 원산지도 적고 점포의 청결과 위생에 더욱 신경을 썼다. 그렇게 탄력을 받은 관고전통시장은 2014년 온 국민이 단골이 되는 매력 넘치는 시장 만들기 캠페인에서 최우수시장상을 수상했다. 환경부와 전통시장 자매결연 협약 체결, 상인대학 유치, 다문화가족 김장문화체험축제, 온누리상품권 이용 확대, 카드결제, 경기도혁신형마케팅 공모사업 행사, 플리마켓 행사, '충전식 카드형 온누리상품권'도 출시했다. 관고전통시장 점포대학, 전통시장과 다문화가족이 함께 하는 전통명절음식 경진대회도 열었다. 2022년에는 '7일 간의 동행축제' 등 재미있고 즐겁게 소비할 수 있는 행사를 실시했다. 명품 전통시장을 향한 행보를 이어갔다.

먹자골목을 걷는다. 떡볶이, 순대, 어묵, 바삭한 튀김 등 분식류는 기본이다. 벌건 닭발, 이름도 재미있는 닭똥집튀김, 옛날통닭, 호떡, 만두, 부침개 등 식욕을 돋우는 많은 먹거리가 유혹한다. 50년 전통의 이천용인닭발집, 40년 전통의 삼미분식 앞에 서면 그냥 지나칠 수 없다. 입 안이 얼얼하게 매우면서 쫄깃한 떡볶이을 입안에 넣는다. 뜨끈한 어묵 국물 한 모금을 먹는다. 칼칼한 맛에 피곤이 풀린다. 김말이튀김까지 먹은 후 다시 장 구경에 나선다. 사실 시장에서 파는 음식은 모두 맛있다. 그러니 마음 가는 대로, 취향에 따라 선택하여 먹으면 된다.

관고전통시장 관고동 관고전통시장에 가면 맛있는 먹거리가 즐비하다. 그냥 지나칠 수 없다.

삶에 지치고 속이 허한 날엔 시장에 가자

관고전통시장에는 정말이지 없는 게 없다. 야채골목, 반찬골목, 곱창골목, 제수용품, 겨울 계란빵, 그릇, 생활용품, 젓갈, 옛날과자, 싱싱한 생선, 수제어묵, 즉석구이김, 떡집, 수수부

꾸미, 손두부, 각종 나물류, 건어물, 약재상, 밤 까는 기계로 밤을 까주는 아저씨, 양품점, 구두관리전문세탁소, 메추리구이 포장마차, 톱을 직접 갈아주는 아저씨, 짐자전거, 스쿠터, 폐지를 가득 실은 리어카를 끌고 가는 어르신 등. 시장에서는 혼자 걸어도 둘이 걸어도 좋다. 아몬드와 호두, 땅콩 등 견과류가 수북이 쌓인 좌판을 지나 일명 할머니 골목으로 들어선다. 제철 채소와 다양한 곡물, 진귀한 나물, 집된장과 고추장을 만날 수 있는 곳이다. 할머님들께서 옹기종기 모여 김이 모락모락 피어나는 파전을 북북 찢어 드시고 있다. 삶에 지치고 속이 허하거든 이천 장날 할머니 골목을 찾아가 볼 일이다.

장에 올 때 장 구경만 하려고 했다. 뭘 사려고 현금을 가져간 건 아니었다. 사람과 사람이 얼굴을 마주 보고 손끝과 손끝이 닿으며 오가는 정(情)과 진솔한 사람 냄새(인향人香)를 얻으리라고는 상상하지 않았다. 하지만 장에 가면 빈손으로 올 수 없다는 걸 이미 알고 있을지 모른다. 사위는 어두워지고 상인들의 고단한 등에 어둠이 내려앉는다. 허리가 굽은 할머니는 가볍고 헐렁해진 배낭을 메고 집을 향해 걸음을 재촉한다. 시장을 걷다 보니 내 마음은 조금 착해진 것 같다. 허한 마음도 조금 충만해진 것 같다. 외로울 땐 시장에 가야 한다.

관고동 맛집

관고동에는 관고시장 외에 맛집이 많다. 그 가운데 한 곳은 '대연시래기김밥' 집이다. 오래된 동네 슈퍼를 겸한 김밥집이다. 사장님께서 10여 년 정도 김밥을 연구한 끝에 시래기를 넣은 시래기 김밥을 출시했단다. 반응이 뜨겁다. 시래기고추김밥, 시래기고기김밥, 꼬들꼬들하고 아삭아삭한 식감의 궁채김밥도 맛있다. 궁채는 줄기상추, 뚱채라고도 한다. 상추 줄기의 껍질을 제거하고 건조한 채소를 말한다. 관고동 3번 도로 가에 있는 야반 한정식(자연으로 밥 짓는 곳)의 이천쌀로 지은 고소한 돌솥밥에 황금보리굴비, 간장게장, 10첩 반상, 임연수어구이 등 맛깔스러운 요리가 한상 가득하다. 상상만으로도 행복하다. 속초코다리(비빔)냉면, 직화쭈꾸미들깨칼국수, 벌교꼬막들깨칼국수, 쭈꾸미볶음 등 역시 맛있는 메뉴가 풍성한 속초집도 있다.

시현미가 고깃집은 이천맛집으로도 정평이 나 있는 '강민주 들밥'이 고기를 겸한 들밥 메뉴로 새롭게 오픈했다. 100년 역사가 넘은 이천중앙감리교회 근처에 위치한 '원가네옹심이 칼국수'도 이천 사람들의 사랑을 받고 있다.

11

관고동 2
이천시민의 숨터, 문화예술의 집합소 설봉공원

이천시민의 숨터, 문화예술의 집합소

누구에게나 그만의 공간이 있다. 삶의 에너지가 방전될 때 찾아가는 곳, 그곳을 떠올리기만 해도 가슴이 따뜻해지는 추억의 방이 있다. 초록나뭇잎이 꽃처럼 아름다운 오월의 한복판이이다. 설봉공원을 걷는다. 설봉산이 둥그렇게 감싸고 있어 편안하고 아늑하다. 설봉공원은 이천시민들의 '숨터'이자 '쉼터'이다. 설봉공원은 1년 365일, 하루 24시간, 누구에게나 열려 있다. 아름다운 자연과 예술, 전통과 현대문화, 도자기와 조각작품·미술·음악·문학·체육 등 분야별로 옹골차게 구성돼 있다. 대한민국에서 이처럼 다채로운 문화예술분야를 집약해

놓은 곳은 단연 설봉공원이다. 설봉공원은 자연속 도자와 조각과 문화예술 공유카페이다. 벚꽃이 필 무렵 이 공원은 화사한 꽃궁전이 된다. 이보다 황홀한 봄을 보기 드물 정도이다. 오월의 설봉산빛도 봐야 할 풍경이다. 한여름 녹음이 짙어지고 우거지면 세련된 건축물과 조각작품은 자연의 일부가 된다. 시월의 노란 은행잎과 화려한 단풍, 추운 겨울 얼어붙은 호수도 운치 있다. 설봉공원 관광안내소 근처의 카페에서 커피를 테이크아웃 하여 설봉호수를 향해 걷는다.

이천 9경 중 제2경, 설봉호수, 음악분수, 인공폭포

설봉호(설봉호수)는 설봉공원 내에 위치하고 있다. 이천 9경 중 2경이다. 1969년 관개 및 관광개발을 목적으로 농림부 및 경기도의 승인을 받아 1970년에 완공했다. 당시에는 설봉저수지, 관고동에 있다 하여 관고저수지로도 불렀다. 그 시절엔 관고동에서도 농사를 많이 지었다. 때문에 저수지는 농사에 중요한 물공급원이었다. 이 저수지 면적은 99,174m², 수심은 12m, 둘레는 1.05km, 요즘은 저수지라는 말이 생소하게 들린다. 설봉호수가 있는 관고동은 농사를 지은 흔적을 찾기 어려울 정도로 번화가가 됐다. 호수의 위는 순환로이고 아래는 순환산책로로 조성돼 있다. 걷거나 운동하기에 참 좋다.

설봉공원 내 설봉호수 힐링로드 이천시민들은 설봉공원의 호숫가를 걸으며 몸을 건강하게 한다. 마음도 깨끗하게 한다. 이천9경 중 2경. 원래는 논에 물을 대기 귀한 저수지였으나 지금은 시민들의 숨터 역할을 한다.

설봉공원 내 인공폭포 설봉호수에서 마을로 내려가기 전에 둑방이 있다. 둑방 한쪽 끝에 저수지에서 물이 내려가는 작은 폭포가 있다. 그 폭포에 인공폭포가 더해져서 여름이면 시원함과 운치를 더한다.

세월이 흐르면서 호수와 공원은 계속 가꿔졌다. 예뻐졌다. 호수 주위를 본격적으로 걷기 전 설봉정(雪峯亭, 정자)에서 호수를 내려다 본다. 이 정자는 창덕궁 후원에 있는 애련정을 본떠서 건립했다고 한다. 설봉정기에 따르면 설봉공원은 이천시가 2000년에 시민들에게 휴식처를 제공하고자 시민공원으로 조성했다고 한다. 정자에서 내려와 호숫가 산책로인 힐링로드를 걷는다. '응원할게' 등 힐링메시지를 읽으며 걷는다. 설봉호수는 이천 9경 중 제2경이다. 호숫가를 빙 두른 산책로를 걷는다. 힐링로드에서 둔덕을 올라가 호수 제방을 따라 걷는다. 그는 호수 제방 아래에 있는 건강계단을 내려다본다, 건강계단 아래 설봉역과 철길 다리가 보인다. 운치있고 아이디어가 돋보인다. 철길은 골목길 벽화마을과 호수 사이 개울을 이어준다, 밤이면 은은한 조명까지 더해져 주변이 환상적이다. 설봉공원인공폭포도 장관이다. 이 폭포는 2021년 8월부터 운영을 시작했다. 호수에서 아랫마을로 이어지는 작은 폭포를 그대로 살리고 인공폭포를 조성했다. 설봉공원의 새로운 명소이다. 설봉호 음악분수도 같은 해 4월 첫 운영을 실시했다. 4월~10월 저녁 8시, 호수 한가운데에서 고사분수가 다양한 음악에 맞춰 80m 창공으로 올라간다. 물줄기는 화려하면서도 다채로운 장면을 연출한다. 밤풍경이 근사하다.

설봉공원 내 설봉호수 사계절이 아름다운 시민들의 숨터. 이천 9경 중 2경이다.

2024년 5월 10일 '설봉근린공원 보행자 가로환경 개선사업' 준공식이 열렸다. 이 사업을 통해 설봉공원에는 잔디광장, 수변데크, 어린이테마놀이터 등을 조성했다. 아이들도 안전하게 놀 수 있고 시민들은 다양한 여가활동과 문화생활 등을 누릴 수 있는 공간으로 재탄생된 것이다.

이천시무형문화재 전수교육관

호숫가를 한 바퀴 돌고 이천무형문화재 전수교육관으로 향한다. 이천무형문화재 전수교육관은 2022년 3월 이 공원에 들어섰다. 이 교육관에는 경기도 무형문화재 제26호 벼루장, 제41호 사기장, 제49호 목조각장, 제50호 이천거북놀이 이렇게 4종목이 들어와 있다. 이천거북놀이는 상설공연과 가족체험 프로그램을 진행한다. 벼루·도자기·목조도 전수 교육 체험 강좌를 운영한다. 무형문화재 장인이 수십 년간 갈고 닦은 기·예능을 시민과 청소년들, 아이들에게 전수한다. 좀 더 자세한 사항은 이천문화재단 홈페이지 참고.

설봉공원, 치유와 축제, 도자 문화예술 공유카페

설봉공원은 곳곳이 포토존이다. 드라마나 예능프로의 촬영지로도 유명하다. 〈사랑의 불시착〉도 이 공원 호수 근처에서 촬영했다. 북한의 장교(현빈)와 한국 재벌 2세(손예진)의 사랑 이야기를 그린 드라마이다. 두 배우는 이 드라마를 촬영하면서 연인으로 발전해 2022년 3월 결혼했다. 설봉공원 힐링로드에서 연인이 데이트를 하면 사랑이 이루어진다고 한다. 많은 이들이 이 호수 주위를 걷는다. 그러면서 아팠던 몸이 건강해졌다고 한다. 마음도 회복했다고 한다.

그러니까 설봉공원은 사랑과 치유의 공원이다. 이 공원에서는 사계절 다채로운 축제가 열린다. 축제공원이라 해도 과언이 아니다. 이천쌀문화축제, 이천인삼축제, 설봉문화제, 설봉산별빛축제, 주민자치평생학습축제 등. 이 외에도 크고 작은 축제와 행사가 많이 열린다. 지금은 예스파크에서 열리는 이천도자기축제는 30년 넘게 이 공원에서 열렸다. 국제조각심포지엄도 1998년부터 현재까지 이 공원에서 개최되고 있다. 공원 곳곳에는 이 행사에 참여한 국내·외 저명한 조각가들이 제작한 120여 조각작품이 전시돼 있다. 코로나가 창궐하던 2021년에는 이천국제일루전페스티벌이 이 공원에서 열렸다. 2001년 8월, 제1회 경기세계도자비엔날레도 이 공원의 이천세라피아에서 개최됐다. 세계도자비엔날레는 경기도와 한국도자재단 주관으로 이천시·광주시·여주시에서 2년마다 열리는 국제도자예술행사이다. 세계 70여개 국에서 도자예술가들이 참가한다. 세라피아에서는 토야흙놀이공원, 경기도도자미술관(구 이천세계도자센터), 도자전문도서관인 만권당, 전통장작가마 등 도자 세계를 풍성히 누릴 수 있다.

이천시립박물관과 2007개 도자오케스트라 소리나무

전수교육관에서 나와 공원에 설치된 조각작품을 둘러본다. 장미정원도 걷는다. 그런 후 이천시립박물관으로 향한다. 이천을 여행하기 전에 설봉공원 내에 있는 이천시립박물관에 들르면 훨씬 더 유익한 여행을 할 수 있다. 이천시립박물관에 가면 이천의 역사와 문화유산, 그리고 도자기와 이천의 14개 읍·면·동 마을의 민속문화 등 이천의 다양한 자료와 유물 등을 볼 수 있다. 이 박물관은 1997년 4월 이천시농업박물관 건립 계획(안)을 수립했고 2000년 11월 이천향토민속박물관으로 명칭을 변경했다. 2001년 12월 건물을 준공한 후 2002년 5월 이천시립박물관으로 개관했다. 개관 당시 이천시의 고대부터 현대까지 역사, 문화, 민속, 농업, 도자 역사와 그 발달과정을 살펴볼 수 있는 여러 전시실을 운영했다. 박물관 외관은 ㅁ자형으로 구성했고 중앙은 잔디밭이다. 창경궁의 외관을 모델로 하여 지었다고 한다. 박물관은 2013년 6월 리모델링을 한 후 2021년 구관의 내부 인테리어를 새롭게 리모델링

이천시립박물관 이천을 여행하기 전에 이천시립박물관에 들러보자. 이천의 도자기와 농업 그외 다양한 분야의 역사를 알 수 있다.

했다. 같은 해 12월 신관 1동을 개관했다. 박물관도 시대의 흐름에 따라 계속 변화를 추구한다. 신관1층은 특별기획전시 공간이 있고 2층 역사문화실에서는 이천의 고인돌, 이천의 농경생활과 의례용 토기 등 이천의 역사를 볼 수 있다. 이천시도자문화와 이천시도자기명장 작품 등을 감상할 수 있는 도자문화역사실, 또한 같은 2층에 있는 근현대 문화실, 특별영상실, 복도 벽을 이용한 틈새전시관에 전시된 이천풍경 사진전도 볼만하다. 3층에는 산수유놀이마당과 유아휴게실, 수유실이 있다. 아이를 동반한 가족이 편안하게 놀고 체험도 할 수 있다. 아이들에게도 박물관이 친근한 공간으로 다가가게 하기 위한 시도이다. 박물관에서 나와 이천세라피아에 있는 소리나무 작품 앞에 선다. 소리나무는 성동훈 작가가 2007년에 2007개의 도자풍경을 매달아 제작한 작품이다. 크기도 상당히 웅장하고 도자악기로 실시간 즉흥음악연주를 한다. 지휘자는 바람, 무대는 하늘과 창공, 오케스트라와 악기는 2007개의 도자풍경이다. 이 오케스트라는 바람의 손끝을 따라 천상의 선율을 즉흥 연주한다. 세상에서 하나뿐인 나무이다. 소리나무의 오케스트라의 연주를 감상하고 소리나무 근처에 있는 경기도 도자미술관 등 이천세라피아를 구경한다. 그리고 인공암벽등반을 지나 이천시립월전미술관으로 향한다. 월전미술관은 한국화의 대가인 월전 장우성 선생의 유작과 소장품 1,532점을 보관하고 있다. 월전 선생님의 작품은 상설 전시중이고 기획 전시관에서는 다양한 작가의 전시가 진행 중이다.

설봉공원 소리나무 2007개의 도자풍경이 바람의 지휘에 따라 연주한다. 성동훈 작가가 2007년 2007개의 도자풍경을 매달아 제작했다.

설봉산

이천시립월전미술관에서 설봉산에 있는 영월암(映月庵)쪽으로 걷는다. 영월암은 설봉산(394m)은 중턱에 있다. 신라 때 의상(義湘)대사가 창건했다고 전한다. 이 절은 이천 향토유적 14호이다. 이 절 바로 옆에 있는 영월암 마애여래입상은 보물 제822호이다. 고려 중기 커다란 자연 암석을 다듬어 바위면 전체에 조각한 마애여래입상이다. 절 앞에 수령이 약 600년 된 은행나무 2그루도 운치있다. 설봉산은 북악산(北樂山), 부학산, 산세가 학이 날개를 편 모습과 비슷하다고 하여 무학산(儛鶴山)이라고 불렀다. 설봉산에는 삼국시대 전략요충지인 설봉산성도 있다. 이 산성은 이천 사적 423호, 이천 9경 중 제 4경이다. 산 중턱에 나란히 서 있는 커다란 세 개의 바위, 삼형제 바위는 이천 9경 중 제3경이다. 이바위에는 삼형제의 슬픈 전설이 담겨있다. 가난한 집에 우애와 효심이 깊은 삼형제와 나이 든 어머니가 함께 살았다. 삼형제는 나무를 모아 내다 판 것으로 생계를 유지했다. 어느 날 삼형제는 산으로 나무를 하러 갔는데 늦게까지 집에 오지 않았다. 걱정이 된 어머니는 삼형제를 찾으러 산으로 갔다. 집으로 돌아온 삼형제는 어머니가 안 보이자 어머니를 찾으러 산으로 갔다가 절벽 앞에서 호랑이에게 쫓기는 어머니를 봤다. 삼형제는 어머니를 구하

설봉산 삼형제 바위 이천 9경 중 3경이다. 어머니를 살리기 위한 3형제의 효심이 서려있는 바위이다.

기 위해 절벽을 향해 달려갔는데 그 순간 바위로 변했다는 전설이다. 삼형제 바위는 중턱에서 나란히 서서 이천을 내려다보고 있다. 설봉산은 역사유적지와 전설이 많은, 아름다운 산이다. 산으로 향한 호젓한 길을 오른다.

설봉서원

설봉서원 앞이다. 설봉서원은 경기도 내 서원의 효시이다. 이천 향토유적 제18호이다. 조선시대 전형적 서원 건축양식인 전학후묘형(前學後廟形)을 띤다. 앞에는 강학(講學)공간, 즉 교육공간이 있고 뒤에는 제사를 지내는 제향(祭享)공간이 있다.

설봉서원은 조선 명종 19년(1564)에 이천부사 정현(鄭)이 장위공 서희 선생 봉향을 위한 목적으로 현재 미란다호텔 옆 안흥지(安興池)주변에 창건했다. 당시 이름은 향현사. 이후 이곳은 수십 년 동안 많은 우여곡절을 겪었다. 세월은 흐르고 흘렀다. 장위공(章威公) 서희(徐熙)·율정(栗亭) 이관의(李寬義)·모재(慕齋) 김안국(金安國)·소요재(逍遙齋) 최숙정(崔淑精) 이렇게 4현(四賢)의 후손과 이천지역 유림들은 4현(四賢)을 배향하고 그들의 유교정신을 이어받고 교육을 통해 21세기의 선비문화를 선도하자는 취지로 서원 복원의 필요성을 이천시에 제기했다. 이천시는 2007년 현재 자리에 서원 복원을 완료했다. 설봉서원에서는 설봉대학을 운영한다. 사서오경·서예·민요·가야금·대금·문인화·수묵화반 등 다양한 문화강좌를 실시한다. 학교·기관 또는 단체 등의 예절 및 전통문화체험 교육·인성교육·학술대회 등을 통해 이천전통문화 계승과 지역전통문화 창달에 기여하고 있다.

설봉서원 느티나무

서원을 둘러본 후 서원 서쪽 담장의 협문(夾門)을 지나 느티나무 옆으로 갔다. 이 나무는 지인이 좋아하는 나무이다. 나뭇잎이 울창하고 키가 크다. 뿌리는 굵고 단단하다. 이 느티나무는 이천보호수 2호이다. 1982년 10월 15일에 지정된 당시 나무 나이는 300세, 높이는 25m, 둘레는 4.6m이다. 구전에 의하면 이 나무는 1620년쯤 누군가 심었다고도 하고 씨앗이 날아와 자연적으로 발아되어 지금까지 자라고 이야기도 있다. 만약 이 나무가 사람처럼 생각을 한다면 한 자리에서 얼마나 많은 생각을 했을까 그런 생각을 한다. 옹이가 많은 나무는 세월 속에서 세찬 비바람도 맞고 가지가 꺾이는 슬픔도 겪었을 테다. 하늘과 햇볕과 바람, 새와 곤충과 풀과 돌 등 그것이 어떠한 것이든 자신한테 오는 것을 수용하고 함께 어울려 살았을 것이다. 그러다보니 뿌리는 깊어지고 단단해지고 가지는 길고 넓어져서 오랜 세월 누군가에게 위로와 쉼도 줬을 터. 느티나무는 보는 위치에 따라 모양이 다르게 보인다. 이 외에도 설봉공원에는 볼거리와 즐길거리가 너무 많다. 시간을 넉넉하게 갖고 둘러보기를.

12

창전동 1
50년 동안 '빵'과 함께한 '이천 태극당'

빵은 1970년대만 해도 고급음식이었다. 그 시절을 산 사람들
은 말한다. 보름달처럼 동그란 빵의 달콤하고 부드러운 그 맛
을 지금도 기억한다고. 먹거리는 물론이고 '빵'이 귀하던 시
절이었다. 1970년대 이천시 창전동에 '태극당 제과점'이 있었
다. 창전동은 이천시의 중앙에 위치해 있다. 상가 밀집 지역
이다. 관공서와 병원 학교 등 편의시설이 잘 갖춰진 이천의 문
화와 경제의 중심지였다. 이 제과점은 지금도 있다. 50여 년
째 '맛있고 건강한 빵'이라는 철학 아래 이천시민의 사랑을 듬
뿍 받고 있다. 이천에 오면 태극당 빵을 먹어야 한다. 이천에
빵 문화를 연 태극당 스토리를 알면 빵은 더 맛있고 귀하게 느

껴질 것이다. 실제 빵도 맛있다.

이천 태극당 1대 대표 빵 이야기

태극당 이야기는 1대 대표 정재수(76)님의 이야기로부터 시작된다. 충남 당진이 고향인 그는 서울 돈암동 '태극당'에서 제과기술을 익혔다. 이후 20대에 결혼을 하면서 처가가 있는 이천으로 내려왔다. 빵집을 시작한 해는 1971년이었다. 이천시 중앙통사거리에 있는 아주 작은 가게의 한 쪽을 빌려서였다. 이때 가게 주인의 배려가 컸다고 정 대표는 회고했다. 그는 그곳에서 성실하고 부지런하게 빵을 만들었다. 처음 선보인 것은 쫄깃한 도넛과 바삭한 튀김류였다. 이것은 단번에 이천 사람들의 입맛을 사로잡았다. 그는 몇 년 후 빵집을 좀 더 넓은 공간으로 이전했다. 그곳에서 맘모스빵 소보루빵, 팥빙수 등을 선보였다. 이것은 지금까지도 손님들이 찾는 메뉴이다. 이후 창전동에서만 빵집을 4번 이전, 확장했다. 현재 자리에 터를 잡은 것은 1990년대 중반이었다. 이 과정에서 정 대표는 제과점 이름을 태극당으로 지었다. 태극당 상호는 서울의 태극당에서 제과제빵기술을 배운 제빵사들이 자유롭게 사용한다고 한다.

정 대표는 빵집을 지금의 자리로 이전한 후 유기농 밀가루

이천 태극당 본점 이천 태극당은 50여 년 동안 이천 사람들에게 맛있는 빵을 제공하고 있다.

와 천연효모, 싱싱하고 신선한 재료를 사용했다. 좋은 재료는 다른 재료에 비해 가격이 더 비싸다. 그런데도 그렇게 한 까닭은 20여 년 동안 이천 사람들에게 받은 사랑을 되돌려주기 위한 감사의 의미도 포함돼 있다.

부전자전, 2대 대표 이야기

개인 빵집을 찾아보기 어려운 요즘, 빵으로 50년이 넘는 세월을 이어오다니. 아버지의 빵에 대한 철학은 태극당 2대 대표 정승호(44)님 한테 이어졌다. 그 역시 아버지처럼 빵에 들어가는 재료는 유기농밀가루와 제철에 나오는 것 가운데 최상급을 사용한다. 재료 선정에 엄격하다. 이천의 마트나 서울 가락농수산물종합도매시장의 상인들 사이에서 태극당 사장은 재료가 안 좋으면 안 쓴다는 소문이 있을 정도이다. 원재료가 신선하고 싱싱해야 빵 맛이 좋아지는 것은 두말할 나위 없다. 그것은 상품가치가 높은 제품으로 연결된다. 정 대표는 시대의 흐름에 따라 빵 종류, 빵 이름, 디자인도 다양화했다. 먹거리가 풍부해지고 그만큼 사람의 입맛도 변해가고 요구도 다양화됐기 때문이다. 현재 태극당에는 여러 가지 콘셉트의 빵, 케이크, 쿠키, 마카롱, 쌀빵 등 그 가지 수가 200여 가지도 넘는다. 정 대표가 빵 가지 수를 늘린 데는 손님들이 제과점에 들어왔을 때 시각적으로 보는 재미와 다양하고 맛있는 빵을 즐겼으면 하는 바람도 있었다. 창전동은 유동 인구가 많은 지역이다. 연령층은 다양하고 외국인도 살고 있다. 그만큼 빵 취향도 다양하다. 그 취향에 맞게 빵 종류를 늘리다 보니 200여 개가 넘었다고 한다. 이러한 빵은 주로 오전 8시부터 오후 3시까지 순차적으로 나온다. 오전 8시쯤 50가지 정도를 맛 볼 수 있다.

이천 태극당을 지키자

2대 대표가 아버지 뒤를 이어 태극당을 운영하게 된 데는 사연이 있다. 그가 서른 살 때였다. 1998년 우리나라에 프랜차이즈 제과점이 들어섰고 그에 따른 생존전략을 준비하지 않은 동네빵집은 위기를 맞았다. 이때 아버지의 추진력은 힘을 잃고 있었다. 빵과 제품 경쟁력도 떨어졌다.

"대학을 졸업한 20대 초반, 2년 정도를 아버지와 함께 일했다. 그때 '이대로 계속 이천에 있다가는 더 이상의 발전은 없고, 우물 안 개구리가 될 것 같다. 더 넓고 큰 곳으로 나가야겠다.'라는 생각이 들었다. 제가 집을 떠나겠다고 하자 아버지께서는 저 없이는 가게가 안 돌아간다고 했다. 그때 가게 직원은 저를 포함해서 네 명이었다. 직원 한 명의 역할이 컸다. 제가 없으면 안 되는 상황이었다. 하지만, 아버지가 힘드시더라도, 빠르게 변하는 시대에 내가 성장하려면 세상 밖으로 나가서 좀 더 배워야겠다고 결심했다. 그때 아버지는 무척 서운해하셨다. 갈등도 있었다. 그런데도 이천을 떠났다. 2년 동안 서울과 일산에서 제빵기술과 제과점 경영을 배웠다. 인맥도 쌓았다. 아버지의 반대를 무릅쓰고 밖에 나간 터라 더 많이 보고 더 열심히 배웠다. 그런 후 이천에 돌아왔다. 아버님은 제과점을 겨우 지키고 있었다."

그즈음 2대 정 대표 어머니가 말기암 진단을 받았다. 그러자 아버지는 제과점을 그에게 일임했다. 아내 간병에 전념하기 위해서였다. 정 대표는 그렇게 뜻하지 않은 일로 제과점을 운영하게 되리라고는 상상하지 못했다. 당시 제과점 매출은 급격히 하락하고 있었다. 거부할 수 없도록 밀어닥친 운명에 그는 의연하게 맞섰다. 어렸을 때부터 아버지 옆에서 제과 기술과 제과점 운영을 익혔고 대학에서도 제과를 배웠으며 규모가 꽤 큰 빵공장에서 일한 경험 등이 자신감의 동력이 됐다. 더 절박한 이유도 있었다.

"이천에서 태극당을 지켜야겠다는 마음이 컸다. 아버지는 제가 태어나기 전부터 빵 만드는 일만 하셨다. 쉬는 날도 없이 오직 '빵' 그 한 우물만 파셨다. 저희 세대는 이해하기 힘들 정도로 고생을 많이 하셨다. 그런 아버지를 보면서 어릴 때는 이해하기 어려웠다. 근데 막상 빵집이 어려워지자 아버지가 일궈놓으신 것을 다시 일으켜 세워서 성장시켜야겠다는 각오가 생겼다. 단골분들한테 계속 맛있는 빵을 제공해드려야겠다는 생각도 있었다. 우리 빵집에는 제가 어렸을 때부터 지금까지 변함없이 찾아오시는 손님들이 계신다."

전통있는 제과점은 운영자도 대를 잇는다. 빵을 찾는 이도 대를 잇는다.

세월 따라 빵문화도 변한다

정 대표는 제과점을 이어받으면서 태극당의 개선점을 찾기 시작했다. 아버지 때에 근무 환경은 여러모로 열악했다. 그 당시 직원들에 대한 처우도 좋지 않았다. 그 시절엔 다른 빵집도 대부분 그랬다. 이러한 점을 기억하며 그는 하나 하나 개선해 가기 시작했다. 2015년에는 제과점 인테리어를 젊은 감각에 맞춰 새롭게 했다. 그의 아내가 제과점 행정일에 합류하며 제과점은 더욱 탄력을 받았다. 그는 직원들의 근무 환경에도 주목했다. 직원이 행복하면 빵 맛은 당연히 좋아진다. 또한 대표와 직원들이 함께 열심히 해야 태극당이 성장한다고 그는 믿는다. 그래야 빵맛도 바뀌지 않는다. 그래서 그는 현재 직원들과 오랫동안 같이 일하기를 바란다. 아버지 때 빵 값 결재는 대부분 현금이었다. 지금은 대부분이 카드이다. 빵 운반과정도 달라졌다. 다른 공간에서 만들어 와서 1층 매대에 진열하고 판매했는데 지금은 제과점이 있는 건물에 빵 운반전용 엘리베이터가 설치돼 있다. 같은 건물 2층에 빵 제조 작업장이 있고 판매장은 1층이다. 2층에서 빵을 만들자마자 엘리베이터를 통해 1층으로 내려보내면 매대에 진열된다. 아버지 때와 다르게 그에겐 쉬는 날도 있다. 쉬는 날이면 가족과 시간도 보낸다. 그렇지만 여전히 일의 연장일 때가 많다. 쉬는 날 제과점에서 일이 생겨 연락이 오면 득달같이 달려간다. 휴일이면 빵공방과 동네제과점 대표 모임 등을 통해 빵 디자인과 빵 레시피 등을 연구한다. 이 모임은 동네빵집이 프랜차이즈 기업과의 경쟁에서 살아남기 위해 자연스럽게 형성됐다. 그는 그 모임에서 연구를 한 것을 직원들과 공유하고 더 맛있는 빵과 다양한 빵을 만들기 위해 계속 연구한다. 밀가루나 쌀가루로 만들 수 있는 것은 무궁무진하다. 그만큼 끊임없이 공부하고 배워야 한다. 판매장에 매일 같은 빵이 나와 있어서, 같은 일을 반복한다고 느낄 수 있다. 하지만 매일 새로운 일이 일어난다. 새로운 빵을 출시하여 직원들과 시식하면서 빵의 맛을 평가한다. 빵을 매대 위에 올려놓은 후 제품에서 평소와 다른 게 보이면 매대에서 과감하게 뺀다. 고객의 요구와 지적과 요구에 귀를 기울이고 신경을 쓴다. 그가 재료를 구할 때 최상의 것을 요구하듯이 손님들에게도 맛있는 빵을 제공하려고 한다. 소비자와의 신뢰는 무엇보다 중요하기 때문이다.

태극당의 베스트 파이브(BEST 5)

제빵사가 맛있는 빵을 만들려면 5년에서 10년 정도의 숙련 시간이 필요하다. 아버지 때는 밀가루에 우유, 설탕, 소금 등 기본 배합을 하여 손반죽을 했는데 지금은 빵마다 배합이 다르다. 배합이 제대로 안 되면 푸석푸석하거나 딱딱한 빵이 나온다. 빵은 발효가 중요하고 날씨와 온도에도 민감하다. 빵을 굽는 시간도 잘 맞춰야 한다. 이 빵집에는 빵 종류가 200여 가지가 넘으니, 제빵사들의 실력을 짐작할 만하다. 이 제과점의 많은 빵 가운데 베스트파이브(BEST 5)가 있다. 몽블랑페스츄리, 양파빵, 먹물크림치즈바게트, 마늘바게트, 앙버터프레첼이다. 이것은 제품 옆에 시식 코너를 두고 하루의 시식 분량과 제품의 하루 판매량을 데이터화 한 것이다. 흥미로운 사실은 제과점의 1등 제품은 빵집마다 레시피가 같아도 맛에 미세한 차이가 있다. 1등인 제품은 신선한 재료가 많이 들어가서 부드럽고 달콤하다. 맛있다. 손님들은 그것을 놀라울 정도로 잘 분별해낸다. 태극당 빵은 대부분 정 대표와 직원들이 손수 만든다. 재료 선정부터 빵 만드는 처음부터 끝까지 모든 공정을 손수 한다. 이는, 자동화 시설을 갖춘 프랜차이즈 빵집과 차별화된 태극당 만의 고유한 맛을 나타낼 수 있는 비결이기도 하다. 흥미로운 점은 그렇게 다양한 빵이 모두 판매된다는 것이다. 그래서 동네빵집은 자부심을 갖고 일한다.

이천 태극당은 2020년에는 이천시 부발읍에 하이닉스점(2호점)을 오픈했고 2022년에는 이천시 증포동에 증포점(3호점)을 오픈했다. 제과점을 확장하면서 그는 빵 만드는 일을 총

괄한다. 이천과 양평, 원주 등 고등학교와 연계하여 고등학생들한테 제빵 제과 기술을 가르쳐주고 제과 관련 일자리도 창출한다. 그는 아버지에 이어 이천시장애인복지시설에 빵을 후원한다. 그러고 보면 이천 사람들은 동네빵집, 이천 태극당의

이천 태극당 빵 이천 태극당에서는 매일 200여 가지의 빵을 생산한다. 이 제과점은 50년이 넘는 세월 동안 이천 사람들과 함께 하고 있다.

성장을 보고 있는 셈이다. 노릇노릇 폭신폭신한 빵을 입 안에 넣는다. 살살 녹는다. 구름 위를 나는듯 행복하다.

이천향교

창전동에는 이천향교가 있다. 이는 조선시대 이천의 유일한 공립 중학 교육기관이다. 이천에서 수재(秀才)를 모아 학문을 가르치던 곳이다. 이천향교는 창전동 망현산 자락에 위치한 이천시립도서관 아래 경사진 구릉지에 위치해있다. 1983년 9월 19일 지정된 경기도 문화재자료 제22호이다. 고려 말 조선 초의 문신·학자인 권근(權近)이 지은 '이천신치향교기(利川

新置鄕校記)'에 따르면, 이천향교는 태종 2년(1402) 봄, 이천의 감무(고려·조선 초기 군현郡縣에 파견되었던 지방관地方官)로 부임한 변인달이 이천의 인재(학생)를 가르치고 양성할 목적으로 향교를 세울 자리를 모색하던 중 이천시 창전동 망현산(望峴山) 자락에 터를 잡았다. 당시(1389년) 이천 현감의 적극 지원으로 안흥동과 갈산동 사이에 있는 '안흥사(安興寺)'에서 뛰어난 유학생들을 가르쳤다. 변인달은 절에서 학생을 교육하고 양성하는 학교가 되는 것을 마땅치 않게 여겼다. 공공기관에서 지방의 고급 인재를 양성하기를 바랐다. 이후 창전동에 이

이천향교 청소 이천향교는 1983년 9월 19일 경기도 문화재 제22호로 지정됐다. 1993년 이천시민들과 학생들이 이천향교 주변을 청소하고 있다. 이는 당시 국토대청결운동의 일환이었다.

천향교를 짓고 나라의 지원으로 학생을 가르치고 인재를 양성했다. 이천이 도호부로 승격되던 1444년(세종 26년) 이후에는 교수 한 사람을 두고, 학생 90명이 수학했다. 이천향교에서는 한동안 강학(講學, 교육하고 연구함)뿐만 아니라 선현봉사(先賢奉事, 옛 인물을 배향함)도 해왔다. 조선후기부터 교육기능은 사라지고 주로 제사 기능을 해왔다. 현재는 이천지역 유림들과 기관장 등에 의한 제사와 학자들에 의한 인문학 수업을 진행하고 있다. 건물은 수백 년의 세월과 6·25 전쟁 등을 겪으며 파손과 손실, 수차례 중건을 거듭하여 지금에 이른다. 이천향교가 이천의 젊은 인재 양성학교로 거듭나기를 기대해본다.

13

창전동 2
한국동요박물관

음악은 살아있는 존재를 화음으로 연결한다

사람들 마음속에는 누구나 그의 노래가 산다. 그 노래는 삶의 어느 날 툭하고 입 밖으로 튀어나온다. 타임머신에 태워 그 노래를 부르던 그 시절의 나를 만나게 한다. 예컨대 '엄마가 섬 그늘에 굴 따러 가면 아기가 혼자 남아 집을 보다가 바다가 들려주는 자장노래에 팔 베고 스르르 잠이 듭니다'라는 〈섬집아기〉를 부르면 혼자 엄마를 기다린 날이 떠올라 눈물이 난다. '즐겁게 춤을 추다가 그대로 멈춰라'라는 동요를 들으면 흔들흔들 춤추고 싶어진다. 2007년 개봉한 영화 〈어거스트 러쉬〉에서 '음악은 모든 살아있는 존재를 화음으로 연결해주는 것'이라 했다.

대한민국 최초의 한국동요박물관,
이천에 동요박물관이 들어오기까지

노래는 리듬이 있는 언어이다. 특히 아이들은 동요를 듣고 부르면서 마음 정원에 좋은 씨앗을 심는다. 동요는 '어린이의 감정이나 생각을 표현한 문학의 한 장르, 또는 어린이를 위해 만든 노래'이다. 동요, 특히 우리나라 창작동요 100년 동안의 자료를 한데 모아놓은 곳이 있다. 한국동요박물관이다. 이는 대한민국 최초의 동요박물관이다. 박물관이라고 하니까 꽤 큰 규모를 상상할 수 있는데 아직은 작은 규모의 임시 박물관이다. 이 박물관은 온천공원 근처에 있는 서희청소년문화센터 내 1층에 있다. 공간은 협소하다. 하지만 내실은 탄탄하다. 동요 불모지 이천에 동요박물관이 들어오기까지 그 시작과 변화

한국동요박물관 서희청소년문화센터 내에 있는 한국동요박물관은 한국 최초의 동요박물관이다.

과정은 눈여겨 볼만하다. 그 가운데 윤석구(82) 한국동요박물
관 명예관장이자 한국동요문화협회장의 공헌은 특별하다. 아
이들이 붙여 준 동요할아버지라는 훈장을 여느 훈장보다 값
지게 여기는 그는 가구전문인이었다. 젊은 날 이천에 있는 에
이스(ACE)침대회사에 평사원으로 입사하여 20여 년 넘게 최
고경영자(CEO)로 회사생활을 했다. 은퇴 후 그는 시(詩)를 짓
고 동요의 매력에 빠진다. 시는 물론이고 동요도 수십 곡 지었
다. 그가 작사한 동요 〈이천이 좋아요〉, 〈임금님표 이천쌀〉 등
은 초등학교 3학년 지역교과서에 수록돼 있다. 그는 어떤 일
이든 한번 뛰어들면 혼신을 다하는 듯 하다.

"동요를 좋아하다 보니 관심을 갖게 되고 관심을 가지니까
내가 해야 할 일이 보이고 생겼다. 아이들은 동요를 부르며 사
람과 사람, 사람과 자연이 더불어 사는 방법을 놀이처럼 습득
한다. 동요는 노래를 부르면서 인성교육을 할 수 있는 최고의
영양제이다."

2008년 그는 동요지원 활동에 힘쓰는 한편 동요자료를 수
집했다. 전국의 대형서점과 고서점, 전국의 박물관을 답사하
고 동요자료 소장자를 찾아다녔다. 이 과정에서 사재를 털어
동요자료를 구입했다. 우리나라에 어린이 인성교육을 위한
박물관이나 동요박물관이 없다는 사실도 알게 됐다. 우리나

라 동요 역사 기록물의 보존 및 동요보급 등에 대한 필요성을 절감했다.

민·관의 협업으로 만든 대한민국 최초 동요박물관

윤석구 관장은 수집한 동요자료를 토대로 이천에 동요박물관 건립을 추진한다. 동요를 좋아하여 시작한 일이 그렇게 커질 줄 그도 몰랐다고 회고한다. 개인이 시작한 일을 관과 협업하기까지 난관도 많았을 터, 하지만 그는 그것에 굴하지 않았다. 2010년 8월 이천시와 (사)한국동요문화협회는 동요박물관 건립을 위한 협약식을 체결한다. 이후 이천시는 서희청소년문화센터에 동요문화팀을 신설하고 박물관 건립에 따른 준비 작업을 차근차근 진행한다. 그 일환으로 2010년 제1회 〈전국 병아리 창작동요제〉가 이천아트홀에서 열린다. 이는 미취학 아동을 대상으로 한 전국 유일의 창작동요대회이다. 이 대회가 대성황을 이루자 그것에 탄력을 받아 〈가족동요대회〉, 〈이천시어린이동요대회〉, 〈동요교실〉 등 다양한 동요 관련 행사가 서희청소년문화센터에서 열렸다. 이 행사는 현재까지 매년 정기적으로 실시된다. 그로 인해 많은 동요작가와 어른과 아이들이 이천을 찾아온다. 〈전국 병아리 창작동요제〉 수상 동요 가운데 〈쑥쑥 자라라〉, 〈쑥쑥쑥쑥쑥〉, 〈엿장수〉, 〈우주탐험가〉는 초등학교 4학년 음악 교과서에 실리는 쾌거를 이뤘다. 덕분에 이천아이들은 물론 전국의 아이들은 새롭고 수준높은 동요를 접한다. 2012년 11월 (사)한국동요문화협회 는 작가들이 소장한 한국 동요 100년사 자료 302점을 이천시 에 기증한다. 시는 협회로부터 기증받은 동요자료를 기반으 로 경기도에 동요박물관 등록을 하고 2014년 4월 21일 마침 내 한국동요박물관은 개관했다. 대한민국 창작동요 90주년을 맞은 해에 대한민국 최초의 동요박물관이 문을 연 것이다. 같 은 해 7월 24일 이 박물관에 (사)한국동요문화협회가 기증한 동요자료가 또 들어왔다. 현재 박물관이 소장한 동요자료는

한국동요박물관 내부 한국동요박물관에 가면 동요 100년 역사를 보여주는 귀한 기록물과 자료들을 볼 수 있다.

500여 점 이상에 달한다.

그러는 동안 이천에는 동요바람이 분다. 2012년 서희청소년문화센터에서 첫 개강한 동요강좌에 어린이들이 들락날락하면서 현재 수강생은 누적 합계 1만 여 명이 넘는다. 또한 이천의 어린이 중창단은 대한민국 동요 국가대표가 되어 광복 제74주년 기념 KBS 찾아가는 음악회, 2019년 대한민국 순국선열· 애국지사 영령 추모제 등 대한민국의 큰 행사에 초대받아 동요로 감동을 선사했다. 그 영역을 해외까지 넓히고 있다.

한국동요 백년 이야기가 있는 곳

동요박물관에 들어서자 출입문 왼쪽에 우리나라 창작동요의 역사가 십 년 주기별로 정리돼 있다. 1920년대부터 2000년대까지 창작동요 자료이다. 백년 전 역사 속 우리 동요 변화를 따라가 본다. 한국 최초 창작동요는 윤극영(1903~1988) 선생이 1924년에 발표한 〈반달〉이다. '푸른 하늘 은하수 하얀 쪽배엔~ 로 시작되는 바로 그 노래이다. 이 노래는 당시 물론이고 지금도 아, 그 노래! 라고 하며 눈시울을 적시는 이도 있을 것이다. 이 노래를 지은 윤극영 선생은 소파 방정환 (1899~1931) 선생을 중심으로 당시 뜻 있는 아동문학인들과 함께 색동회를 창립한다. 우리에게 익숙한 방정환 선생은 '어린이(어린 사람이라는 뜻과 어린이를 독립적인 인격체로 대한다는 의미)'라는 단어를 처음 사용하고 그 단어를 공식화했다. 그리고 1923년 5월 1일 색동회를 정식으로 창립하면서 이 날을 어린이날(1946년 어린이날 기념식이 거행되면서 5월 5일로 변경됨)로 정한다. 색동회는 한국 최초의 어린이문화운동단체로 아동문학과 동화구연, 시 낭송, 어린이날 행사, 동요 창작 및 보급 등 다채로운 활동을 통해 어린이문화운동을 펼친다. 아이에 대한 정확한 명칭도 없고 우리나라 어린이들이 일본 글을 배우고 일본 동화를 읽고 일본 동요를 부르던 일제강점기에 이러한 일을 했으니 절로 경의를 표하게 된다.

1927년은 경성방송국(한국 최초의 방송국. KBS의 전신)이 개국하고 라디오 방송이 시작된 해이다. 이때 창작동요는 방송이라는 신문물의 전파력에 의해 널리 퍼진다. 1930년대에 들어서 방정환이 펴낸 어린이 잡지 『어린이』, 『신소년』, 『아이생활』 등에 동요와 동시가 실리는데 그것도 잠시 1940년대 우리 동요는 일제의 억압정책에 의해 수난을 겪는다. 집에서 몰래 우리나라 동요를 가르치다가 경찰에 잡혀 호된 처벌을 받는 사례도 있었다. 일제강점기 우리 동요는 서정적이면서도 우울하다. 동요가 당대의 우리 국민 정서를 담고 있고 시대를 반영하는 거울이라는 사실을 새삼 발견한다. 동요 노랫말에 변화를 가져온 것은 1945년 8월 15일 광복이다. 일제 치하에서 해방을 맞은 우리 동요 노랫말은 진취적이고 미래지향적이다. 1946년 남북통일을 염원하는 노래, '우리의 소원은 통일, 꿈에도 소원은 통일~' 안병원 선생의 〈우리의 소원〉이 전국의 학생들 입에서 수시로 불린다. 이 노래를 불러본 사람은 알 것이다. 통일에 대해 특별한 생각이 없는데도 노래를 부르다 보면 그 멜로디와 가사에 빠져 통일을 간절히 염원하게 된다. 동요를 통한 교육 효과는 정말 탁월하다. 아이돌 그룹이 어려운 수학공식과 과학원리, 지구를 살리는 일 등을 신나는 동요로 만들어 부르면 세상은 좀 더 흥미롭지 않을까. 즐겁게 흥얼거리면서 익히고 그것을 생활 속에 적용할 수 있을 것 같다.

어린이날 노래는 1948년에 탄생했다. 당시 윤석중 선생이 노랫말을 쓰고 윤극영 선생이 곡을 만들었다. 이 노래는 지금도 오월이면 전국에 울려 퍼진다. 그러고 보면 좋은 노래는 늙지 않는다. 1950년대는 6·25전쟁으로 인해 동요 역시 어둡다. 전쟁에서 승리의 의지를 담은 전시동요도 있었다. 〈대한의 아들〉, 〈대한의 소년〉 등. 우리가 잘 아는 '아빠하고 나하고 만든 꽃밭에~'로 시작하는 〈꽃밭에서〉(어효선 작사 권길상 작곡)는 1953년에 발표된 곡으로 여운이 길다. 1960년대 동요 창작은 전반적으로 침체기이지만 이즈음 음악교육과 어린이 합창은 활기를 띤다. 초등학교 교사와 기독교인들에 의해 선명회어린이합창단, 리틀엔젤스예술단, 서울시소년소녀합창단이 창단된다. 1960년대 KBS, MBC에 이어 DBS(동아방송), TBS(동양방송)등이 개국하고 방송사마다 CM송과 대중가요, 팝송이 방영되면서 동요는 위기를 맞는다. 하지만 1970년대 '전국어린이노래자랑대회'와 '누가누가 잘하나' 등 동요대회가 열린다. 이때 세계적인 성악가 조수미 등 여러 음악가가 전국동요대회에서 수상을 하면서 음악가의 꿈을 키웠다고 한다. 1980년대에 창작동요대회가 열리고 국악동요가 등장하고 1990년대에는, 다양한 동요동인회가 이름을 바꿔 활동을 재개한다. 2000년대에는 창작동요제와 동요콩쿨, 음악회 등이 어느 시대보다 활발하게 열린다. 몹시 안타까운 점은 동요인들의 다각적인 노력에도 불구하고 어린이들이 방송과 유튜브 등을 통해 선정적인 노랫말을 여과 없이 습득하고 따라 부른다는 것이다.

어머, 풍금, 이런 책이 지금도 있어?

안타깝고 착잡한 마음을 뒤로하고 전시물을 따라간다. 동요 관련 추억의 옛 사진, 동요 작곡가의 친필 원고, 1920년대부

한국동요박물관 내에 있는 풍금 2024년 학교에서는 풍금이나 피아노 등을 찾아보기 어렵다. 동요박물관은 아이들과 함께 천천히 이야기하면서 둘러보면 좋을 듯 하다.

터 사용한 초등학교 음악교과서, 1937년에 발행한 중국조선족동요선집, LP판동요음반, 다양한 동요집, 우리 전래동요, 동요 악보가 찍힌 공중전화카드 등. 세계 여러나라 악기도 있다. 그것들을 보고 있노라니 어머, 이런 책이 지금도 있어? 라고 하며 절로 호들갑을 떤다. 악기대여실, 노래연습실 등을 둘러보다가 풍금 앞에 선다. 초등학생 때 선생님이 연주하던 풍금은 얼마나 신비롭고 낭만적이었는가. 2024년 학교에서는 풍금 소리를 듣기 어렵다. 컴퓨터가 여러 악기를 대신하고 있기 때문이다. 아이들이 동요를 배우고 부를 기회는 더욱 줄어들고 있다. 아쉬움 속에서 즐거운 희망도 있다. 이천시도 어린이를 위한 시설을 갖춘 동요박물관을 새롭게 조성할 계획을 가지고 있다는 것이다.

한국동요박물관은 백 년 전 우리 동요와 어린이 문화를 만들고 지키기 위해 고군분투한 선배님들의 이야기이다. 동요를 좋아한 한 아동문학가가 뿌린 씨앗이 싹을 틔우고 성장해 가는 성장사이기도 하다. 그 씨앗에 다양한 형태의 물과 햇볕과 양분을 준 많은 이의 합작품이다. 전국의 많은 어린이와 어른의 관심과 협조가 모아져 이천시에 더욱 아름답고 풍요로운 동요박물관이 세워지고 동요문화가 전국으로 확산되기를 바라본다.

14

중리동
이천시의 가운데 마을

행정타운 상업타운

중리동(中里洞)은 옛 명칭도 중리(中里)이다. 글자 그대로 '이천시의 중앙에 위치한 마을'이란 뜻이다. 1914년 행정구역 폐합에 따라 중리라 하였고, 1996년 이천군이 이천시로 승격됨과 함께 중리동으로 분동 개칭됐다. 같은 해 분동 개칭된 관고동·증포동·창전동 중에서 가장 넓은 면적을 차지한다. 현재 중리동행정복지센터는 중리동·증일동·율현동·진리동·단월동·대포동·장록동·고담동 이렇게 8개 동을 관할한다. 중리동은 설봉산 동남쪽에 있으며 북쪽으로는 중리천, 동쪽으로는 복하천이 흐른다. 중리동은 공공행정타운과 상업·금융, 신문

사, 농업이 조화롭게 발전하는 도농복합지역이다. 중리동에는 이천시청, 이천시의회, 이천세무소, 이천경찰서, 이천보건소, 이천농업기술센터, 중리동행정복지센터, 이천문화원, 이천시가족센터, 이천시종합복지타운, 이천시자원봉사센터, 이천아트홀, 축산위생연구소, 이천설봉신문사, 하나로신문, 대한적십자사 경기도지사동부봉사관, 이천세람저축은행 등이 있다. 이 외에도 여러 공공기관과 유관기관 상업시설 등이 위치한다. 오래된 주택이나 상가도 다닥다닥 붙어있다.

중리동행정복지센터

이천시 중리동행정복지센터는 2019년 신청사를 준공 이전했다. 중리동행정복지센터는 지하 2층, 지상 4층으로 연면적 9,571.23m^2 규모이다. 총 247억원의 예산이 투입돼 행정·문화·복지 등 복합공간으로 조성했다. 지하1·2층은 주차장, 1층은 중리동행정복지센터와 주민자치 프로그램실, 2층은 이천문화원과 예비군동대본부, 3층은 다문화이주+센터, 이천시가족센터, 4층 지역사회보장협의체, 사회복지협의회가 입주해 있다. 기존 중리동주민센터는 40년 이상 된 노후 건축물로써 행정수요에 비해 청사 및 자치공간이 협소했다. 그에 따른 민원인의 불편을 초래하는 등 신축의 필요성이 꾸준히 제기

됐다. 중리동주민센터는 2년여 간의 임시청사 생활을 마친 후 신청사로 이전했다.

이천문화원

이천문화원은 이천문화의 보고이자 역사이다. 1963년 지방문화원진흥법에 따라 설립되어 개원했다. 이천 최초, 문화예술 교육사업도 시행했다. 이후 61년 동안 이천의 향토문화 역사, 지역문화를 계승, 발전시키고 있다. 이천이 가진 다양한 향토사료 발굴·수집·조사·연구하고 보존 기록하기 위한 사업을 꾸준히 진행한다. 예컨대, 이천도자기축제 등 지역의 자원을 활용하고 그것을 널리 알리기 위한 창의적인 지역문화 축제를 개최해왔다. 다양한 지역문화축제를 만들어서 이천시의 큰 축제로 연결시켰다. 아울러 지역 및 국내·외 다양한 문화콘텐츠 교류사업, 문화교육사업, 생활문화예술 행사를 사업을 전개해 나가고 있다. 지역문화를 계발, 보존하고 활용하고 지역문화 활성화를 위한 다양한 컨설팅을 지원한다.

이천문화원은 강의실, 시민기록관, 회의실, 전시실, 강당 등의 시설을 갖추고 다양한 문화행사와 교육프로그램을 운영하고 있다. 오디세이 문화대학(인문학강좌)와 생활도예, 경기민요와 이천아리랑 등의 전통예술강좌, 일본어·영어 회화, 캘

리그라피, 오카리나 등의 생활문화강좌, 모델아카데미, 아크릴화, 쿠킹클래스 등 청년부터 시니어까지 다양한 연령층을 아우르는 문화강좌를 운영한다. 현재 설봉문화제, 신년 해맞이행사, 정월대보름민속축제, 문화탐방 등 다양한 문화행사가 활발하게 진행되고 있다.

이천문화원에 가면 시민기록관을 둘러보기를 권한다. 수많은 이천기록물을 볼 수 있다. 무엇보다 기존에 특정 학자들이 해오던 기록물 사업을 이천시민들이 해 오고 있는데 이는 전국문화원에서 벤치마킹을 하러 온다. 이천시민의 숨은 저력을 엿볼 수 있다. 이천문화원은 창립 당시에는 현 서희청소년문화센터 2층에 있다가 관고동으로 이전했다. 그리고 2019년 중리동행정복지센터 신청사가 완공되면서 현재 위치로 이전하였다.

중리동삼층석탑

중리동행정복지센터 앞에 이천 중리동삼층석탑이 있다. 이 석탑은 경기도 유형문화재 제106호이다. 이 탑은 고려 초기 건축양식을 잘 보여주는 귀중한 문화재이다. 원래 이천읍 진리 산 13번지 야산중턱 공동묘지 부근에 쓰러져 있었다. 그것을 1972년 8월, 당시 이천군 청사(현 이천시 중리동행정복지센

이천오층석탑 환수염원탑 일제
강점기 일본인에 의해 무단 방출
된 이천오층탑은 이천시민의 많은
노력에도 아직 이천으로 돌아오지
않고 있다. 이에 탑이 이천으로 돌
아오기를 바라는 이천시민들의 간
절한 염원을 담아 환수염원탑을 설
치했다.

터) 앞뜰로 이전했다. 현재 있는 탑은 복원해 놓은 것이다.

이천시청청사 옆 이천시문화재단 이천아트홀 잔디광장
에는 이천오층석탑 환수염원탑이 있다. 이천오층석탑은 높
이 6.48m로 신라계 석탑 양식을 그대로 계승한 고려 초기 방
형 석탑으로 균형미가 뛰어나다. 이천 지역 고려시대 문화
와 건축양식을 알 수 있는 중요한 문화유산이다. 이천의 대
표적인 석조문화재로 원래는 이천향교 인근에 있었다. 이 탑
은 1918년 일본인이 일본으로 무단 방출했다. 현재 도쿄 시
내 오쿠라호텔 뒤뜰에 있다. 이를 안타깝게 여긴 한 재일동포
가 2005년 일본 오쿠라 재단을 찾아가 석탑의 존재를 확인한
뒤 국내로 환수운동을 제안했다. 이후 2008년 8월 이천 시민
단체 24곳이 참여해 이천오층석탑환수위원회(이후 환수위)가

공식 창립됐다. 환수위는 탑 환수를 위한 다양한 활동을 실시했으며 16년째 오쿠라재단 측과 협상을 하고 있다. 이천시는 그에 필요한 많은 예산을 지원했다. 하지만 탑은 아직 이천으로 돌아오지 않고 있다. 환수위의 쉼없는 활동에 이천시민들의 자발적인 움직임이 보태져 성금 1억 5천 100만 원이 모아졌고 2020년 10월 16일 이천시청 옆 이천아트홀 잔디광장에 이천오층석탑 환수염원탑를 설치했다. 이천시민들은 이 탑에 이천오층석탑의 환수를 바라는 간절한 마음을 담았다. 이천오층석탑이 빠른 시일안에 이천으로 돌아와 많은 국내인들이 이 탑을 함께 보는 날이 오기를 바라본다.

이천역

이천에 경강선 개통은 획기적인 사건이었다. 경강선은 수도권 전철로 경기도 중부 성남시 분당구, 광주시, 이천시, 여주시를 동서로 잇는 철도이다. 이 경강선은 2016년 9월 개통했고 현재 운행중이다. 이천 여주 성남은 수도권임에도 불구하고 2010년대 초반까지 철도가 없었다. 버스나 자동차 등 도로교통에만 의존했는데 경강선 운행으로 이천의 교통은더욱 편리해졌다. 이천 사람과 타지역 사람간의 교류도 훨씬 활발해졌다.

복하천 수변공원 물놀이장

'복하천 수변공원 물놀이장'이 2024년 8월 안흥동·진리동 일원에 개장을 앞두고 있다. 공원 내 설치될 물놀이장은 물놀이장 시설물은, 시민요구 사항을 설문조사 및 현장조사 등 의견 수렴과정을 거쳐 반영했다. 설치모형은 공개모집을 통한 제안서를 제출받고 이를 평가위원들의 평가를 통해 결정했다. 설치 면적은 약 1,800㎡, 물놀이장은 이천시가 반도체 특화 도시를 추진하고 있는 점을 고려해 반도체를 모티브로 로봇을 형상화했다. 물놀이장을 갖춘 복하천 수변공원은 이천시의 랜드마크로 아이들이 야외에서 즐겁고 신나게 놀 수 있을 공간이 될 것으로 기대한다.

복하천 수변공원 물놀이장 복하천이 흐르는 공원에 조성중이며 2024년 8월 개장을 앞두고 있다. 물놀이장은 반도체를 모티브로한 로봇 형상으로 제작돼 아이들에게 인기있는 공간이 될 듯 하다.

이천시 어린이 교통공원

복하1교 고수부지, 진리동159번지에 이천시 어린이교통공원이 있다. 이 공원에서는 6~7세 어린이를 대상으로 교통안전교육을 실시한다. 횡단보도 바르게 건너기 교육, 자전거 안전하게 타기, 대중교통 안전교육 등 이론과 체험교육을 60분 과정으로 진행한다. 교통교육은 어렸을 때부터 시켜야 한다. 어릴 때부터의 제대로 된 교통교육은 나와 타인의 사고를 예방할 수 있다.

이천로컬푸드매장

이천에서 생산한 제철 농산물을 구입하려면 이천로컬푸드매장에 가면 된다. 이천 사람들이 직접 재배한 신선한 농산물과 꽃과 식물 등이 매일 들어온다. 이 매장은 율현동에 있다. 중리동 관할지역에는 논뷰를 볼 수 있는 멋진 카페와 먹거리 식당이 즐비하다. '카페 진리'는 진리 삼거리 마을에 위치하고 카페 앞으로 논밭이 펼쳐져 있다. 차를 마시며 이천의 사계절 자연 변화를 볼 수 있다. 원목과 화이트 컬러의 인테리어가 예쁘다.

15

부발읍 1
보물과 이야기를 품고 있는 효양산

유월에는 숲으로 가자

유월에는 푸른 숲으로 가자. 햇살이 반짝이는 화창한 날이어도 좋고 비가 촉촉히 내리는 날이어도 좋다. 유월의 숲속에 들어가면 마음에 묵은 때가 말끔히 사라진다. 그 자리에 싱그러운 찔레꽃향이 앉는다. 맑고 신선한 초록빛이 채워진다. 유월에 효양산(孝養山)에 가면 부모님께 효도하고 싶어진다. 산 어딘가에 아직도 있을 것 같은 황금덩이도 찾고 싶어진다. 작가를 꿈꾸는 이는 효양산에 가 보기를 권한다. 당신은 분명 특별한 소재를 만날 것이다. 삶이 권태로운 사람도 마찬가지다. 이 산이 들려준 이야기와 지혜에 당신은 생의 의욕을 가질 것이다.

효자가 살고 효자를 키운 산, 효양산

초여름 아침 효양산 전설을 찾아 떠난다. 효양산은 부발읍에 있다. 산의 높이는 해발 187m. 이천의 진산(鎭山)이라 불리는 설봉산(394m), 원적산(564m)에 비해 야트막하다. 이 산은 드론으로 산 전체를 내려다보면 호랑이가 앉아있는 형상을 하고 있다. 우리나라 지도를 거꾸로 놓은 형상과 흡사하다고 한다. 효양산 이름이 처음 나온 문헌은『신증동국여지승람』이다. 이 문헌에 의하면 '효양산은 이천도호부의 동쪽 9리 되는 곳에 있다.'라고 한다. 이천시내에서 약 4km 즈음에 있다는 것이다. 이 산은 '효자(孝子)를 길러낸 산'이라 불린다. 산이 효자를 키웠다고? 아주 먼 옛날 이 산에 부모를 극진히 봉양한 사람이 살았는데, 사람들은 이 산이 대단한 효자를 길러냈다며 효양산이라 불렀다고 전한다. 효자가 살고 그 효자를 키운 산이라는 것이다. 실제로 효양산이 있는 부발읍 마을 곳곳에는 효자의 흔적이 많다.「이천시 문화유적 민속조사보고서 부발읍편」에 수록된 한 편을 꼽자면 부발읍 아미리의 김항(金沆. ~1742)은 병환 중인 아버지를 살리기 위해 자신의 손가락을 자르고 흘린 피를 아버지 입속에 넣어 드렸고 아버지가 돌아가시자 3년 동안 시묘살이를 했다. 또 그의 어머니가 투병 중일 때 어머니의 똥을 맛본 후 그에 따른 약을 썼다. 이에 하늘이 감동하여 그의 손가락이 다시 솟아났고 영조는 그 효행을 높이 사 효자문(1753년)을 내렸다고 한다. 이 외에도 부발읍에는 집안 대대로 효자인 가문이 많다. 또 이 지역 사람들 입에서 입으로 전해온 효자도 많다. 어진 사람은 나무를 심고 나무는 어우러져 산이 된다. 효양산은 어진 사람을 키운다.

전설과 유적이 많아 유서 깊은 효양산

효양산은 '수양산(首養山)', '유서 깊은 산'이라고도 한다. 산 곳곳에 유적과 전설이 많기 때문이다. 효양산 중턱에 규모가 꽤 큰 토성(土城)이 있다. 이 토성은 효양산 능선을 경계로 하여 남쪽으로 은선사와 서신일 묘와 산촌리 쪽 약 5만여 평을 둥그렇게 에워싸고 있다. 이 성은 6세기 중엽 신라군에 의해 흙으로 쌓은 성이라 일반인이 육안으로 쉽게 구별하기 어렵다. 하지만 토성 내 군데군데에서 대거 출토된 다양한 토기와 신라시대 토기 파편, 기와조각 등으로 인해 효양산에는 선사시대부터 사람이 살기 시작했다고 추정한다. 이곳에 대규모의 신라 병력이 주둔했고 삼국시대를 거쳐 통일신라시대까지 성으로서의 역할을 감당했다고 본다.

효양산전설문화축제와 장위공서희문화제

효양산에는 전설이 얼마나 많은지 '효양산전설문화축제'가 열릴 정도였다. 2005년 효양산 일원(현 서희테마파크 일원)에서 처음 개최된 이 축제는 남다른 점이 있었다. 부발읍 지역주민들의 자체적인 노력과 기획에 의해 개최된 것과 프로그램 중 '효양산 전설지 탐방'이라는 코너였다. 축제에 참여한 사람들은 효양산의 전설과 유적지 7곳, 예컨대 물명당, 금송아지상, 은선사, 서신일(817~902)묘, 금광굴, 약사암, 효산사 등을 직접 탐방하고 보물찾기를 하면서 그곳에 얽힌 전설과 역사를 배우고 즐겼다. 이 축제는 매해 계속되다가 2013년 서희테마파크 공사로 인해 중단의 위기를 맞았다. 그런데도 축제는 이어졌다. 효양산 인근에 있는 군부대의 협조로 축제를 군부대에서 진행한 것이다. 2016년 서희테마파크가 개관하자 그해 10월 '이천서희문화제'로 이름을 바꿔 열렸다. 2017년부터 서희의 호를 붙여 '장위공서희문화제'로 열리다가 2023 장위공서희외교문화제로 축제가 열리고 있다.

효양산에는 금송아지가 있다

효양산 등산로는 여러 곳이다. 그 가운데 서희테마파크에서 출발하여 산을 오른다. 서희테마파크는 효양산 중턱에 있고 산 정상에서 가까운 거리에 있다. 서희 추모관 뒤편에 있는 나무데크 계단을 따라 산으로 올라간다. 하얀색 산꽃이 갈색 나무데크에 수를 놓았다. 밤사이 내린 비로 꽃송이가 떨어진 모양이다. 꽃송이를 밟지 않게 조심하며 계단을 오른다. 효양산은 산새가 험악하지 않고 등산로는 비교적 잘 정비돼 있다. 계단이 끝나는 지점에서 오른쪽으로 좀 더 올라가면 물명당 약수터를 만난다. 이곳에는 기인한 전설이 있다. 그곳에서 숲길을 조금만 오르면 효양산 정상이다. 이곳은 다른 산 정상에 비해 평평하고 넓다. 다양한 운동시설과 정자(효양정)가 있다. 황금색으로 덧입힌 금송아지상도 눈에 띈다. 이 금송아지에 담긴 전설은 흥미롭다. 오랜 세월에 걸쳐 구전된 이야기라 다소 차이는 있다. 그 가운데 한 편을 요약하면 이러하다. 신라시대 왕은 효양산에서 캔 금으로 금송아지를 만들고 나라의 부국강병을 위한 제사를 지냈다. 제사를 지낸 후 금송아지를 효양산에 묻었다. 신라가 융성하여 천하통일을 기원하기 위해서였다. 이 소식은 중국까지 전해지고 중국 왕은 사신을 시켜 몰래 이 금송아지를 가져오도록 명한다. 그 사신은 수개월에 걸쳐 마침내 마장면 작촌리에 도착하고 한 노인을 만나 효양산 가는 길을 묻는다. 이때 노인은 이렇게 말한다. "이 길로 쭉 가면 오천(五天)역이 나온다. 오천역을 지나면 억만(億

물명당 약수 효양산에는 물명당약수 등 다양한 이야기가 숨어있다.

효양산 금송아지상 신라시대 나라의 부국강병을 위해 만들었다는 금송아지상. 이 상은 재현 작품이다. 효양산에는 금광굴이 있었다고 전한다.

萬)리, 그 다음은 이천(二天)읍, 억억다리가 나온다. 그곳을 지나고 구만(九萬)리뜰을 지나면 길 건너에 효양산이 있다." 그러자 중국 사신은 그 길로 중국으로 돌아갔다. 효양산까지 갔다가 다시 중국으로 돌아갈 생각을 하니 거리가 너무 멀어서 하늘이 무너질 것 같았기 때문이다. 마장면에서 부발읍까지는 그다지 먼 거리는 아니다. 한데 노인은 중국 사신한테 일부러 이천 지명을 말하여 효양산이 멀게 느끼도록 했다고 전한다. 효양산 금송아지를 지키기 위해서였다. 재미있는 사실은 이 전설이 전설로만 그치지 않는다는 것이다. 이 산 인근 마을 사람들 말에 의하면 이 산에는 실제 금을 캐던 '금광굴'이 두 곳 이상 있었고 한때 전국에서 명당과 금맥을 찾아 이 산으로 온 사람이 많았다고 한다. 현재 금광굴은 서신일 묘역에서 110여 m 떨어진 곳에 1개가 있다. 이 굴의 길이는 상당히 길고 일제강점기 때까지 금을 채굴한 것으로 추정하는데 지금은 사람이 들어가기 어렵다.

최첨단 반도체산업과 농·축산업이 공존하는 부발읍

전설이 많다고 하니 효양산이 위치한 부발읍을 문명의 혜택이 덜 들어간 마을로 상상할 수도 있겠다. 하지만 부발읍은 최첨단 반도체 회사인 SK하이닉스반도체와 농·축산업이 공존하는 도농복합지역이다. 부발읍에 있는 SK하이닉스반도체 (구 현대전자)본사에서 이천의 특산물이자 세계적인 반도체를 만든다. 부발읍에는 OB맥주 이천공장, 하이트진로 이천공장, 한국야쿠르트(팔도라면 이천공장)등 대기업과 크고 작은 사업체 123개 이상이 곳곳에 자리하고 있다. 부발읍은 이천시에서 산업인구가 가장 많은 지역이기도 하다. 이천톨게이트와 국도, 2016년에 개통된 경강선 부발역 등으로 인해 서울과 수도권, 강원도 등의 접근이 더욱 편리해졌다. 대단위 농지와 과수원, 축산농가가 많아 먹거리가 풍부하고 청암관광농원, 자전거를 타고 캠핑할 수 있는 복하천수변공원, 부발읍종합운동장 등 보고 즐기고 체험할 곳도 풍성하다. 2016년에 개교한 다원학교(유·초·중·고등학교·전공과 교육과정 운영. 공립 특수학교)도 있다. 복하천갈대멋짐질, 죽당천둘레길도 아름답다.

복하천과 이섭대천

효양산 효양정에 올라 복하천과 구만리뜰을 내려다본다. 산바람은 시원하고 들녘은 평화롭다. 효양산 아래에 있는 복하천은 이천 지명 유래와 깊은 연관이 있다.

고려 태조 왕건은 신라를 정합한 이듬해인 936년, 후백제와 마지막 결전을 치르기 위해 군사를 이끌고 내려오다가 이천에 있는 복하천(福河川)을 건너야 했다. 복하천은 당시 배가 다닐 정도로 그 폭이 넓고 깊었다. 그즈음 장마와 홍수로 인해 강물이 범람하고 물살이 거세어 건널 수 없게 되었다. 이때 효양산 아래에 살던 서목(徐穆, 서신일의 조카이자 서희의 사촌)을 비롯한 이천 사람들의 도움으로 왕건은 무사히 복하천을 건너고 남진하여 후삼국을 통일한다. 왕건은 이에 대한 보답으로 이 고을에 '이섭대천(利涉大川, 큰 강물을 건너게 해준 이로운 땅)'이라는 지명을 내린다. 삼국시대까지 남천으로 불리던 이천은 고려 건국 이후 이섭대천으로 불린다. 이후 이(利)자와 천(川)자가 합해져 이천(利川)이 된다. 이천의 예술가들은 2004년부터 이 지명을 붙여 '이섭대천 종합예술제(이천 지역예술인들의 축제 한마당)'를 열고 있다.

이천시 향토문화유적 재17호 서신일 묘역

효양정 아래 홍송(紅松) 군락이 시선을 사로잡는다. 바람의 방향에 따라 이리저리 휘어진 소나무는 그 자체로 한 편의 예술작품이다. 소나무와 참나무와 바람과 산새들의 합주를 들으며 산촌리 방향으로 내려간다. 이천 서씨(徐氏)의 시조인 서신일(徐神逸) 묘역을 찾아간다. 이 묘역은 이천시 향토문화유적 재17호(2008년 지정)이다. 묘역을 찾아가다가 산행인에게 서신일 묘역을 아느냐고 묻는다. 그러자 뜻밖의 질문이 돌아온다. 기도하러 가요? 남의 집 산소에 기도라니. 사연을 들어보니 천년도 넘은 묘가 단정하게 다듬어지면서 산촌 사람들에게는 또 다른 전설이 생겼단다. 이 묘역에 다녀간 사람은 많은 사람을 널리 이롭게 해주는 일을 한다는 전설이다. 정말 전설이 샘솟는 산이다. 서신일 묘역은 효양산이 둥그렇게 감싸고 있다. 홍살문 양옆으로 연못이 있고 대지는 평온하고 탁 트였다. 그러면서도 위엄이 있다. 이 묘역의 주인공에 얽힌 '은혜 갚은 사슴 이야기'는『역옹패설』(고려 말기 이제현이 지음)에도 나온다. 신라 효공왕 때 아간대부였던 서신일(徐神逸)은 세상이 어수선하자 벼슬을 버리고 효양산으로 들어와 후학을 양성하며 살았다. 하루는 들에서, 몸에 화살을 맞고 사냥꾼에게 쫓기고 있는 사슴을 숨겨주고 사냥꾼을 다른 곳으로 보냈다. 그날 밤 꿈속에 신인이 나타나 서씨에게 "낮에 만난 사슴은 나의 아들이다. 그대 덕에 목숨을 건졌다. 은덕에 대한 보답으로 장차 나라의 큰 인물이 될 아이를 얻게 해주겠다."라고 약속한다. 그때까지 후손이 없던 서씨는 팔십대에 아들을 얻는다. 그 아들이 고려 재상 서필(徐弼)이고 손자는 서희(徐熙)이다. 이야기는 여기서 그치지 않는다. 서씨가 세상을 떠난 날이었다. 사슴이 다시 나타나 상주의 옷자락을 물고는 어딘

서신일 묘 효양산에 위치한 이 묘는 이천시 향토문화유적 재17호이다. 서신일의 손자는 서희이다.

가로 데리고 갔다. 상주는 사슴이 이끈 터에 서씨를 안장했고 그의 후손들은 나라의 큰일을 하며 대대손손 이름을 떨치고 있다고 한다. 또 『계고록(稽古錄)』에 의하면 이천 서씨는 7개(이천, 달성, 장성, 남평, 부여, 연산, 평당) 분파가 있는데 모두 서신일을 시조로 한다고 전한다.

묘역을 거닐며 생각한다. 세월은 흐르고 세상은 빠르게 변하고 있다. AI(인공지능)시대, 스마트폰과 컴퓨터, 텔레비전에는 전설보다 재미있는 것이 너무나 많다. 방안에서 세계와 교류가 가능하다. 정보의 홍수시대이다. 사람들 생활방식도 달라졌다. 그런데도 효양산의 특별한 가치는 이야기에 있다. 부모를 공경하며 지역과 국가를 지키려는 선조들의 지혜, 그리고 겸손하고 따뜻한 인간애가 담긴 전설을 보물처럼 여기고 그것을 지역문화로 승화시키는 이천 사람들의 노력이 녹아있다는 것이다. 지역문화는 과거와 현대가 공존할 때 생명력을 발한다. 현재는 과거가 쌓아온 선물이다. 효양산에는 아직도 보물이 그득하다. 금송아지와 금베틀이 묻혀있다는 전설, 재물을 사용해도 계속 나오는 단지인 화수분 이야기 등. 그 보물과 이야기를 찾는 것은 여행자의 몫이다.

16

부발읍 2
서희테마파크

서희 선생을 아는가

서희 선생을 아는가. 이천 사람을 지인으로 둔 사람이라면 한 번쯤 '서희, 21세기 협상의 달인이자 탁월한 외교가'를 들어봤을 것이다. 협상은 2명 혹은 그 이상의 사람이 대화를 통해 상호에게 유익하고 만족할 만한 수준의 합의에 이르는 과정을 이른다. 이천에서는 '서희(徐熙, 942~998)'라는 이름을 넣어 만든 문화콘텐츠가 상당히 많기 때문이다. 서희테마파크, 장위공서희문화제, 서희청소년문화센터, 서희리더십아카데미, 서희로 등. 2009년 KBS에서 방영한 대하드라마 〈천추태후〉에서 서희와 소항덕이 담판한 장면을 떠올리는 사람도 있겠다.

20여 년 전 네티즌 사이에서 국무총리 고려 재상 을파소, 내무부 장관 김구, 외무부 장관 서희, 국방부 장관 이순신. 이렇게 역사 속 위인으로 새로운 내각을 구성하자는 예화도 있다. 당시 우리 교민들이 중동에서 납치됐는데 우리나라 측에서 협상을 시도했지만, 결국 교민이 피살된 것에 대한 안타까운 마음을 에둘러 표현한 것이다. 한데 서희의 이름은 아직 낯설다. 오히려 '고려시대 거란의 소항덕과 외교 담판, 강동 6주 획득'이라고 하면 서희를 쉽게 떠올릴 수 있다. 그러면 서희는 어떤 인물이었을까. 외교 담판으로 강동 6주를 획득한 것이 어떤 의미가 있길래 이천 사람들은 천 년 전, 인물로 테마파크까지 만들었을까. 이인수 이천학연구소 소장과 이 서희테마파크를 찾았다. 이 소장은 공원을 둘러보기 전에 서희에 대한 사전 지식이 있으면 한층 더 풍요로운 여행을 할 수 있을 거라고 조언한다.

탁월한 외교관이자 전략가, 서희

『고려사(高麗史)』(김종서·정인지 등이 세종의 교지를 받아 만든 고려시대의 역사서)에 따르면 서희는 고려 광종과 성종 대의 문신이다. 본관은 이천(利川)이며 어릴 적 이름은 염윤(徐廉允)이다. 할아버지 서신일(徐神逸, 817~902)은 신라시대 아간대부(阿干

서희테마파크 이 공원은 부발읍 효양산 자락에 위치해 있다. 전쟁의 위기 앞에서 협상으로 거란군을 물러가게 하고 원래 우리 땅이었던 강동 8성을 찾아온 서희의 일대기를 알 수 있다.

大夫, 부총리)를 지냈고 이천 서씨(徐氏)의 시조이다. 아버지 서필(徐弼, 901~965)은 고려 광종 대 내의령(內議令, 국무총리)을 지냈다. 서희는 18세에 과거(문과文科, 갑과)에 급제하면서 관직생활을 시작했다. 고등학생 때 국가직 행정공무원에 수석 합격하고 중앙부처에서 근무한 것이다. 서희는 31세에 송나라에 외교사절로 파견되어 10여 년간 단절된 고려와 송나라의 국교를 회복시켰다. 뛰어난 중국어 실력과 외교능력에 두각을 나타낸 서희는 송나라에서 동북아시아 정세를 두루 살폈다. 이후 고려로 돌아와 관직에서 승승장구한다. 그의 나이

52세 때 중군사(중군中軍의 사령관)로 임명돼 북쪽 국경을 지킨다. 그 해 993년, 거란의 장수 소항덕(蕭恒德)이 평안북도 봉산성에 침입하고 고려군은 이 전투에서 참패한다. 소손녕은 소항덕의 자(字)이다. 자는 당시 거란의 상류층에서 결혼한 사람을 본래 이름보다 높여 부르는 것을 의미한다. 우리나라에서 고려를 침공한 적장을 높여 부를 이유가 없다는 게 학계의 여론이다. 해서 소손녕보다는 소항덕으로 부르는 게 옳다.

고려군의 참패 소식을 들은 서희는 봉산성으로 출정하고 그즈음 고려는 소항덕으로부터 뜬금없는 공문을 받는다. '아군 80만이 도착했다. 고려는 항복하라'는 서신이다. 이에 고려 조정은 화친론과 할지론으로 논쟁하고 성종은 서경 이북 땅을 내어주고 화친하자는 할지론에 기운다. 고려 건국 이후 처음 겪는 국제 전쟁이라 성종은 잔뜩 겁을 먹었다. 서희는 공문의 문장을 꼼꼼히 읽고, 거란이 80만이라는 허무맹랑한 군사 수를 앞세운 것은 고려와 전쟁이 아닌 다른 목적이 있다고 판단한다. 거란의 실제 군사 수는 넉넉잡아 10만 미만일 터. 서희는 "적의 상황을 예의주시하면서 움직이면 승리한다"라고 하며 할지론을 반대한다. 민관어사 이지백도 이 의견에 동조한다. 성종은 고뇌 끝에 서희의 주장을 받아들인다. 때마침 안융진에서 고려군이 거란군을 막아낸다. 이때 소항덕은 고려에 사람을 보내 항복을 재차 독촉한다. 고려에게 항복을 받아내고 송나라까지 진군할 심산이었다. 고려를 약소국이라며 만만하게 본 것이다.

서희 선생, 협상으로 전쟁을 막다

고려는 거란의 교섭에 응한다. 하지만 첫 번째 교섭은 결렬되고 서희는 두 번째 교섭의 사신으로 자원한다. 서희가 거란 진영으로 들어가자 소항덕은 서희에게 임금한테 하듯 예를 갖춰 절을 하라며 허세를 부린다. 당시 거란은 동아시아의 강대국이고 소항덕은 동경유수이지만, 서로 신하 입장이다. 서희는 동등한 예식절차 아래 협상하자고 제안한다. 이에 소항덕은 고집을 굽히지 않고 서희 역시 숙소로 돌아와 아예 협상장소에 가지 않는다. 협상은 처음 기 싸움이 중요하다. 소항덕의 마음을 불편하게 하면 전쟁을 일으킬 수도 있다. 역으로 만약 서희가 소항덕에게 무릎을 꿇고 절을 했더라면 고려와 현재 대한민국은 어떻게 됐을까. 상상만 해도 아찔하다. 서희는 긴박한 상황에서 서두르지 않는다. 여유롭고 강경하다. 지략이 뛰어난 데다 거란의 약점을 명확하게 꿰뚫고 때를 분별했기 때문이다. 소항덕은 결국 서희의 요구를 받아들인다. 협상이 시작되자 소항덕은 고구려의 옛땅, 그러니까 청천강 북쪽 땅을 거란 땅이라고 우기고 서희는 고려는 고구려를 계승한 나라로 압록강 안팎은 응당 고려 땅이라고 반박한다. 이러한 대화와 협상과 설득의 과정에서 서희는 거란의 속내를 파악하고 이런 제안을 한다. "거란은 압록강 서쪽을 맡고, 고려는 압록강 동쪽 280리를 맡아 여진을 몰아낸 후 양국이 동맹을 맺자"라는 제안이다. 당시 여진족은 고구려 멸망 이후 청천강 북쪽에 터를 잡고 고려와 거란의 변방을 오가며 약탈을 일삼고 있었다. 서희의 말에 소항덕은 만족스러운 제안이라고 받아들인다. 거란의 최종 목적은 송나라와 고려 정벌인데 여진족은 고려로 가는 길을 방해하고 고려는 송나라와 친하게 지내며 힘을 키우고 있다. 한데 고려가 함께 여진족을 소탕하고 거기에 송과 친선을 끊고 거란과 국교를 맺는다고 하니 소항덕으로서는 큰 성과라 할 수 있다. 소항덕은 거란 성종에게 서희와 담판 내용을 보고한 후 거란군을 철수시킨다. 이때 거란은, 압록강 동쪽 280리까지 고려의 영유권이라고 인정한다. 이것은 영토 문제를 문서로 작성한 우리나라 최초의 국제 협약이다. 협상을 끝낸 서희는 소항덕의 권유로 거란에서 7일간 머물고 거란의 정세를 살핀다. 소항덕에게서 낙타 10두, 말 100필, 양 1,000마리 그리고 비단 500필을 선물로 받아 고려로 돌아온다. 이로써 거란의 1차 침입은 끝이 난다. 서희는 대화와 협상으로 적장을 설득시키고 무고한 백성들을 죽고 죽이는 전쟁을 막아낸다. 적국에서 예물까지 받아왔다. 이는 광개토대왕 이후 유래에 없는 사건이다. 이후 서희는 3년여에 걸쳐 군사를 통솔하여 여진을 몰아내는 등 청천강 이북 280리 땅을 확보한다. 외침에 대비하여 압록강 동쪽에 8개의 성을 쌓고 국방력을 강화한다. 참고로, 서희가 청천강 북쪽 280리 땅에 여진족을 몰아내고 쌓은 성은 강동 6주라고 알려졌으나 「서희서거 1000주년 추모학술대회」에서 두 개가 더 많은 8성 (장흥·귀화·곽주·귀주·안의·흥화·선주·맹주)이라고 밝혀졌다. 여요 (고려–거란)전쟁은 30여 년동안 이어진다. 이때 강동8성은 강감찬 장군이 귀주대첩에서 승리할 때나, 외침으로 인한 국난에서 군사적 요충지 역할을 해낸다.

인생 철학을 실천한 서희

서희는 생애 마지막까지 청렴하고 강직한 인생철학을 실천에 옮긴다. 그의 나이 55세 때였다. 하루는 공빈령이라는 낮은 관직 정우현이 성종에게 상소문을 올린다. 성종이 펼친 정책의 일곱 가지를 비판한 내용이다. 인재 등용 및 양성에 앞장선 성종이지만 상소문에 분노한다. 어전회의 시간에 정우현에게 벌을 내리자며 신하들에게 동의도 구한다. 이때 모든 신하가 지당하다고 맞장구를 치는데 서희는 정우현을 두둔한다. '간언에 직책의 높낮이가 없고 재상인 본인이 직무를 다하지 못한 죄가 크고 그의 견해는 타당하다'는 것이다. 합리적인 말이고 신뢰를 쌓은 관계라 할지라도 임금의 심기를 잘 못 건드리면 좌천 혹은 죽임을 면치 못할 터. 예상을 깨고 성종은 정우현을 감찰어사(監察御使)로, 서희를 태보내사령(太保內史令, 국무총리)으로 승진시킨다. 서희는 북진 개척에 힘쓰다가 998년, 57세로 별세한다. 장례는 여주시 산북면에서 국장으로 치러진다. 1027년(현종18년) 서희는 그를 총애한 성종 묘정에 배향된다.

고려시대와 현대가 공존하는 서희테마파크

서희테마파크는 이천시가 이러한 서희 선생을 기리고 그의 애국심과 자주적이고 실리적인 외교능력을 선양하고 재조명하기 위해 부발읍 효양산 자락 14만2000여m² 부지에 조성한 복합문화공간이다. 2011년부터 서희 선생을 주제로 하여 서희역사산책로와 축제마당(잔디광장), 서희역사관, 추모관, 누각 등을 조성하여 2016년에 개관했다. 공원 입구에 있는 카페 뤼에서 커피를 테이크아웃하여 서희역사산책로부터 천천히 걷는다. 이천의 대부분의 공원이 그러하듯 이 공원 역시 산자락에 있다. 오르막길을 걷는다. 산책하듯 걸으며 공원 군데군데에 설치된 조형물과 이야기를 읽다 보면 자연 속에서 한 편의 독립영화나 역사동화책을 읽는 듯한 느낌을 받는다. 서희의 할아버지인 서신일이 이천 효양산을 찾아온 이야기, 서희의 성장 과정, 소항덕과의 담판, 서희의 별세 등 서희의 일대기와 이천 지역명의 유래 등이 30여 개의 조각품에 스토리텔링으로 구성돼 있기 때문이다. 서희역사관에는 전시관, 체험관, 영상관 등으로 구성돼 있다. 전시관에서는 우리나라의 시대별 외교사, 세계 여러 나라의 주요 외교관 및 외교적 사건 등이 눈길을 끈다. 서희 추모관에서는 서희의 영정을 볼 수 있다. 이 영정은 동강 권오창 선생이 2013년부터 약 2년에 걸쳐 완성했다. 서희의 후손인 이천 서씨 종중 200명의 두상 및 얼굴 사진을 토대로 인물과 골격의 특징을 잡고 복식은 고증을 거쳤다. 이 영정은 국가표준 영정 제95호이다. 추모관 앞에 있는 누각, 사방이 탁 트인 이 누각에서 세계 여러 젊은이들이 모여 서희 관련 학술발표회를 하고 담론하는 시간을 가지면 좋겠다. 이 공간에 서희 선생을 초빙하여 '서희의 철학과 협상과 리더십'에 관한 특강도 듣고 싶어진다. 강자 앞에서도 비굴하지 않으며 시의적절한 말로 설득할 줄 아는 용기와 지혜, 상대방의 의중을 치밀하게 파악하면서도 때를 분별하고 상호이

익을 충족시키는 대화와 협상능력, 동북아 정세를 명확하게 꿰뚫은 통찰력, 국가의 장기적인 미래를 내다보고 준비하는 실천력 등은 어느 한순간에 이루어지진 않을 터, 그 원동력이 궁금하다. 누각에 서서 구만리뜰과 복하천을 내려다본다. 서희가 가진 덕목이 비단 고려시대에만 필요하겠는가. 외교관과 공직자, 정치인, 평범한 시민 등 누구나 일상에서 부딪히는 다양한 갈등과 선택의 순간에 협상과 대화 능력은 필요하다. 이 공원에서는 매년 서희문화제, 가족 행사 등 다양한 문화 행사가 열린다. 야외결혼식도 가능하다.

서희테마파크 효양산 자락에 위치한 서희테마파크에서는 야외결혼식이 가능. 장위공서희문화축제도 열린다.

서희 선생과 이천 사람들

1000년 전 서희가 2024년 우리 삶에서 살아 있는 것은 이천 사람들의 끈질긴 노력도 있었다. 선생을 처음 재조명한 사람은 농학자이자 교육자인 류달영(柳達永, 1911~2004)박사다. 류 박사는 이천 출신으로 1960년대 재건국민운동중앙회를 창설하고 평생 농촌운동에 헌신했다. 성천문화재단 이사장 등을 역임한 류 박사는 지역 문화를 살리고 활성화하기 위한 가장 좋은 방법은 지역의 문화와 인물을 발굴하고 그것을 청소년 교육에 활용하고 널리 알려서 시민들 가슴에 지역에 대한 자부심을 일깨워 주는 것이라고 강조했다. 그리고 그는 1960년 재건국민운동 본부장 시절, 이천 출신 유인상과 그 외 뜻맞는 사람들과 함께 서희선생기념사업회를 조직한다. 너나 할 것 없이 가난했던 1965년, 마침내 현 중리동행정복지센터(구 시청)건물 앞 로터리에 서희 동상을 건립한다. 이 동상은 이천시에 최초로 건립된 인물기념상이다. 이 로터리는 서희의 호인 복천로로 사용됐고 2009년에 서희로로 변경됐다. 서희선양사업은 한동안 멈추다가 1984년 이천문화원에서 청소년을 위한『국난 극복의 슬기, 서희』라는 제목의 소책자를 발간한다. 이후 1999년 '서희 서거 1000주기 추모 학술대회'가 세종문화회관 대회의장에서 열린다. 이 행사를 주최한 이천문화원은 당시 대외적인 학술대회를 열 수 있는 예산이 없었지만, 사단법인 고구려연구회와 이천서씨대종회, 아모레퍼시픽 등 많은 분이 협조해줘서 뜻깊은 행사가 됐다고 전한다. 이때 이전까지 없던 서희 관련 논문 9편이 발표된다. 고 김대중 대통령도 축하 서신을 통해 서희를 '겨레의 위대한 스승 서희 선생'이라고 칭송한다. 이후 2004년 국제조각심포지엄 사업비와 지역단체, 지역예술인 등의 자발적인 움직임에 의해 이천설봉공원 충효동산에 서희의 기념상이 설치된다. 같은 해 『겨레의 위대한 스승, 서희』(이인수 저)와 이어 서희 관련 다양한 책이 출간된다. 2004년 이천시가 평생학습도시로 선정되면서 평생 학습을 통한 서희선양사업이 추진되고 2007년 '이천시 복천 서희선생 선양사업에 관한 조례'가 제정 공포되면서 그해 서희선생선양사업추진위원회가 정식 발족 된다. 2008년 이천시 주최로 '서희 선생 서거 1010주년 추모학술대회'가 다양한 행사와 함께 열리고 그해 '서희 선양을 위한 중장기 프로젝트'도 발표된다. 이때 중장기 프로젝트의 세부 계획 가운데 하나가 '서희테마파크 건립'이다. 이천 사람들은 외교통상부도 계속 두드렸다. 그리고 마침내 서희는 외교통상부에서 '2009년 우리 외교를 빛낸 인물 1호'로 선정된다. 같은 해 외교안보원에 서희 흉상이 건립되고 이천시 주최로 외교안보원에서 '서희와 21세기 협상의 리더십'이라는 주제로 전국대학(원)생 학술공모 우수작 발표대회가 개최된다. 이천시에서 추진해온 서희선양사업이 국가적인 사업으로 발전하는 계기로 이어진 것이다. 서희테마파크는 이러한 이천시민들의 노력을 집대성한 것이다. 그렇게 뚜벅뚜벅 걸어와 2011년 서희테마파크는 첫 삽을 뜬다. 이천 사람들은 서희에 관한 더 많은 자료를 발굴하기 위해 중국 담강사범대학의 문을 두드린다. 2012년 2월 '서희 선양 한·중 국제학술회의 중국에서 바라본 제1차 여요전쟁(992~993)과 서희'가 이천시 주최로 이천시아트홀에서 열린다. 이때 강동 8성이 중국 땅이라는 학설

서희테마파크 내에 있는 누각 효양산 자락에 위치한 서희테마파크의 누각에 서면 복하천이 내려다 보인다. 이곳에서 서희와 관련된 다양한 행사가 이루어지기를 바란다.

이 발표된다. 993년의 일이 재현된 듯 황당하다. 서희 선생이 2021년 동북아 정세, 특히 한·중관계를 보시면 뭐라고 말씀하실까. 서희에 대한 전문학술연구가 2012년 이후 주춤세였다. 다행인 것은 '21세기 동아시아가 10세기 서희에게 길을 묻다' 학술회의가 다시 이어지고 있다는 것이다. 천년 전 서희의 사례를 통해 현재 외교 문제를 풀 수 있는 실마리를 찾기 위한 노력이다. 또한 이천시 서희학을 만들자는 제안도 대두되고 있다. 서희를 외교에 국한하지 말고 좀 더 통합적으로 연구하여 이천의 대표적 문화콘텐츠로 만들어가고 서희에 관한 아카이브를 구축하자는 것이다. 이제 국가와 국민이 서희에 대한 전문적이고 지속적인 연구에 힘을 쏟아야 할 때다. 서희를 더 깊이 연구하고 싶은 숙제와 여행의 즐거움이 교차한다.

17

마장면 1
시골책방 오월의 푸른하늘

사람은 책을 사랑하고 책은 사람을 자라게 한다. 책은 수많은
사람이 가꾸는 언어의 정원이다. 언어의 씨앗을 심고 가꾸고
자라게 하여 꽃이 피고 열매를 맺게 하는 사색의 들판이다. 언
어의 지층이 켜켜이 쌓인 책은 그 가치를 알아봐 준 사람을 만
나면 깊어진다. 활짝 피어난다. 오래된 집 또한 그러하다. 고
단한 삶을 살아온 이들을 따듯하게 품는다. 그렇게 그들은 서
로를 자라게 하고 고마운 친구가 된다. 마장면 덕평리에 위치
한 '오월의 푸른하늘(이하 오늘)' 책방 이야기이다. '오늘'은 시
골책방이라는 부제를 달고 있다. 오프라인 서점이 사라져가
고 있는 요즘, 시골에서 책방이라니. 이 책방 책방지기는 일

본 유학을 다녀온 젊고 멋진 30대 청년이다.

한적한 시골마을에 세련된 시골책방

'오늘'의 책방지기 최린 님과의 첫 인연은 2018년에 시작됐다. 당시 스물여섯 살인 그가 책방을 열고 2개월쯤 지난 어느 유월이었다. 호기심을 안고 찾아간 책방은 평소 익숙한 서점과는 사뭇 다른 분위기였다. 책방 외관은 단번에 눈길을 끌었다. 단아한 한옥에 들꽃으로 빙 두른 마당은 시골 농가에서 사용했음직한 소쿠리와 항아리, 가재도구, 아이들 장난감, 도자

오월의 푸른하늘 마장면 덕평리에 위치한 시골책방 오월의 푸른하늘은 외양간과 한옥 내부를 리모델링하여 시골 책방으로 문을 열었다.

기와 공예품 등 낡은 듯 소소한 세간은 세련돼 보였다. 소품은 어느 것 하나 홀로 도드라지지 않았다. 집과 조화를 이뤘다. 아, 이래서 시골책방이라고 했나 싶었다. 웬걸, 책방 문을 열자 마법의 성이나 만화영화 속으로 들어간 듯 했다. 천정에 서까래와 제비집 등은 정겨웠다. 아담한 공간의 은은한 조명아래 겉표지를 한눈에 볼 수 있도록 배치한 그림책 또한 예사롭지 않게 다가왔다. 책장과 작은 탁자와 고풍스러운 의자, 커피를 내리는 작은 탕비실, 침대와 소파 등 공간 곳곳이 편안하고 알뜰하게 꾸며져 있다. 책방에 있는 책은 주로 최린 님이 읽고 정성껏 고른 책이라는 것도 신선했다. 작가의 철학이 담긴 그림책, 건축, 시골생활, 고전 등 주로 인문학 서적이었다. 2020년 2월 JTBC에 방영한 드라마 〈날씨가 좋으면 찾아오겠어요〉에 나오는 '굿나잇 책방' 세트장이 바로 이곳 책방과 닮았다. 많은 젊은이가 화려한 도시로 올라가는 것에 반해 이십 대 청년이 한적한 시골에 책방을 열다니, 그 이유를 들어봤다.

외할아버지, 그리운 외할아버지!

서울에서 태어난 최린은 어렸을 때 가족과 함께 이천에 있는 외할아버지 댁에 자주 놀러왔다. 아파트에 살던 그는 마당에서 마음껏 뛰어다닐 수 있는 외할아버지 집이 좋았다. 외할아버지가 읽어주신 책도 재미있었다. 그래서 외할아버지댁에 한 번 오면 서울에 가기 싫어했다. 외할아버지댁이 현재 책방이 있는 한옥이다. 이 책방의 역사는 좀 더 시간을 거슬러 올라가야 한다. 최린 님이 어린 시절 그러니까 1990년대 중반이었다. 당시 무역업에 종사하던 외할아버지는 일이 끝나고 집에 돌아오면 짬짬이 동네 아이들에게 공부를 가르쳤다. 특히 영어는 필수적으로 공부해야 한다고 강조했다. 시골 아이들에게 영어를 쉽고 재미있게 가르칠 수 있는 방법에 대한 고민을 많이 했다. 수업이 끝나면 외할머니는 옥수수와 감자 등을 삶아와 아이들과 같이 나눠 먹었다. 아이들과 달고나도 만들어 먹었다.

응답하라! 이천시 마장면

최린 님은 초등학생 때부터 중학생 초반까지 마장면에서 살았다. 그는 동네 아이들과 동네 곳곳을 벗 삼아 신나게 놀던 추억을 회상했다. 학교가 파하면 아이들과 집의 대문을 축구 골대 삼아 마을을 누비며 공을 찼다. 숨바꼭질을 시작하면 동네 집집이 숨을 곳이었다. 해질 무렵 가마솥에서 밥 냄새가 풍기고 집집마다 연기가 피어올라 저녁 먹을 때가 되면 아이들은 뿔뿔이 흩어져 제집으로 돌아갔다. 마치 tvN에서 2015년에 방영한 드라마 〈응답하라 1988〉이나 만화 〈검정고무신〉에 나오는 한 장면처럼 당시 마장면은 시골마을이었다. 그만큼 마장면은 이천시에서 교육 등 여러 면에서 혜택이 더디고 낙후된 지역이었다. 지금은 쿠팡 등 크고 작은 여러 물류센터가 들어와 있고 택지개발지역으로 학교와 아파트 등 다양한 시설이 들어섰지만, 그 자리는 원래 산과 논과 밭이었다. 이천시 마장면 문화유적 민속조사보고서(1998년)에 따르면 1990년대까지 마장면은 임야가 전체 면적의 절반 이상이었다는 사실을 알 수 있다. 복하천과 그 지류인 관리천, 오천, 해월천, 표교천 등이 흘러서 지역 주민의 대다수는 농사를 지었다. 마장면은 동쪽은 이천 호법면, 서쪽은 용인시 양지면과 광주시 도척면, 남쪽은 용인시 삼면과 백암면, 북쪽은 이천 신둔면에 인접해 있다. 또 덕평IC, 서이천IC 등 영동고속도로와 중부고속도로가 관통하고 있다. 42번 국도, 325번 지방도도 지나고 있어 서울과 전국 어디든 접근이 용이하다. 그런데도 이천시의 서북부에 위치해 편의시설이 밀집돼 있는 이천시내로 가는 교통편이 불편했다. 마장면 아이들은 이천 시내로 가려면 버스를 두 번 갈아타야 하는 번거로움을 감수해야 했다. 마장면은 1990년대 중반부터 외지인들이 들어와 전원주택을 지으면서 인구가 점진적으로 늘어나고 있다. 2010년대에 들어와 마장면은 빠르게 변해갔다. 서울 송파구에 있던 육군특수전사령부가 2011년부터 마장면 관리·회억리 등의 일대로 부대 이전을 시작하여 2016년 8월 이전을 완료했다. 마장면사무소가 있는 오천리 일대에 마장택지지구(약 69만㎡ 면적)가 조성되면서 2017년부터 2019년까지 아파트가 순차적으로 분양과 입주를 했다. 2018년에는 마장작은도서관이 개관하여 지역민들에게 책문화공간을 제공하고 있다. 2019년에는 100년 전통과 역사가 있는 마장초등학교가 택지개발지구로 이전·개교를 했다. 롯데프리미엄아울렛도 가까워 쇼핑과 문화생활을 하기에도 편리해졌다.

책은 상처와 외로움을 치유해준다

최린 님은 중학생 때 서울로 다시 올라갔다. 서울에서 중·고등학교를 졸업하고 대학에서 건축학을 전공했다. 그때까지 그는 공부와 의무감, 필요에 의한 독서를 했다. 책과 깊은 인연을 맺게 된 것은 일본 유학생활이었다. 그는 대학에서 공부하던 건축학을 접고 일본으로 떠났다.

"일본에서는 혼자 있는 시간이 많았어요. 외롭고 고독했죠. 그러다가 하루는 제 방에 있는 책을 보게 됐어요. 한국에

왔다가 일본으로 갈 때면 저희 어머니께서 제 가방에 책을 넣어주시곤 했는데 그 책 가운데 한 권이었습니다. 그날 책을 읽다보니 시간 가는 줄 모르겠더라고요. 그 이후 스스로 책을 읽게 됐고 책이 사람의 상처와 외로움을 치유해 줄 수 있다는 사실을 깨달았습니다. 책 속에 재밌고 다양한 세계가 있다는 사실도요."

그렇게 책은 살면서 힘들 때, 혼자 있을 때 옆에 있어 준 고마운 친구가 됐다. 그는 일본에서 유학생활을 하는 5년 동안 국제지역학을 통해 마을 살리기, 마을공동체 만들기 등 지역사회와 함께 할 수 있는 다양한 활동과 시스템을 배웠다. 일본에 있는 책방 순례도 했다. 그 길에서 그는 일본 동네 곳곳에 중고서점과 독특한 책방이 많다는 사실에 깜짝 놀랐다. 책을 통해 다양한 방법으로 사회에 봉사할 수 있다는 사실을 알게 됐다. 길에서 그림책을 판매하는 할아버지와 대화하면서 그림책은 남녀노소 가리지 않고 재미있게 읽을 수 있다는 사실에 그림책에 흥미를 갖기 시작했다. 그는 해외봉사활동 방향을 국내로, 그리고 책으로 전환했다. 그는 중·고등학교 시절부터 부모님과 함께 해비타트(Habitat)건축 봉사활동에 참여했고 그것에 이어 코이카(KOICA)와 자이카(JICA)등을 통해 해외봉사활동을 꿈꾸고 있었다.

외양간을 리모델링하여 책방으로

2017년 한국에 돌아온 그는 책방을 열 장소를 찾아 여러 지역을 탐방했다. 그러다가 외할아버지와 함께 살던 집, 그러니까 마장면 덕평리에 들렀다. 구전에 따르면 이 마을은 덕스러운 마을, 한재(旱災, 가뭄으로 인하여 생기는 재앙)가 없고 덕을 고루 받은 곳이라 하여 덕들(德野) 혹은 덕평(德坪)이라 불렀다고 한다. 이 마을에 이런 전설도 있다. 옛날 지방 선비들이 서울로 과거 시험을 보러 가다가 마장면 덕평리 주막에서 쉬어갔다. 이 주막 주인은 인심이 넉넉하고 좋았다. 이에 선비들은 감화하여 과거를 잘 봤고 이곳 이름을 덕들이라 지어줬다고 한다. 이렇게 좋은 동네에 와서 그는 충격에 휩싸였다. 그 마을에 책방이 한 군데도 없었기 때문이다. 대신 마을 사람들은 여전히 따뜻했다. 인정이 많았다.

그가 외할아버지 집에 책방을 열겠다고 하자 온 가족은 흔쾌히 동의했다. 마침 빈 외양간이 있었다. 그의 가족은 그곳을 책방으로 리모델링하기로 했다. 인테리어 디자이너인 그의 어머니는 한옥의 골조를 그대로 남겼고 아버지와 그는 건축봉사활동 경험을 되살려 힘을 모았다. 한옥을 책방으로 고치면서 가장 의미를 부여한 점은 외할아버지와 함께 한 추억이었다. 마을 아이들에게 공부에 대한 즐거운 추억을 만들어

오월의 푸른하늘 내부 마장면 덕평리에 위치한 시골책방 오월의 푸른하늘에서는 그림책도 판매하고 북스테이, 독서모임, 독립서점 출판 등 도서 관련한 프로그램도 운영한다.

준 외할아버지의 정신도 이어가기로 했다.

'오월의 푸른하늘' 책방 이름은 최린 님이 다섯 살 때 그의 어머니가 사용하던 인테리어 사무실 이름이다. 그것을 책방 이름으로 쓴 까닭은 아이들이 책방에서 그림책을 읽고 책방 뜰에서 즐겁게 뛰어놀면서 꿈을 찾아가기를 바라는 마음에서 다. 이 책방에서만큼은 오월의 푸른 하늘 처럼 기쁜 추억을 만 들어 갔으면 하는 바람도 있다.

책방 문을 열자 주민들과 인근 경기지역 사람들의 반응은 대단했다. 그의 바람대로 부모 손을 잡고 따라오던 아이들이 재밌는 그림책에 금세 반했다. 이제 이 책방에서 가족이 각자의 취향대로 책 읽는 모습은 흔한 풍경이다. 지금은 여러 지역에서 책을 좋아하는 사람들이 책방을 찾아온다. 오월의 푸른하늘 책방은 좌충우돌 속에서 변화를 추구한다. 시대의 흐름에 발맞춰, 또 책방지기의 철학에 따라서이다. 책방 이용료는만원. 책방에 있는 음료를 마실 수 있고 새 책 구매 시 전액 환불해준다. 2020년부터 책방 이용은 네이버를 통한 예약제이다. 코로나가 발발하자 사회적 거리두기와 책방을 찾는 이들에게 쾌적한 독서 시간을 제공하기 위해서 예약제를 시작했고그것을 계속 이어가고 있다. 〈레오와 소로우〉의 북스테이도가능하다. 이 책방에서는 독서모임, 오도독 문집 만들기, 홀로서기 독립책방, 선물 코너 등 다양한 프로그램을 운영한다. 최린 님의 꿈은 지역주민들과 함께 책과 관련한 다양한 복합문화를 만들어 가고 책을 통해 세상과 소통하며 사회에 공헌하는 것이다. 잠시 복잡한 일상을 떠나 시골책방에 들러 보기를 권한다. 책의 정원에서 활자가 건네는 말에 귀 기울여 봐도좋을 듯 하다.

18

마장면 2
에덴파라다이스호텔&에덴낙원

도드람산

에덴파라다이스 호텔은 이천시 마장면 도드람산(349m) 자락에 있다. 도드람산은 주 능선이 바위로 이루어져 있다. 산 정상 부근에 봉우리가 3개 있는데 이를 도드람삼봉이라 한다. 세 개의 기암괴석은 이천 9경 중 1경이다. 이 산은 돼지 저와 울 명을 합해 저명산(猪鳴山)이라고도 한다. 그러한 이유로 효자와 돼지 울음소리에 관한 전설이 있다. 이 산에 효자와 병환 중인 홀어머니가 함께 살았다. 하루는 효자가 어머니의 병환에 석이버섯이 특효가 있다고 하여 이 산에서 석이버섯을 찾던 중 절벽에 있는 석이버섯을 발견했다. 효자는 절벽에 밧줄을 매고

마장면 도드람산 3봉 이 산은 이천 9경 중 1경이다. 도드람산에는 효자를 살린 돼지에 관한 전설이 있다. 도드람은 돼지 울음소리라는 뜻이 구전되어 생긴 이름이다.

석이버섯을 뜯었다. 한참 후 어디선가 산돼지 울음소리가 들렸다. 효자가 하던 일을 멈추고 올라가 보니 밧줄은 끊어지기 바로 직전이었고 산돼지가 있었다. 돼지가 돗(돼지) 울음소리를 내어 효자를 살렸고 돗 울음소리가 구전되면서 도드람산으로 변했다고 전해진다. 이천에는 이 전설에서 이름을 따와 브랜드명을 만든 회사가 있다. 도드람 한돈(도드람포크)이다.

삶과 죽음이 공존하는 에덴낙원

호텔 정원을 천천히 거닌다. 정원을 산책하다가 어떤 풍경에 걸음을 멈춘다. 잔잔한 피아노 선율이 흐르는 정원에서 아이는 비눗방울을 좇아 뛰어다니고 젊은 부부는 그 풍경을 핸드폰에 담는다. 정원을 산책하는 노부부, 20대 연인, 중년 여인

250

등 하하 호호, 사랑스러운 웃음소리도 더해져 더없이 여유롭고 평화롭다. 정원 바로 옆에 추모공간(에덴낙원, 유수식 자연장, 봉안당, 부활교회, 추모공간 및 장례에 관한 문화공간)이 있다고 상상하기 어려울 정도이다. 호텔 1층 카페동에 있는 카페 '알렉스 더 커피'에서 커피를 테이크아웃하여 추모공간을 향해 걷는다. 메멘토 모리(Memento mori), 즉 죽음을 기억하면 삶을 어떻게 살아야 하는지가 명확해진다고 했다. 푸른 측백나무로 촘촘하게 둘러싸인 잔디밭 한가운데 둥그런 연못 안에 하늘을 향해 편 하얀 손(박장근 조각가의 〈긍휼을 구하는 기도 손〉)이 시선을 사로잡는다. 문득 이곳이 영화 속 한 장면이거

에덴파라다이스호텔 마장면 도드람산 자락에 위치한 이 호텔에서 2023년에 아트페어가 열렸다. 정원도 아름답다. 정원을 누구에게나 개방하여 많은 이들이 찾아와 산책하는 명소이다.

에덴낙원 마장면 도드람산 자락에 위치한 추모 공간인 에덴낙원, 이곳에는 삶과 죽음이 공존한다. 죽음을 기억하면 삶을 어떻게 살아야하는지 명확해진다고 한다.

나 품격있고 세련된 미술관에서 지인을 추모하고 있는 듯한 느낌도 든다. 국내 유일의 유수식 자연장은 특히 인상적이다. 분골이 정화된 물을 타고 내려가 흙으로 스며들어 자연이 되는 방식, 흙에서 나온 것은 다시 흙으로 돌아간다는 것이다. 나무에서 떨어진 낙엽은 땅을 비옥하게 하고 그 땅은 다시 숲의 나무를 키우는 자연의 순리가 떠오른다.

한편, 우리나라 정서상 삶과 죽음, 그리고 기독교 장례문화가 공존한 공간을 대중들이 편하게 받아들이려면 시간이 필요할 것 같다는 생각도 든다. 사람들은 내가 사는 곳, 또 여가 생활을 하는 바로 옆이 장례식장이거나 묘가 있거나 추모공간이 있다고 하면 그곳을 섬뜩하게 여긴다. 그런데도 이곳이 편안한 이유를 생각해본다. 돌아보면 불과 몇십 년 전까지만 해도 우리나라 시골에서는 마을 어르신이 소천하면 시신을 모신 그 집에서 함께 음식을 준비하고 마당과 방, 부엌 등에서 그 음식을 나눠 먹으며 고인과의 이별을 슬퍼하고 유족을 위로했다. 그리고 마을 앞산이나 뒷산 민가 옆이나 밭 한 가운데에 묘를 세웠다. 눈이 푹푹 쌓이는 추운 겨울날, 집안에만 갇혀 있던 산골마을 꼬마들은 이름 모를 누군가의 묫등에서 미끄럼을 타며 신나게 놀던 때도 있었다. 그러다가 동네 어르신들께 호된 지청구를 듣고도 다음 날이면 또 그러고 놀았다. 지금 시골 아이들은 그렇게 놀지 않지만, 지금도 여전히 시골에는 민가 옆이나 밭 한 가운데 묘가 있다. 도시라고 별반 다르지 않다. 도심 한복판에 있는 병원마다 장례식장은 있다. '삶과 죽음의 공존문화'는 우리 일상에 있는 셈이다.

호텔과 추모공간, 아름다운 정원

이 리조트의 특별한 점이 있다. 아름다운 정원 안에 현대인의 정서와 필요에 맞춘 품격 있는 호텔과 추모공간, 맛있는 음식이 있는 레스토랑과 카페와 티하우스 등이 있다는 것이다. 장례를 치른 유족, 그리고 그와 관련 없는 누구라도 이를 이용할 수 있다는 것이다. 특별한 날이 아니어도 이곳에 들러 고인을 추모한 후 잠시 쉬어갈 수 있다. 익명의 많은 사람도 아름다운 정원을 맘껏 누릴 수 있다. 특별한 혜택이다. 여기에는 곽요섭 에덴낙원재단 이사장과 이곳을 설계한 최시영 건축가이자 디자이너, 그리고 많은 이의 바람과 소망이 담겨있다.

추모공간을 둘러본 후 호텔 본동 앞 루프탑가든(옥상정원)에 선다. 이곳은 넓은 정원 위의 또 다른 정원이다. 이 정원은 항아리가 있는 한국식 전통마당과 영국식 정원, 이렇게 2가지 콘셉트로 구성됐다. 우리 선조들이 관혼상제(冠婚喪祭) 등 집안의 큰 행사를 마당에서 치렀듯 이곳에서는 돌잔치나 생일파티, 작은 결혼식, 소모임, 제사 등의 행사를 한다. 이곳 정원의 나무는 꽃이 피고 비바람에 흔들리고 시드는 일련의 과정을 그대로 둔다. 식물의 순환과정을 통해 삶과 죽음을 자연스럽게 상기하게 하자는 의도이다. 물론 약간의 손질을 하고 변화를 준다.

정원 중앙에 있는 기다란 십자형 분수는 낮에도 예쁘고 은은한 조명이 켜진 밤 풍경도 예쁘다. 십자형 분수는 1층 에덴정원 중앙에 흐르는 작은 운하와 일직선으로 연결돼 있다. 건축의 신비이다. 루프탑가든을 사각형으로 그렸을 때 각 꼭짓점 즈음에 유리천장이 있다. 이것은 1층 카페동에 위치한 도서관과 연결돼 있다. 도서관에서는 4개의 유리천장 위에서 쏟아지는 자연채광과 그 빛을 받고 자라는 식물을 볼 수 있다. 도서관은 호텔 투숙객이나 회원에 한해 이용 가능하다. 도서관에서 책을 읽거나 글을 쓰다가 정원과 추모공간을 산책한다. 그러는 동안 인간의 삶과 죽음, 빛과 어둠, 자연과 식물에 관해 사유한다. 문학적 감수성이 샘솟는다.

에덴 정원에서 나만의 방과 가든 즐기기

영국의 시인이자 소설가 비타 색빌 웨스트(1892~1982)는 "정원이 하나 더 생겼다면 인생의 배움도 하나 더 생긴 것이다. 배움이 하나 더 늘었다는 것은 하나의 작은 깨달음을 얻었다는 것이다."라고 했다. 그는 정원사이기도 했다. 사실 정원을 가꾸는 일은 힘들고 고된 노동이다. 에덴정원에 가면 누군가의 수고가 녹아든 아름다운 정원을 충분히 누릴 수 있다. 그것도 공짜, 무료로. 정원 군데군데에 있는 벤치에 등을 기대고 앉아 쉴 수 있다.

에덴정원은 3,500평 넓이로 정원을 크게 7개의 구역으로 나눈다. 정원은 각 공간마다 특색이 있다. 공간의 가든 이름과 주제도 다르다. 가든마다 각각 다른 방이라고 상상하면서 나만의 방을 찾아보는 것도 가든을 즐기는 방법이다. 호텔에서 운영하는 가든 도슨트와 함께 하는 정원을 투어를 해도 좋다. 가든 도슨트는 호텔에 사전문의 및 예약을 해야 한다.

가장 먼저 작은 텃밭 '셰프&키친가든'을 둘러본다. 이 가든에서는 방울토마토와 양상추, 치커리, 허브 등 철마다 샐러드용 채소가 자란다. 농약을 사용하지 않고 정성스럽게 키운 유기농이다. 텃밭에서 수확한 것은 채소는 이 리조트의 이탈리안 레스토랑 '세상의 모든 아침'과 홍차전문점 '티하우스 에덴', 직원 식당 등에서 음식재료로 사용한다. 여기에는 '팜 투 더 테이블(Farm to the Table)'과 '푸드 마일리지' 즉, 농장에서부터 식탁까지의 거리를 최소화하는 철학이 담겨있다. 이곳

에덴파라다이스호텔의 에덴정원 마장면 도드람산 자락에 위치한 에덴정원 내 곳곳에 있는 유리글라스에서는 소규모 행사를 할 수 있다.

레스토랑의 음식이 신선하고 맛있는 이유이기도 하다.

에덴정원은 곳곳이 포토존이다. 그 가운데 '연못가든(에덴 힐 폰드, 호수가든)'은 여행객들에게 더욱 사랑받는 포토존이다. 돌담과 잔디와 직방형 연못, 그리고 연못 주위의 메타쉐콰이어, 대왕참나무, 버드나무와 벤치 등. 이곳은 야외결혼식과 음악회 등 다양한 연회 장소로도 쓰인다. 이 가든에서 의미 있는 결혼식도 있었다. 아버지를 에덴낙원에 모신 딸이 에덴파라다이스호텔 연못가든에서 결혼식을 했다. 고인이 되신 아버지 손을 잡고 결혼식장에 입장하지 못했지만, 아버지는 그 마음을 아실거라고 신부는 말했다. 연못가든에서는 벤치에 앉아 호수와 도드람산과 하늘을 멍하게 보는 것도 꼭 해봐야 한다.

허리를 숙이고 정원의 길바닥을 보는 것도 정원을 누리는 색다른 방법이다. 어느 길은 나무바닥이고 또 어느 길은 돌바닥이다. 대리석, 붉은벽돌과 흙길도 있다. 작은 돌이 깔린 길은 아이들에게 신나는 놀이터 역할도 한다. 눈 여겨봐야 할 부분도 있다. 정원의 '좁은 길'이다. '휴먼 스케일(human scale. 인간의 몸 크기를 기준으로 정한 공간)'이라고 했다. 사람들은 대부분 넓고 편한 길을 걷고 싶어 한다. 하지만 인생에서 좁은 길을 걸을 때, 힘들더라도 방향을 바로잡고 오롯이 자신한테 집중하며 걸어보자는 것이다. 키 큰 블루엔젤 나무 앞에 서서 포즈를 취해보고 에스펠리어(Espalier)가든으로 들어간다. 에스펠리어는 스페인어로 '어깨동무를 하다'라는 뜻이다. 이 가든에는 4면을 대왕참나무가지가 감싸고 있다. 위로 자라는 대왕참나무의 성질을 덩굴처럼 어깨동무를 하며 옆으로 힘차게 뻗어나가게 하는 재배 방법을 시도해 성공했다. 정원 곳곳에는 글라스하우스가 있다. 이곳에서 가벼운 파티와 작은 음악회, 공연, 전시회 등 다양한 행사(호텔에 문의)도 가능하다. 에덴정원은 나무 한 그루, 꽃 색깔에도 의미가 들어 있다. 화이트&실버 가든에는 램스이어, 은쑥, 목수국 등 10여 종의 흰색과 은색계열의 꽃나무가 주를 이룬다. 흰색과 은색은 화려하지 않지만, 사람의 마음을 편안하게 해준다. 화이트&실버 가든 옆 스위트가든에서는 블루베리와 산앵두가 자란다. 이곳에서 수확한 열매도 레스토랑과 카페 등에서 사용한다. 이제좀 쉬어갈 차례. '티하우스 에덴'은 정원 속 또 다른 정원이다. 이곳에는 40여 종의 홍차가 있다. 전문 티소믈리에가 직접 우려준 정통 홍차는 물론이거니와 핸드드립커피, 수제스콘과 수제밀크티도 맛있다. 홍차와 다양한 식물관련 강좌도 진행한다. 복잡한 일이 많은 여행자는 산사나무와 측백나무로 둘러싸인 사색의 가든에 들어가 보길 권한다. 그 공간을 걷다 보면 공간이 주는 놀라운 힘을 경험할 것이다. 기도의 가든은 이 리조트의 첫 번째 주차장 바로 위 오른쪽에 있다. 측백나무를 가림막 삼아 자그마한 벤치에 앉으면 풀더미 사이에 있는 작은 돌십자가와 마주한다. 종교와 상관없이 삶에 지칠 때 이 벤치에 앉으면 뭔지 모를 위안을 얻을 수 있다.

마장면의 또 다른 명소

마장면에는 명소가 많다. 마장면 장암리, 설봉산 아래 소설가 이문열 선생의 자택이자 집필공간인 '부악문원'이 있다. 이곳은 1998년 1월 17일 이문열 작가가 사재로 설립했다. 설립 때부터 2024년 현재까지 문학관련 다양한 행사를 진행하며 기성 문인 및 예술인에게 창작 집필실을 제공해오고 있다. 부악문원 바로 근처에 이진상회가 있다. 5천평 규모에 아기자기하고 예쁜 산책로, 이진상회 커피&베이커리, 이진도기, 더이진 갤러리, 인도하우스, 강민주의들밥 등으로 구성된 복합문화공간. 마장면 목리에 '치킨대학'도 있다. 제너시스 BBQ가 설립한 세계 최초, 유일의 치킨대학으로 체험, 견학, 관광, 창업캠프 등 치킨관련 다양한 프로그램이 열리고 있다. '별빛정원우주'는 야간의 화려한 조명과 빛으로 우주를 표현하는 10개의 콘텐츠를 갖췄다. '덕평공룡수목원'은 3,000여 종의 자생

식물과 다육, 열대식물 등이 자란다. 공룡, 곤충 전시관 및 아프리카 조각공원 등 볼거리가 많다. 대형쇼핑몰인 롯데아울렛도 있다. '더반 골프클럽'은 퍼블릭 클럽하우스 중 국내 최대규모이다. '지산포레스트리조트'는 지산골프장, 스키장 등 다양한 편의시설에 사계절을 즐길 수 있는 복합 리조트이다.

19

호법면
호법면에 당나귀가 산다

호법면에 당나귀가 산다

호법면은 이천에 살면서도 낯선 동네이다. 오히려 명절 즈음 텔레비전이나 자동차 라디오 교통정보에서 나오는 호법분기점 이라는 말이 더 귀에 익숙하다. 영동고속도로와 중부고속도로가 만나는 호법분기점(JC)은 호법면 안평리에 있다. 호법면(護法面)은 인조 때까지 이천도호부 호법리(護法里)로 불리다가 효종 때 호법리면(護法里面)이 됐다. 호법(護法)은 법을 보호하다는 뜻이 있고, 불법(佛法)을 지키고 보호하다는 의미도 있다. 당시에는 지명에 후자의 의미를 뒀다고 전한다. 영조 때 리(里)를 빼고 호(護)자도 뜻이 다른, 호(戶)를 사용해 호법면

(戸法面)으로 변경했다. 이후 1905년경에는 호면(戸面)으로 불리었고 1914년 전국 행정구역 개편과 명칭 변경에 따라 호법면(戸法面)이 됐다. 1996년 이천군이 이천시로 승격하면서 오늘에 이르고 있다. 호법면의 주 산업은 농업이다. 이천쌀의 주산지라고 할 정도로 벼농사를 많이 짓고 있고, 신선초, 느타리버섯, 그리고 다양한 채소류 등을 경작한다. 2000년대에 들어와 원예업도 성행한다. 현재 호법면에는 대단위 화훼단지가 있는데 전국 면 단위를 기준으로 했을 때 꽃 생산량이 가장 많다. 꽃 종류도 제일 많다. 화훼농가는 40여 농가이고 연매출은 총 50억 정도이다. 1484(성종 17년)에 편찬된『동국여지승람(東國輿地勝覽)』의 토산(土産) 편에 호법리에서 백옥(白玉)이 나온다는 기록도 있다.

동키스타즈

호법면에 당나귀가 있다. 이천시 호법면 동산리에 위치한 '동키스타즈'에 정말로 당나귀가 있다. 성경의 마태복음에서 예수님이 예루살렘 성으로 올라가실 때 타고 가셨다던 그 당나귀, '나타샤와 나는 눈이 푹푹 쌓이는 밤 흰 당나귀 타고 산골로 가자(중략) 눈은 푹푹 나리고 아름다운 나타샤는 나를 사랑하고 어데서 흰 당나귀도 오늘 밤이 좋아서 응앙응앙 울을 것이다.'라는 백석의 시 「나와 나타샤와 흰 당나귀」에 나오는 그 당나귀가 이천 호법면에 있다. 2022년 한 연구에 따르면 현재의 당나귀는 지금으로부터 약 7천 년 전 아프리카 동부의 케냐와 소말리아반도 지역 당나귀들의 후손이라고 한다.

이들은 몸집에 비해 힘이 세고 물이 없는 곳에서도 잘 견딘다. 지구력이 강해서 사막을 건너고 물건을 운반할 때 최고의 동물이었다고 전한다. '동키스타즈'는 서울 인근에서 가장 큰 당나귀 농장이다. 당나귀를 만나기 전에 이 농장의 김한종 대표를 만났다. 김 대표가 당나귀를 키우게 된 건 구제역, 그

동키스타즈 호법면 동산리에 위치한 동키스타즈에서는 당나귀 먹이주기 등 당나귀와 관련된 재밌는 체험이 기다린다. 이곳 당나귀는 텔레비전의 여러 프로그램에 당나귀 주연배우로 출연하고 있다.

동키스타즈 당나귀 호법면 동산리에 위치한 동키스타즈에 당나귀가 산다.

러니까 전염병에서부터 시작됐다. 그 이야기를 하려면 김 대
표의 부모님 이야기를 해야 한다. 부모님은 한우목장을 했다.
지금도 동키스타즈 입구에 한우목장이 있다. 2010년 이천에
구제역이 발발하면서 이 농장은 위기에 처했다. 그때 부모님
은 해외에서 거주하고 있는 김 대표한테 목장 일을 도와주기
를 권유했다. 이천으로 돌아온 김 대표는 전염병을 앓지 않은
동물을 찾기 시작했다. 그 과정에서 찾은 게 당나귀였다. 그
는 당나귀를 많이 키우는 중국을 방문해 현지 조사를 하고 벤
치마킹도 했다. 당나귀 요리 전문식당을 찾아다니며 당나귀
요리도 먹었다. 그런 후 중국에서 당나귀를 수입해 키웠다.

2015년 동키스타즈를 개장해 지금에 이르고 있다. 현재, 이 농장에서는 약 5,000평의 드넓은 대지에서 당나귀 50여 마리가 여유롭게 풀을 뜯고 있다. 서서 눈을 감고 자고 있는 당나귀도 있다. 아이들이 당나귀를 쓰다듬어 주고 안아준다. 빗으로 당나귀 털을 가지런하게 빗거나 등을 긁어준다. 아이들은 당나귀 옆에서 안아보고 포즈를 취하고 사진을 찍는다. 이 농장 당나귀들도 사람을 좋아한다. 이 농장 당나귀들은, 드라마나 영화 속 주연 배우가 당나귀를 타고 가는 장면에 자주 출연한다. 당나귀 주연 배우인 셈이다. 당나귀와 놀다가 커다란 느티나무 아래에 설치된 둥그런 그물 놀이터에서 놀아도 좋다. 아이들이 노는 동안 부모님들은 그늘에 앉아 담소를 나눈다. 쉬고 놀다가 출출하면 식당에서 간단한 음식과 음료를 구입해서 먹을 수 있다.

가을엔 호법면 코스모스꽃길을 걷자

가을이 피어날 때, 코스모스 꽃길을 걷자. 이천의 꽃 명소, 호법면의 '호법의 숲, 코스모스 꽃길'을 걷자. 사랑하는 이와 함께, 혹은 혼자, 누구라도 좋다. 이 꽃길은 호법의 숲 만들기 추진위원회와 화훼농가, 주민들의 의견에서 시작됐다. 2019년 호법의 숲 만들기 추진위원회가 구성되고 컨설팅을 받으면서 꽃길 가꾸기에 탄력을 받았다. 코스모스를 호법면을 상징하는 꽃으로 선정하고 꽃길 가꾸기 장소를 호법면 주미교(호법면 주미리↔후안리까지)에서 매곡교(호법면 단천리↔매곡리)까지 이어지는 복하천 제방로, 왕복 6.2km 구간으로 정했다. 2020년 복하천변 산책길(제방길) 양쪽에 코스모스 씨앗을 심으면서 '호법의 숲, 코스모스 꽃길'을 조성했다. 제방로를 가운데에 두고 양옆으로 길게 쭉 뻗은 코스모스길, 한쪽은 복하천 물이 유유히 흐른다. 다른 한쪽 논의 벼는 황금빛으로 익어가고 비닐하우스 안에서는 채소와 꽃나무가 자란다. 이곳에서 걷기대회도 열린다. 호법레포츠공원에서 사진전과 시

호법면 코스모스길 호법면 코스모스길은 호법면 화훼농가와 주민들에 의해 만들어지기 시작됐다. 복하천을 따라 걸어도 좋고 자전거를 타고 가도 좋다.

화전이 열린다. 가을엔 호법면 코스모스길을 걸어보자. 자동
차는 호법레포츠공원에 주차하고 걷자.

단내 성지(단내성가정 성지)

당신은 누군가를 위해, 혹은 무엇인가를 위해 목숨을 바쳐본
일이 있는가. 이천시 호법면 단내성지에 가면 타인을 위해 순
교한 순교자들의 발자취를 만날 수 있다. 단내성지는 단천리
(丹川里, 단내마을) 와룡산 기슭에 위치해 있다.

수도원 같은 천주교 단내성지(聖地)는 1987년 이천성지개
발위원회에서 병인박해(1866년)때 남한산성에서 함께 순교한
정은(鄭溵, 1804~1867)과 정양묵(鄭亮默, 1820~1867)외 5명의
순교 정신을 현양하고 기리기 위해 축조됐다. 위의 5명은 이
문우(1810~1840), 이호영(1803~1838), 이조이(1784~1839), 조
증이(1782~1839), 남이관(1780~1839)이다. 모두 이천이 고향
이다.

단내성지는 김대건(1821~1846)신부가 사목활동을 했던 곳
가운데 한 곳이다. 김 신부는 한국인 최초의 로마 가톨릭교회
사제이다. 김 신부는 호법면 동산리(동산마을)와 단천리에서
사목활동을 했다. 단내성지는 '단내성가정 성지'라고도 한다.
이문우를 제외하고 정은은 정양묵의 작은할아버지, 이호영

호법면 단내성지 예수성심상 성지내 와룡산 정상에 있다. 수고하고 무거운 짐진 자들은 모두 그 품으로 오라고 두 팔을 활짝 펼치고 있다.

과 이조이는 남매, 조중이와 남이관은 부부, 이렇게 가족이기 때문이다. 단내성지에서는 와룡산에 있는 검은바위와 굴바위 예수성심상으로 이어지는 순례길도 가볼 일이다. 이 바위는 병인박해 때 천주교인이라는 이유로 박해받은 천주교 신자들의 은신처이자 피난처였다고 전한다. 와룡산 정상에는 예수성심상이 있다. 예수가 두 팔을 벌리며 수고하고 무거운 짐 진 자들은 모두 내게로 오라 라고 손짓하는 듯 하다. 한편, 단내마을은 1784(한국교회 창건기인)년 그 이전부터 현재에 이르기까지 한국 천주교 신앙 공동체 마을이다. 천주교 박해기에 신자들의 피신처이자 삶과 신앙의 터전인, 오래된 교우촌의 표본 마을이기도 하다.

생활 속 예술음식, 돌댕이석촌골 농가맛집

이천에서만 먹을 수 있는 만두가 있다. 바로 볏섬만두이다. 이 만두를 먹을 수 있는 맛집이 호법면 송갈리에 있다. '돌댕이석촌골'이다. 볏섬만두는 정월대보름날 이웃에게 복과 새해 농사의 풍년을 기원하며 나눠 먹던 이천의 향토음식이다. 볏섬? 이름도 예쁜 볏섬은 볏가마니(쌀가마니)를 말한다. 논에서 추수를 끝내고 남은 볏짚으로 만든 네모난 쌀가마니이다. 네모난 볏섬만두의 디자인은 이 쌀가마니 모양에서 착안했다.

돌댕이석촌골의 만두피는 반죽에 비트즙, 부추즙, 치자물, 흑미물 등을 각각 섞어 다섯 가지 색을 만들었다. 다섯가지 색은 오복(五福. 장수長壽, 부富, 강녕康寧, 유호덕攸好德, 고종명考終命)을 의미한다. 볏섬만두 속 재료도 의미가 있다. 계걸무시래기와 텃밭에서 키운 싱싱한 채소, 고사리나물, 담백한 고기 등이다. 볏섬만두는 일상에서 디자인을 찾고 이름을 짓고 평소 재배한 것을 식재료로 사용한 것이다. 그러고 보면 우리 인생 선배들은 진즉부터 생활속에서 음식을 예술화 한것이다. 생활문화를 만들어온 것이다. 계걸무는 이천산 토종무이다. 주로 목화밭이나 콩밭 사이 등 척박한 땅에서도 게걸스럽게 잘 자란다고 하여 계걸무, 먹거리가 턱없이 부족하던 시절 계걸무로 만든 동치미를 게걸스럽게 먹었다 하여 계걸무라고 불렀다고도 전한다. 이 무의 생김새는 일반 무의 3분의 1 정도의 크기로 작고 단단하며 꼬깔콘처럼 아래로 갈수록 뾰족하고 가늘다. 일반 흰무보다 수분 함량이 적고 겨자처럼 쌉쌀하고 매운 맛이 있다. 계걸무 시래기는 계걸무 이파리(줄기. 무청)를 삶아서 말린 것을 말한다. 계걸무는 주로 반찬 재료로 사용하고 시래기는 나물로, 씨는 기름을 짜는 데에 사용된다. 계걸무는 단백질 섬유소 무기질 등의 함량이 높고 기관지와 기침 천식 폐 질환을 완화시키는 데에 효능이 뛰어나다고 밝혀졌

볏섬만두

다. 하마터면 이천에서도 그 씨가 사라질 뻔했다. 일반 흰 무와 그 외 맛있는 먹거리에 밀려 어느 순간 재배를 하지 않았기 때문이다. 다행스러운 사실은 가족끼리 소규모로 게걸무를 재배하며 그 명맥을 유지하는 가구가 있었다. 돌댕이석촌골 이복순 대표 집에서도 게걸무를 재배했다. 게걸무로 동치미를 담그고 무청은 말려서 시래기를 만들었다. 시래기는 만두 속으로 사용했다. 그렇게 볏섬만두는 돌댕이석촌골 가족한테는 익숙한 음식이었다. 평소 일상에서 먹던 음식으로 식당을 열다니. 이 대표는 남편과 함께 오랫동안 콩을 재배했다. 그 콩으로 간장과 된장, 고추장 등을 담갔다. 우연한 기회에 그 맛과 솜씨가 전국에 알려지면서 평범한 시골 아낙의 삶은 달라졌다. 이러저러한 과정을 거쳐 농촌진흥청과 이천시농업기술센터를 통해 맛집 신축, 주방설비, 메뉴 개발 컨설팅 등을 위한 지원을 받았다. 그리고 2013년 호법면 송갈리에 식당을 열었다. 송갈리의 옛 명칭은 석당촌리(石塘村里)였다. 석당(石塘)은 '돌로 쌓은 연못'으로 마을 사람들은 이를 돌당이, 돌댕이라고 불렀다. 이와 관련한 일화가 있다. 어느 여름 이 마을에 큰 홍수가 났다. 그 바람에 마을과 마주한 백산(白山, 산에 흰색 돌이 많다고 해서 그렇게 부름)에서 흰 돌이 와르르 굴러와 마을과 백산 사이에 있는 개울을 가득 메웠다. 그러자 개울물은 범람했고 송갈리는 순식간에 물바다가 됐다. 송갈리는 다른 마을에 비해 낮은 위치해 있다. 큰 홍수가 난 이후 마을에도 돌이 많다 하여 돌댕이(돌뎅이)라고 했다고 한다. 송갈리는 아랫마을과 윗마을로 나뉘는데 아랫마을은 아랫돌댕이, 윗마을을 윗돌댕이 라고 부른다. 이렇게 지역명을 상호로 하고 볏섬만두전골, 게걸무시래기닭볶음, 청국장, 촌밥 등 이천에서 생산한 식재료와 향토음식을 차려냈다. 이곳의 식재료 대부분은 이 대표 가정이 직접 재배하고 수확한 것을 사용한다. 간장은 75년·10년 숙성된 것, 된장은 7년 숙성, 고추장은 3년 숙성된 것을 사용한다.

동부권광역자원회수시설

호법면 안평리에는 2008년 문을 연 동부권광역자원회수시설이 있다. 이 시설은 혐오시설로 분류되는 생활쓰레기, 즉 재활용되지 않은 가연성 폐기물을 소각처리하는 곳이다. 이천, 광주, 하남, 여주, 양평 등 경기 동부권 5개 시·군 지방자치단

체가 힘을 합해 광역화한 국내 최초의 사례이기도 하다. 혐오
시설 설치반대에 따른 지역이기주의를 극복한 첫 사례이기
도 하다. 이 시설은 소각동 8층과 관리동 3층 규모로 건물 외
형은 '이천쌀'의 이미지를 형상화했다. 하루에 처리할 수 있는
쓰레기량은 약 300톤이다. 소각 폐열은 재활용이 가능하도
록 설계돼 있다. 그 열로 시설 가동과 시설 주변 화훼단지 외
60여 가구의 냉·난방용으로 지원하고 있다. 이 시설에서는 견
학 신청도 받는다. 견학 신청은 미리 전화로 문의 후 예약을
해야 한다.

이 부지 안에 주민 생활체육 편의시설로 조성한 호법레포
츠공원과 '이천 스포츠센터 코오롱스포렉스' 등이 있다. 호법
면 매곡리에는 유네스코평화센터도 있다. 호법면 유산 1리에
는 '포레스트 그린(Forest Green)' 카페도 있다. 30대의 젊은 부
부가 농사를 지으면서 운영하는 이곳은 꽃과 식물, 커피와 음
료 등을 즐길 수 있는 '플라워&가드닝 카페'이다.

20

대월면
군량리와 자채방아마을

도시산업과 농촌 풍경이 어우러진 대월면

대월면(大月面)은 남쪽은 이천시 모가면·설성면, 서쪽은 이천
시 호법면, 동쪽은 여주시 가남읍에 북쪽은 이천시 부발읍과
접해있다. 대월면은 1914년 행정구역 개편시 대면, 월면, 초
면을 합해 대월면이 됐다. 대월면 사람들은 대월면을 큰 달이
라고도 부른다. 대월면은 동부에 대명산(大明山, 149m), 서부
에 해룡산(海龍山, 201m)·승명산(昇鳴山, 167m) 등 낮은 구릉성
산지가 있고 전체적인 지형은 평평한 편이다. 예로부터 쌀농
사를 많이 지었고 근래에 들어와서는 축산업, 과수, 시설채소
재배도 활발하다. 대월면 송라리에서는 메타세콰이어도 잘

자란다. 송라리 메타세쿼이어숲은 사진가들이 조용히 찾는 숨은 명소이다. 군량리에는 양녕대군과 조선시대 역사, 옛 조상이 논농사를 지으며 사용한 다양한 도구들이 곳곳에 있다. 대월면 사동리와 초지리에는 대월일반산업단지도 있다. 이 단지에는 달달하고 맛있는 초콜릿을 만드는 초코텍 등 다양한 상품을 생산하는 회사가 많다. 면의 곳곳에 크고 작은 회사와 물류센터도 있다. 대흥리에는 건국대학교 스포츠과학타운, 부필리에는 LG챔피언스파크 야구장, 초지리에는 한국기독교 역사박물관 등이 있다. 도시산업과 농촌 풍경이 어우러진 대월면이다.

군량리와 양녕대군

대월면 군량리에는 마을의 역사가 담긴 다양한 보물이 마을 곳곳에 있다. 그것을 보물찾기 하듯 찾아보자. 그 가운데 하나는 양녕대군과 얽힌 이야기이다. 군량리는 농촌이 고향인 사람들은 어린 시절의 향수를 되새겨볼 수 있는 아늑하고 평화로운 농촌마을이다. 양화천이 마을 앞으로 감돌아 흐르고 천의 양옆으로 드넓은 들판이 펼쳐져 있다. 전해오는 말에 의하면, 군량리는 양녕대군(讓寧大君, 1394~1462)이 18년간 머문 동네라고 한다. 양녕대군은 태종의 맏아들이고 세종대왕의 큰형이다. 어릴 때부터 영특했고 어린 나이에 왕세자로 책봉됐다. 군왕이 되기 위한 학문과 언행, 덕행 등에 대한 교육을 충실하게 받았다. 20대 이후부터는 자유분방한 생활을 했다. 신하들은 이를 몹시 못마땅해했다. 결국 궁에서 쫓겨나 긴 세월 유배 생활을 했다. 그곳이 바로 이천시 대월면 군량리이고 이러한 연유로 군량리라는 마을 이름은 양녕대군과 관련이 있다고 전한다. 양녕대군이 이 마을에서 유배 생활을 할 때였다. 당시 양녕대군은 마을 주민들이 양화천을 수월하게 건너도록 징검다리(梁)를 놓아줬다. 해서 주민들은 이 징검다리를 양녕대군 다리라고 했다. 그러면서 이천이 이천군일 때의 군(郡)과 징검다리 량(梁)을 조합해 군량리(郡梁里)가 됐다고도 전한다. 현재 군량리 양화천 위에는 군량교가 있고 이 다리 아래에 징검다리(돌다리)도 있다. 군량리에는 양녕대군과 연관되어 추정되는 유적지가 꽤 있다. 앞서 밝힌 군량교, 돌다리, 그리고 마서방네 집터, 무우정, 양샘, 예계바위, 군들 등. 예컨대 마서방네 집터에서는 수많은 기와편과 자기편이 출토됐다. 이를 근거로 양녕대군이 유배생활을 한 제택(諸宅)으로 추정했다. 한데 출토물이 양녕대군이 머문 시기와 차이가 있고 양녕대군의 유적지라고 단정할 만한 뚜렷한 무엇이 나오지 않아 더 조사가 필요하다고 한다.

군량리 군량교 아래 돌다리 대월면 군량리 자채방아마을 군량교 근처에 있는 돌다리는 양평대군이 주민들이 양화천을 잘 건너가도록 놔 줬다고 전해온다. 이 돌다리는 복원한 것이다.

군량리에는 흥미로운 사실이 또 있다. 군량리는 이천 서(徐)씨와 순천 김(金)씨 집성촌이라는 점이다. 이 가운데 순천 김(金)씨는 400여 년 동안 이 마을에서 살았다. 현재도 마을 주민의 절반이 순천 김씨라고 한다. 군량리에는 5일 장이 섰고 당시 이 장은 그 규모가 이천에서 손꼽힐 정도였다는 점이다. 장이 서는 날이면 여러 지역에서 온 상인들과 사람들로 인해 마을은 활기가 넘쳤다. 이렇게 된 데에는 조선 후기까지 한양·충청도·전라도·경상도 등으로 관통하는 영남대로가 한몫 했다. 하지만, 일제강점기 초 이 마을에서 멀리 떨어진 곳에 새로운 도로가 생긴 후 사람들은 새 도로가 생긴 곳으로 유입됐고 군량리의 가구 수는 점점 줄어들었다. 그래도 마을 사람들은 대대로 농사를 짓고 상부상조하고 화목하게 살고 있다.

대한민국 국가대표급 쌀, 대월면 자채쌀

군량리는 자채방아마을이라고도 알려져 있다. 자채방아마을
은 '자채벼'라는 벼 품종과 연관이 있다. 자채벼는 이천과 여
주 등 경기 남부 일부 지방에서 재배한 재래종으로 양질(良質)
의 올벼를 말한다. 『농사직설(農事直說)』(1429)에서는 벼 품종
을 올벼(조도早稻)·늦벼(만도晩稻)·밭벼(한도旱稻)로 분류하는
데, 올벼(조생종)는 음력 3월 3일(양력 4월 초순~중순경) 즈음 볍
씨를 뿌린 후 음력 7월 7일(양력 8월 초순~중순경) 무렵에 수확
하는 벼를 말한다.

'자채벼에서 자채(자주색 자紫, 색깔 채彩)'는 벼잎 가장자리
가 자주색이고, 밥을 지으면 자줏빛이 띤다고 한다. 조선시
대에 발행된 농서에는 자채(自蔡)로 기록돼 있고 이후 자채(紫
采), 자채(紫彩) 등으로 불렀다. 이 벼는 비옥하고 기름진 논에
모의 수를 적게 심는다. 이 벼는 일반벼에 비해 잎의 넓이가
좁고 얇다. 벼 이삭에 가느다란 수염이 있다. 키는 20~30cm
정도, 수확량은 일반벼에 비해 적었다. 낟알이 여무는 시기는
다른 품종에 비해서 빠르다. 그 덕에 자채햅쌀은 다른 쌀보다
10% 이상 높은 값을 받았다. 조선시대에는 음력 6월 보름이
면 햅쌀을 수확하여 임금에게 진상했다는 기록이 있을 정도이
다. 지금처럼 비닐하우스나 난방시설도 없었을 텐데, 어떻게

이른 시기에 벼를 수확할 수 있었을까. 조상들의 지혜와 노고가 빛나는 부분이다. 자채쌀로 지은 밥맛은 차지면서 부드러웠다. 이 쌀로 지은 밥이 얼마나 맛있었는지 일본 황실에서도 탐을 냈다고 전한다. 맛있는 자채쌀에도 흠은 있었다. 재배방법이 까다롭고 수확량이 적다는 것이었다. 그러다보니 자채벼를 경작하는 사람이 줄어들었다. 1970년대 초부터였다. 생산성이 뛰어난 통일벼 등 신품종이 농민들에게 보급되면서 자채쌀은 점점 사라졌다. 너나 할 것 없이 끼니를 걱정하던 시절이었고 나라는 국민의 배고픔 해결이 우선이었다. 세월이 흐르면서 일본에서 들여온 품종이 이천 전역에 퍼졌다. 하지만 현재 이천시에서는 2017년부터 '해들', 2018년부터 '알찬미'라는 '토종 품종'을 재배하고 있다. 이 품종은 육종가, 농업인, 소비자가 함께 한, 수요자 참여형 품종개발연구를 통해 육성한 고품질 품종이다.

자채쌀과 관련된 민요도 있다. 경기민요 〈자진방아타령〉이다. 이 민요에 '경기도라 여주 이천에는 자채방아 잘도 찧네 잘도 찧네 물방아가 제일인데 금상따래기에 자채방아를 쿵당쿵당 잘도 찧네 오곡백곡 잡곡 중에 자채벼만 찧어보세'라는 구절이 있다. 여기서 '자채방아'는 자채벼를 쌀이 되게 하기 위해 찧는 방아를 말한다. '금상따래기'는 임금님께 올리

군랑리 물레방아 대월면 군랑리 사람들은 가을에 수확한 벼를 자채방아마을 내에 있는 물레방아에서 찧어갔다.

는 쌀(진상미進上米)을 재배하는 논을 의미한다. 이 논이 이 마을에 지금도 있으면 좋으련만, 찾을 수 없으니 야속할 따름이다. 자채방아마을에서는 '자채방아 농요'를 지금도 부른다. 이 농요는 오래전부터 이 마을 사람들이 자채벼를 경작하며 부른 노래이다. 마을 주민들 말에 의하면 군랑리에 자채쌀 볍씨를 보관 중인 사람도 있다고 하나 확인할 수 없었다. 일본에서는 아직 이 품종을 경작한다고 한다. 언젠가는 일본에 가서 그 볍씨를 가져오고 싶다.

형, 자채쌀 좀 한양으로 올려 보내줘

대월면에서 생산한 자채쌀은 한양에 계신 임금님 수라상에 올랐다. 그러기까지 양녕대군과 세종대왕의 일화를 바탕으로 상상해봤다. 양녕대군이 이천에서 유배 생활을 할 때 동생인 세종은 왕위에 올랐다. 장남인 양녕이 앉을 왕위에 동생이 앉았으니 아무리 의좋은 형제도 의가 갈라졌을 것이다. 한데 두 형제는 우애가 좋았다. 세종은 양녕대군을 궁으로 초대했고 형을 만나러 이천으로 내려오기도 했다. 세종이 대월면에 와서 양녕대군과 같이 식사한 어느 날이었다. 밥이 너무 맛있었다. 세종은 형에게 앞으로 이 쌀로 지은 밥을 먹고 싶다고 했다. 다방면에서 똑똑한 세종은 맛있는 쌀도 금방 알아봤다. 그 당시 농업용수로 사용한 양화천의 물은 아주 맑고 깨끗했다. 한강의 잉어가 이천으로 물 마시러 왔다는 전설이 있을 정도였다. 땅도 비옥했다. 그러하니 쌀이 맛있는 것은 당연한 이치이다. 양녕대군은 세종의 요청에 의해 대월면에서 경작한 자채쌀을 한양으로 올려보냈다. 이후 자채쌀은 수라상에 올랐다고 전한다.

농촌테마마을로 제1호, 자채방아마을

군량리는 2002년 농촌테마마을 제1호로 지정됐다. 마을에서 대대로 생산한 자채쌀에 관한 의미를 담아 자채방아마을이라는 새로운 이름도 사용했다. 9년이 흐른 2011년에는 농촌체험명품화마을로 선정됐다. 집안 대대로 쌀을 비롯해 맛좋고 영양가 풍부한 곡류와 토종 채소를 재배하고 그것으로 먹거리를 만들어 먹었는데 그러한 것이 마을의 자원이 되고 농촌체험을 할 수 있는 관광상품으로 이어진 것이다. 이후 이 마을에서는 전통 먹거리와 자원 등 마을이 가진 특성을 살려 농촌체험 프로그램을 만들고 활성화했다. 전국에서 농촌체험마을로서 성공한 사례로 꼽혔다. 이때 국비 40%에 이천시비 60%를 더해 총사업비 5억 원을 들여서 농촌체험명품화마을 조성사업을 시작하여 2012년 완공했다. 이후 마을과 이천이 가진 자원을 활용하여 더 좋은 프로그램을 끊임없이 개발하고 선보였다. 그 결과 2015년 6월 11일 농림축산식품부로부터 우수농어촌식생활체험공간 제159호로 지정됐다. 한적한 시골 마을은 계속 꿈틀거렸다. 다양한 전통놀이, 미꾸라지 잡기, 쌀찐빵 만들기, 탈곡 체험, 떡만들기, 막장(쌈장)만들기, 승마 체험, 게걸무 조청 만들기, 게걸무 김치 담그기, 복숭아 따기, 썰매 타기, 연 만들기,

게걸무 동치미 대월면 군량리 자채방아마을에서 심고 가꾸고 수확한 게걸무로 만든 게걸무 동치미. 게걸무는 이천토종무로 군량리 사람들은 이 무를 계속 심어왔고 이것은 마을 자원이 됐다

풍등 만들기 외 계절별로 재밌는 체험과 즐길거리와 공연행사를 연중 실시했다. 팜스테이 휴양마을, 자유학기제 체험처 인증, 6차산업인증업체 등 여러 기관으로부터 인증도 받

챗돌 대월면 군량리 자채방아마을에 있는 추수한 볏단을 올려놓는 돌.

았다. 이 마을에는 지금도 물레방아, 연자방아(말이나 소 따위로 하여금 끌어 돌리게 하여 곡식을 찧거나 가루를 내는 도정제분 기구), 디딜방아(발로 밟아서 곡식을 찧거나 빻는 농기구)등이 있다. 이 마을에서는 여전히 이 마을과 이천의 자원을 활용한 색다른 체험과 행사를 실시한다. 자채방아마을을 걷다 보면 군데군데에서 표지석이나 기념비 등을 만날 수 있다. 그것은 주로 마을의 역사를 담고 있다. 마을공동우물, 무우정(舞雩亭, 조선시대 공무원, 학자, 시인과 화가 등이 시를 읊고 그림을 그리며 풍류를 즐긴 곳), 3·1 독립만세탑, 군량교 아래 돌다리, 챗돌(추수한 볏단을 탈곡하기 전에 올려놓는 돌) 등. 여기에는 이 마을 출신이자 순천 김씨인 김병일 씨가 1968년부터 자신의 사재를 털고 마을 사람들의 협조를 얻어서 세월 속에서 소실되거나 묻힌 군량리의 인물, 역사적 사건, 민속, 전통문화유산 등을 발

굴 및 조사, 설치했고, 그것은 수십 개에 달한다고 전한다. 이
러한 활동은 군량리가 녹색농촌체험마을로 가는 자양분이 됐
다. 얼핏 평범해 보이지만, 자채방아마을에는 다양한 역사가
숨겨져 있으니 보물찾기하듯 둘러보자.

한국기독교역사박물관

한국기독교 역사는 대한민국의 역사와 같이 간다고 해도 과언
이 아니다. 기독교 역사 속에 한국 역사가 담겨있고 한국 역사
속에 기독교 역사가 담겨있다. 한국기독교역사박물관 2001년
11월 30일 대월면 초지리에 지상 2층, 지하 1층의 규모로 문
을 열었다. 1층 전시실에서는 기독교관련 다양한 전시가 열리
며 지하 1층 자료실에는 수천여 권의 기독교 관련 도서 자료
가 비치돼 있다. 2층의 세미나실에서는 각종 프로그램과 강의
등을 연다. 이 박물관에는 1884년 『신약성서 마태전』, 1887년
언더우드·아펜젤러가 공동 번역해 간행한 『마가의젼한복음셔
언해』, 최초의 여성 전문잡지 『가뎡잡지』, 1910년 서양달력 등
한국기독교 역사와 문화 등과 관련된 각종문서, 자료 등 10만
여 점을 소장 전시하고 있다. 운영시간은 평일 오전 10시부터
오후 5시, 토요일은 낮 12시까지. 일요일은 휴관한다.

21

모가면
서경들체험마을

모가면은 전형적인 농촌지역이다. 경지가 발달하고 구릉이 많다. 마국산(445m)과 대덕산(309m)도 있다. 주 생산물은 쌀과 고추, 고등채소(유리온실재배채소)등 농산물, 그리고 축산물이다. 모가면은 원래 가마동과 모산이라고 불렀다. 이후 가마동면과 모산면으로 개칭됐다. 1905년 7월 모면과 가면으로 개칭했고 1914년 4월 행정구역 개편에 따라 모면과 가면이 통폐합되면서 모가면이 된 후 지금에 이른다. 모가면은 크게 평야계 지역과 산악계 지역으로 구분한다. 평야계 지역은 서경리·소사리·신갈리·양평리·원두리이다. 이 지역에는 드넓은 평야가 있어 '~들'이 붙은 지명이 많다. 산악계 지역은 산세를

낀 산내리·진가리·송곡리·두미리이다. 이 마을에는 '~골, ~
고개, ~바위' 등 산과 관련한 지명이 많다.

서경들체험마을

모가면에는 '서경들체험마을'이 있다. 이 마을은 행정상으로
는 서경1리, 서경2리로 구성돼 있다. '서경들마을'은 원래 '쇠
경리'였다. 마국산 아래에 살던 마을 사람이 마국산을 쳐다봤
더니 이 산의 형상이 소가 밭을 갈고 있는 풍경과 닮았다고 하
여 '쇠경'(쇠는 '소'의 준말)으로 불렀다고 한다. 서경은 쇠경이
구전되는 과정에서 서경이 됐다. 이 마을의 형세가 서남형이
고 민가 앞으로 드넓은 들이 펼쳐져 있어서 '서경들'로 불렀다
고도 전한다.

서경리는 2007년 경기도가 주관하는 '슬로푸드(Slow Food)
사업'에서 '경기도 술마을'로 선정됐다. 슬로푸드는 농촌 지역
에서 생산된 특산품이나 고유한 농산물을 재료로 사용해(1차
생산), 그 지역의 전통 음식 맛을 낼 수 있는 특유의 조리법으
로 만든 음식(2차 가공)을 일컫는다. 여기에 그 지역의 농촌체
험거리·볼거리·먹거리 등을 여행(Green Tour)과 소비로 연계
하는 것(3차 서비스·관광·판매)을 '슬로푸드사업'이라고 한다.

서경리가 술마을로 선정된 배경이 있다. 2007년 국내 1인

당 쌀 소비량은 크게 감소했다. 쌀 수입 개방으로 인해 농가의 한숨도 깊어졌다. 이때 경기도에서는 쌀 소비를 촉진하고 쌀을 주 원료로 한 전통 먹거리 문화를 계승·재현·보전·보급·육성하는 차원에서 떡마을과 술마을을 지정했다. 쌀은 떡과 술의 주 원료이다. 서경들마을에서는 집안 대대로 논농사를 짓고 이천쌀을 많이 생산하고 그 쌀을 이용해 막걸리를 만들었다. 이러한 마을의 전통 먹거리 자원 활용이 술마을 선정의 주요인이 됐다. 이후 경기도와 이천시의 지원으로 서경리 325−8번지에 슬로푸드체험장을 설치했다. 이에 탄력을 받은 서경리는 2009년 농촌마을종합개발사업(서경권역)에 선정됐다. 이때부터 서경리는 '서경들체험마을'로 불리기 시작했다. 2010년 서경리 462−1번지에 농촌체험시설인 전통 주막이 들

모가면 서경들체험마을 주막촌 서경리에서 마국산으로 올라가는 길목에 있다. 이곳에서 서경리의 농산물 체험과 전통음식체험 등을 한다.

어섰다. 이 주막은 서경리에서 서경저수지 쪽으로 가다 보면 왼쪽에 있다. 주막에서는 모가면의 사계절 농산물체험, 전통주 만들기, 손두부만들기, 황금마차 타기, 숲속힐링체험 등 모가면의 전통문화와 전통음식 체험을 실시한다. 도시와 농촌간의 소통과 교류의 장으로서 역할도 하고 있다.

서경들체험마을은 전통장류마을로도 유명하다. 이 마을 사람들은 오래전부터 직접 재배한 품질 좋은 메주콩(대풍콩)으로 된장, 청국장, 고추장, 두부 등을 손수 만들어 먹었다. 이 마을에는 전통장류 숙성실이 있어 손수 만든 장류를 숙성시키고 그것을 판매도 한다. 장류숙성 시설은, 2016년 이천시 주민자치특성화 안심마을 만들기 사업의 일환으로 이천시와 모가면주민자치위원회 서경1리 마을 주민이 힘을 모아 조성한 자연친화적 공공시설물이다. 이 마을의 소중한 자산이다. 이 시설을 이용하는 사람들은 항상 손을 깨끗하게 해야 한다. 각종 질병을 예방하기 위해서이다. 이 마을에서는 맷돌에 메주콩을 갈아서 나온 콩물을 끓이고 간수를 넣어 만드는 손두부만들기, 꼬마메주 만들기, 된장·고추장·청국장 등 전통방식의 장 만들기 체험, 도토리묵 만들기 체험, 청국장찌개를 끓여서 식사하기 등 서경리의 전통먹거리 체험과 공예 체험도 한다. 철 따라 제철 작물 수확하는 체험 등 농촌 체험거리도 풍성하

서경리 장류마을 된장, 고추장, 간장 등이 익어간다. 이를 판매도 한다.

다. 이 마을은 2013년에는 초·중·고 학생의 인성함양을 위한 '농어촌인성학교'와 외국인 관광객 유치를 위한 'Rural−20'에 지정됐다. 그에 따라 학생들의 인성 함량과 오감만족을 위한 체험프로그램도 운영한다. 해외관광객에게 농촌체험은 이색적이면서도 특별하다. 이 마을의 체험행사는 계절과 마을의 상황에 따라 계속 업그레이드되고 있다. 방문하기 전에 홈페이지의 프로그램 및 일정 확인, 문의와 예약은 필수.

서경들마을에서 체험을 한 후 모가면 서경저수지 둘레길도 산책할 만하다. 이 저수지는 서경들마을 체험장에서 마국산으로 올라가는 길목에 있다. 이 저수지는 원래 농업용수를 위한 목적으로 조성됐다. 한데 1998년 여름 큰 폭우로 인해 180m 정도 되는 둑 가운데 20m 정도가 깡그리 무너졌다. 이천시는 이듬해인 1999년 6월 저수지 수해복구공사와 제방공사를 시작했고 같은 해 12월 이 공사를 마쳤다. 이 저수지는 어획 금지 구역이다. 2013년 7월 이 마을에서 토종어류 5종, 30만 마리를 방류했고 이 어류들이 자라고 있기 때문이다. 지금은 자연생태 시작 지점으로 육성 중이다. 서경저수지 둘레를 산책한 후 마국산 모가의 숲까지 걷는 것도 좋다.

마국산

마국산(馬國山, 445m)은 이천시 남쪽에 있는 산이다. 모가면과 설성면, 그리고 안성시 일죽면에 걸쳐 있다. 마국산은 오음산에서 마고산(魔姑山), 마옥산(磨玉山), 마곡산(磨谷山) 등으로 이름이 변화됐다. 2002년 국립지리원의 결정에 따라 현재의 '마국산(馬國山)'이 됐다. 전해오는 말에 의하면 조선시대까지 이 산 정상에 검정색 말 동상이 있었고 매년 그 앞에서 산신제를 지냈다고 한다. 또한 광복 직후 그 자리에 헬리콥터 비행장을 조성하는 중에 흙으로 만든 망아지가 많이 출토됐다고 한다. 해서 마국산은 말과 연관이 있어 보인다. 이 산은 험준하며 골짜기가 깊다. 이 산자락에 굴바위·병풍바위·말바위·구모바위 등 기암괴석이 많다. 그에 따른 전설도 많다. 이를테면 「사람이 되고 싶은 여우」와 「마국산 아흔아홉 골짜기」 등이다. 제목만으로도 여우 귀신이 나올 것 같아 살짝 무서워진다. 마곡산은 이 산에 골짜기 많아서, 마옥산은 이 산에 옥(玉)이 많아서 붙여진 이름이라고 전한다. 알아갈수록 뭔가가 나올듯한 묘한 산이다. 이 산에는 안양사라는 절터가 있었다. 마국산 정상에서 동쪽 방향의 산등성이에 있는 것으로 추정한다. 이 절터 일대에서 1980년 무렵까지 기와·토기·자기 등의 조각과 석재가 출토됐다. 이 산의 남쪽(안성시 일죽면)자락에는 영창대군(1606~1614)의 묘가 있다. 이 묘는 1983년 9월 19일 경기도 기념물 제75호로 지정되었다. 영창대군은, 선조(55세)와 인목왕후 사이에서 태어났다. 선조의 아들 14명 중 유일한 왕비의 소생이다. 선조의 특별한 총애를 받았으나, 1614년 여덟 살에 의문의 죽임을 당했다. 영창대군은 사후인, 1623년 인조반정으로 직위가 회복됐다. 2020년 이천시가 모가의 숲을 조성해 산의 느낌이 훨씬 친근해졌다.

라드라비 아트 앤 리조트

라드라비(L'art de la vie)는 프랑스어로 '인생의 예술'이라는 뜻이다. 모가면 서경저수지에서 마국산으로 올라가다 보면 구불구불한 산자락에 라드라비가 있다. 복합문화공간인 이곳에는, 1980년대 헤어뉴스라는 영어 이름을 선보이며 명동에 혜성처럼 등장한 이상일 헤어스타일리스트, 20여 년 전부터 연필화로 주목받고 있는 작가의 철학과 오랜 꿈이 서려 있다. 이곳 건축물은 작가와 아내인 김인숙 님이 이천의 목수들을 섭외하여 같이 지었다. 설계도도 없이 오직 그들의 꿈대로, 산의 바위와 길과 산의 능선을 살린 자연친화적인 건축물을 지어 화제를 모으고 있다. 한옥독채, 단체숙소가 있고 프라이빗 웨딩·파티·세미나·워크숍·연회 공간도 있다. 이상일 작가의 그림·영상·설치 작품이 전시된 갤러리(미술관) 연필화와 설치 작품을 보면 감탄사가 절로 나온다. 한식 및 이탈리안 레스토랑, 카페 베이커리도 있다. 미술관과 숙식은 방문하기 전 전화 문의 및 예약.

라드라비 아트 앤 리조트 1980년대 명동에 헤어뉴스라는 미용실 이름으로 혜성처럼 등장한 이상일 작가가 모가면 마국산 자락에 지은 라드라비 아트 앤 리조트 내 미술관 전경.

침대의 모든 것, 시몬스 팩토리움

텔레비전에서 이런 광고를 본 적이 있을 것이다. 그린색 원피스를 입고 구불구불하면서 긴 머리스타일의 늘씬한 외국 여성들이 나란히 파란 풀장 앞에 앉아서 맨발로 가볍게 물장구치고 미세하게 물소리가 들리는 장면, 다음 장면이 궁금해서 채널을 돌릴 수 없는, 광고 말이다. 한국 시몬스 침대 광고이다. 이 광고는 '흔들리지 않는 편안함'이라는 주제로 침대에 대해 일일이 설명하지 않으면서 브랜드를 각인시킨다. 혁신적이면서도 창의적이다. 시몬스는 광고만 획기적인 게 아니다. 침대도 탁월하다. 그리고 '시몬스 테라스'는 2019년 이천시 모가면에 문을 열자마자 단번에 이천시의 랜드마크가 됐다. 곳곳이 SNS상에서 인증샷(사진) 명소이다. 테라스 내 야외 잔디밭부터 발길 닿는 곳, 시선이 머무는 곳마다 예술이다.

시몬스 테라스는 '한국 시몬스 팩토리움(SIMMONS Factorium)' 내에 있다. 이천시 모가면에 위치한 이곳은 2만 2538평 규모로, ㈜시몬스 본사 및 매트리스 자체 생산동, 수면 연구 R&D센터, osv라운지, 전망타워, 헤리티지 앨리(역사관), 수면 기술 등을 친근하게 재해석한 매트리스 랩, 시몬스 테라스, 퍼블릭 마켓, 이코복스 커피 등으로 구성됐다. 이 가운데 시몬스 테라스는 ㈜시몬스가 마련한, 침대 관련 뮤지엄과 미술관이라고 요약할 수 있다. 실내공간은 지하 1층 지상 2층으로, 공간마다 침대와 관련된 기록물, 시몬스에서 출시한 다양한 침대와 침대의 역사, 오래전에 사용했던 침대 제작 기계와 도구, 디지털 아트 영상 등 다채롭게 구성돼 있다. 투어 관련 문의 및 예약은 시몬스 홈페이지 참고.

이천농업테마공원

사람은 음식을 먹어야 산다. 그 음식 가운데 쌀은 전 인류가 먹는다. 우리나라에는 밥심으로 산다는 말이 있다. 이천농업테마공원에 가면 농업, 특히 논농사에 관한 전반적인 것을 볼 수 있다. 우리 선조들이 농사, 특히 논농사를 지을 때 사용하던 다양한 도구와 기계 등도 새롭다. 다랑이논에 심어진 모가 자라고 벼 낱알이 영그는 풍경은 보는 것만으로도 힐링이 된

2천원 가마솥밥 행사때 갓 지은 가마솥밥 이천 농업테마공원에서는 '2천 명 2천 원 가마솥밥 행 사'가 열린다. 이천쌀밥이 2천원.

다. 이 공원에서는 '2천 명 2천 원 가마솥밥 행사'도 한다. 행사 기간에 맞춰 가면 가마솥에 갓 지어 따끈한 이천쌀밥에 열무김치와 나물을 얹은, 맛있는 비빔밥과 국

이천농업테마공원 쌀문화전시관 전경 조선시대 임금님이 능행길에 이곳에 들러 신하들과 같이 이천쌀밥을 먹고 연회도 베풀었을 듯 하다. 이천쌀에 관한 많은 정보를 알 수 있다. 체험도 가능하다.

을 맛볼 수 있다. 그릇 당 2천 원. 보통 4월부터 8월까지 매주 토요일 11시 30분부터 오후 1시까지. 일정은 변동될 수 있으니 가기 전에 공원에 연락하여 문의하시길. 이천농업테마공원은 150,460m², 입구에 임금님표이천브랜드관리본부, 이천 라이스카페도 있다. 쌀문화전시관 및 농업이 주제인 다양한 공간이 조성돼 있다. 농촌체험형 숙박시설과 캠핑데크 등을 이용 가능. 여름에는 물놀이장도 인기이다. 바로 인근에 목재 체험장, 유아숲, 어농리에 위치한 어농성지도 둘러볼만 하다.

숲속의 노천온천, 테르메덴

뜨끈한 온천물이 그리울 때가 있다. 따듯하고 보드라운 물에 온몸을 푹 담그면 긴장하고 응축된 몸의 피로가 풀린다. 마음도 개운해지고 이완된다. 이천시 모가면에 위치한 테르메덴은 독일식 온천리조트로, 365일 따듯한 천연온천수를 즐길 수 있다. 테르메덴(Termeden)은 온천을 뜻하는 독일어 'Therme'와 성서 속 지상낙원인 '에덴동산'의 'Eden'을 합하여 '온천의 지상낙원'이라는 의미를 담고 있다. 이곳의 바데풀은 독일의 바데하우스(Bade Haus)를 모델로 만들었다. 수심 1.2m 직경 30m 크기로 아시아 최대 규모이다. 4,000평 정도 되는 아름다운 숲속에서 남녀노소 누구라도 온천(노천온천)과 물놀이를 즐길 수 있다. 테르메덴에는 숲속 힐링 카라반 캠핑단지도 있다. 이 단지에는 전통한옥 테르메덴 카라반 등 총 30동의 카라반이 있다. 숲속의 노천온천에서 하늘의 달과 별을 볼 수 있다. 테르메덴은 애경그룹 계열사인 AK레저가 운영한다. 남이천 IC에서 5분 거리이다.

민주화운동기념공원

민주화운동기념공원에는 민주화운동과 관련된 다양한 책과 전시, 조각작품, 설치 작품, 민중가요, 법률에 따라 민주화운동 관련자 인정을 받은 136명의 열사가 안장된 묘역이 있다. 기념관, 영정과 위패를 모신 봉안소, 민주화운동의 가치를 공유하고 학습할 수 있는 교육공간, 민주화운동 과정에서 희생된 사람들의 사진 등을 만날 수 있다. 공원은 서울에서 중부고속도로를 타고 충정도 방향으로 내려오다 남이천 IC를 빠져나오면 바로 오른쪽에 있다. 봄에 이곳 벚꽃은 여럿이 봐야 한다. 여럿이 보면 그 의미를 알 수 있다.

22

설성면
겨울에도 딸기가 열리는 마을

설성면에 목장이 있다

설성면은 이천시의 남서부 쪽에 위치한다. 설성면은 원래 음죽군의 원북면과 근북면에 속해있다가 1914년 행정 개편에 따라 이천군에 편입되었다. 그러면서 설성면에 있는 설성산(雪城山)과 노성산(老星山)에서 한 자씩을 따와 설성면(雪星面)이라고 명명했다. 설성면은 설성산과 마옥산을 제외하고는 낮은 구릉(산보다는 조금 낮고 완만하게 비탈진 곳)지가 많다. 오래전 이곳 구릉지에서는 사과, 복숭아, 포도 농사를 많이 지었다고 전한다. 1990년대까지만 해도 이천군에서 포도를 가장 많이 생산하는 지역이기도 했다. 송곡천 유역에 충적평야

외우목장 설성면에 위치한 와우목장에서는 직접 우유를 생산한다. 목장에서는 젖소와 우유 관련한 체험이 가능하다. 근처에 와우목장카페에서는 이곳에서 생산한 우유를 넣은 맛있는 디저트가 있다.

가 있어서 마을이 형성되기 좋은 지역이었다. 마을 사람들은 벼는 물론이고 고추, 잎담배 등 밭작물을 재배했다. 잎담배는 한때 생산량이 국내 1위일 때도 있었다. 농가 부업으로 양봉도 성행했다. 1983년 이후 축산농가가 급격히 늘어 한우, 젖소, 돼지, 닭 등을 사육하는 농가가 늘었고 지금도 산 아래 구릉지에 축산농가가 많다.

설성산 이야기

설성면에는 지명 유래와 관련하여 재미있는 이야기가 많다.

먼저 설성산 이야기를 들어보자.

설성산(雪城山)은 설성면과 이천시 장호원읍 사이에 있는 해발 290m의 산이다. 동국여지승람에는 성산(城山)으로 기록돼 있다. 이 산 정상에 산성(山城)이 있어 그렇게 불렸다. 바로 설성산성(雪城山城)이다. 이 성은 6~7세기 신라의 전형적인 축성법과 신라의 행정 및 방어 목적으로 쌓은 치소성(治所城)에 대해 알 수 있는 중요한 유적이다. 1984년 9월 경기도 기념물 제76호로 지정됐다. 성의 둘레는 약 1km, 폭은 5m, 높이는 4~5m로 성벽의 형태는 타원형에 가깝다. 이 성은 삼국시대 성곽 중 대형에 속한다. 이 성에서 남동쪽 능선을 타고 내려오면 20~30m 정도씩 길게 성벽이 연결돼 있는 것을 볼 수 있다. 이 성 안에서는 병사들이 숙소로 사용한 흔적이 발견됐다고 한다. 이천시의 성지(城地) 가운데 성(城)의 형태나 윤곽이 가장 뚜렷하게 남아있는 성이기도 하다. 한편 이 성은 신라시대 때 축성된 것으로 알려져 있으나, 백제의 성이었고 고구려와 신라가 이 지역을 다스릴 때 보완했다는 주장도 있다. 정상에서는 이천, 여주, 죽산, 음성 일대까지 볼 수 있다. 이 성과 관련하여 재미있는 설화도 있다.

약 천 년 전 신라시대에 한 장수가 있었다. 이 장수는 백성과 신하들을 두루 사랑하고 나라에 충성했다. 문제는 그 나라의 왕이 애지중지 키운 공주도 사랑한 것이었다. 그 사실을 알게 된 왕은 신하들에게 이 장수를 죽이라는 어명을 내렸다. 이때 몇몇 신하들이 이 장수를 살려달라는 구명운동을 했다. 이에 왕은 장수에게 이 산에 5일 이내에 성을 완성하면 목숨을 살려주겠다고 했다. 단, 혼자 성을 쌓아야 한다는 전제를 붙였다. 장수는 성을 쌓는 데에 최선을 다했다. 하지만 혼자 힘으로는 도저히 기한 내에 성을 쌓지 못할 것 같았다. 그때 장수의 구명운동을 벌인 신하들이 설성산으로 인부를 보냈다. 그 덕에 장수는 약속한 기일 안에 성을 완성했다. 그런데 성의 준공을 하루 앞둔 한밤중, 왕은 잠결에 꿈을 꿨다. 장수가 눈보라 치는 설성산에서 추위에 오들오들 떨며 혼자 성을 쌓고 있는 꿈이었다. 꿈에서 깬 왕은 장수의 죄를 사하라는 명을 내렸다. 그리고 왕은 이 성의 이름을 설성(雪城)이라고 부르게 했다고 전한다.

또 이런 이야기도 있다. 신라는 성(城) 쌓을 적합한 곳을 찾기 위해 이천의 여러 산을 돌아다녔다. 다른 나라의 침입을 막기 위해서였다. 그러는 중에 설성산에 도착했는데 현재의 성자리에만 흰 눈이 내려 있었다. 신라인은 이를 희한하게 여겨 눈이 쌓인 길을 따라가면서 성을 쌓았다. 이때 성이 마치 흰 띠를 둥그렇게 두른 것처럼 아름답고 훌륭하여 설성(雪城)이라고 불렀다고 전한다. 현재 설성산 중턱에는 신흥사(新興寺)가 있다. 이 절은 원래 설성사(雪城寺)였고, 설성산성을 쌓은 장수를 기리기 위해 건립했다고 전한다.

노성산 이야기

노성산(老星山)은 이천시 설성면과 안성시 일죽면에 걸쳐있다. 이천의 소금강이라 불리며 해발 310m이다. 노성산(老星山)은 설성산과 마주 보고 서 있다. 설성면 사람들은 이 산을 노송산(老松山), 노승산(老僧山)이라고도 부른다. 이 산 이름에 얽힌 일화도 흥미롭다. 우선 노송산은 한자 뜻에서 엿볼 수 있듯이 이 산에 수려한 노송(老松), 즉 오래된 소나무가 숲을 이루고 있다 하여 그렇게 부른다고 전한다. 소나무는 특히 이 산에 있는 원경사(圓鏡寺) 주변에 많다. 노승산(老僧山) 역시 한자의 뜻에 이야기의 반이 담겨 있다. 원경사 주변 굴바위에 노스님이 살았다. 노스님은 매일 아침이면 서쪽 산을 넘어 안성시 일죽면으로 가서 쌀이나 곡식을 얻어와 설성면 주민들과 나눠 먹었다. 당시만 해도 일죽면 일대에는 논농사를 많이 짓는 부농(富農)이 많았고 설성면에는 밭농사를 짓는 빈농(貧農)이 많았다고 한다. 어느 해 설성면에 흉년이 들어 주민들이 기근과 질병에 허덕였다. 노스님은 변함없이 탁발을 하러 갔다. 그러던 어느 겨울 폭설이 내렸다. 하루는 노스님이 보이지 않았다. 주민들은 노스님을 찾기 위해 산을 뒤졌다. 그리고 눈 속에 묻힌 노스님을 발견했다. 주민들은 이 시신을 거두고 화장하여 산 구석구석에 뿌렸다. 주민들은 노스님의 자비심을 기리며 노스님이 거처한 산이라 하여 노승산(老僧山)이라고 불렀다고 전한다.

노성산 말머리바위

노성산에는 병풍바위, 굴바위, 말머리바위 등 기암괴석이 많다. 그 가운데 말머리바위는 이천 9경 가운데 제8경이다. 이 바위는 노성산 7부 능선에 우뚝 솟아있다. 바위 형태가 말의 머리 형상을 닮았다하여 말머리바위라고 불린다. 이 바위는 보는 위치에 따라 형태가 달리 보인다. 이 바위에 얽힌 전설에는 풍자와 해학이 담겼다. 옛날에 노성산, 마국산, 설성산 이렇게 세 산에 각각 장수들이 있었다. 세 산 사이에 용맹하고 총명한 말도 있었다. 하루는 세 산에서 주둔하고 있던 장수들이 한곳에 모여 결투를 했다. 말을 차지하기 위한 결투였다. 이들은 이 결투에서 이기는 순서대로 말의 머리, 몸통, 꼬리를 갖기로 했다. 그 결과 노성산 장수가 가장 먼저 이겨서 말의 머리를 차지했다. 이어서 마국산 장수는 몸통, 설성산 장

설성면 노성산 말머리바위

수는 꼬리를 갖게 됐다. 그 후 노성산에 말머리바위가 생겼다고 전한다. 세월과 자연의 풍상을 겪으면서 그 모양이 됐을 수도 있는데, 이천 사람들은 산 이름, 바위 하나에도 의미를 부여했다. 이야기를 담았다. 이천 사람들의 지혜를 볼 수 있는 대목이다. 5월~8월 사이 노성산 등산로 입구에 있는 노성산 시민공원의 보랏빛 맥문동 꽃도 장관이다. 주차장 근처 카페 '포크테일'에서는 커피와 차, 브런치 등을 즐길 수 있다. 반려견도 입장 가능.

우무실마을!

설성면 수산리는 노성산 아래 아름답고 조용한 마을이다. 소나무 향 가득한 수산리(1리, 2리, 3리)일대는 우무실마을이라고도 한다. 특히 수산2리에는 예로부터 노성산에서 흘러 내려온 맑은 물이 모인 우물터가 있었다. 그 우물을 중심으로 사람들이 마을을 이루고 살았다고 하여 우무실마을이라고 했다고 한다. 또 이 마을 지형이, 나무가 빽빽하게 둘러 있어서 밖에서는 보이지 않을 정도로 우묵하다고 하여 우무실이라고 불렀다고 추정하는 이도 있다. 이 마을은 녹색농촌체험마을로 지정받았다. 그러면서 수산2리 마을회관 앞에 있는 우물과 빨래터를 깔끔하게 정비했다. 이곳에서는 북청물장수 라는 물 체

306

험프로그램을 할 수 있다. 두레박을 우물에 넣어 물을 길어 올린 뒤 양동이에 담고 물지게로 져보는 체험이다. 나이가 지긋한 어른들에게는 옛 추억으로의 여행이다. 스마트폰과 정수기와 생수병에 익숙한 아이들에겐 생소하면서도 즐거운 놀이이다. 이 마을에서는 미꾸라지 잡기, 방앗간체험, 민들레발효액 만들기, 흰민들레를 활용한 한과와 식혜만들기, 대파, 고구마, 단호박 등 농작물 수확체험, 두부·쑥개떡·인절미 등 향토음식 만들기, 도자기 체험, 논얼음썰매타기, 원예체험 등 사계절 다양한 농촌체험프로그램을 운영한다. 옛 시골 정서와 추억이 그립거나 그것을 누리고 싶으면 노성산 우무실마을에 가 보자. 단, 체험은 노승산 우무실마을 홈페이지나 전화 등으로 미리 예약 해야 가능하다.

겨울에 딸기가 나온다고?

설성면은 이천에서 딸기가 가장 많이 생산되는 지역이다. 딸기는 간식이나 후식으로 먹어도 좋고 샐러드에 곁들여도 예쁘다. 요거트, 스무디로 만들어도 먹어도 맛있다. 제과점에서 케이크, 빵 등에 곁들이면 가장 잘 어울리는 것도 딸기라고 한다. 비타민C, 엽산, 미네랄, 안토시아닌 등 몸에 좋은 성분도 풍부하다. 설성면 송계리에 가면 추운 겨울에도 딸기를 맛볼

설성면 송골딸기 설성면 송계리에는 딸기 농가가 즐비해있다. 송계리는 송골이라고도 하여 송골딸기라고도 한다. 이곳 농장에서는 딸기 따기 체험이 가능하다. 딸기는 친환경이라 농장 에서 바로 먹을 수 있다.

수 있다. 일명 '송골딸기'이다. 어느 추운 겨울날, 너른 들녘에 줄지어 있는 비닐하우스 가운데 누리농장에도 가 보자. 비닐 하우스 문을 열자 안은 겨울 속 초록봄이다. 푸른색 딸기이파 리, 고아한 딸기꽃, 빨갛게 익어가는, 싱그러운 딸기가 손짓 한다. 빨간 딸기는 보는 것만으로도 입안에 침이 고인다. 주 인장의 허락을 받고 딸기를 한 개 따서 입 안에 넣는다. 상큼 한 맛이 일품이다. 달콤한 향이 입안에 가득하다. 한겨울에 딸기라니. 딸기는 주로 봄에 수확했다. 한데 비닐하우스 재배 가 일반화되면서 추운 겨울에 달콤새콤한 딸기를 맛볼 수 있 다. 송계리 딸기농가는 대부분 친환경 농법으로 딸기 농사를 짓는다. 그래서 이곳 딸기는 농장에서 따서 바로 먹어도 인체에 무해하다. 이 지역 딸기는 다른 지역에 비해 단단하고 당도도 높다. 송계리 딸기 농가는 딸기작목반을 구성해 딸기재배에 관한 정보도 교류하고 연구한다. 싱싱하고 맛있는 딸기를 고르는 팁 하나, 딸기열매를 받쳐주는 이파리가 꽃처럼 활짝 피어 있는 것을 따보자. 이 딸기가 튼튼하고 맛있다고 한다. 딸기따기 체험은 농장에 미리 예약을 해야 가능하다.

와우목장

내가 마시는 우유가 어디서 생산되는지 궁금하지 않은가. 설성면 금당리에 위치한 와우목장을 찾아가 보자. 이 목장은 9만 평의 드넓은 대지에 축사, 착유실, 유가공시설, 체험시설, 저장창고, 잔디밭 등으로 구성됐다. 숲속의 아름다운 공원 같은 목장이다. 이 목장에 가면 우유가 생산되는 과정을 볼 수 있다. 착유(搾乳, 젖소의 젖을 짬)실의 2층에서 커다란 유리창을 통해 젖소에서 원유 짜는 광경을 볼 수 있다. 이 목장에서 착유는 하루에 2회 한다. 새벽 4시 30분, 오후 4시 30분. 착유한 원유는 관로를 따라 원유냉각기로 이동되는데 곧바로 냉각된다. 냉각된 원유는 목장 내 5분 거리에 있는 자체 유가공공장에서 72~75도에서 15초 동안 빠르게 살균, 균질화를 진행한다. 당일 짠 원유를 당일에 바로 살균 가공하니 1A 등급 프리미엄 원유이다. 와우목장은 2015년 10월, 와우유업을 설립했다. 와우목장에서 착유한 원유로 우유를 비롯해 요구르트, 치즈, 밀크-티 등 유제품을 생산한다. 이 목장에서는 즐겁고 신나는 밀크스쿨(MilkSchool) 체험을 할 수 있다. 어미 젖소의 젖(원유)짜기, 건초(젖소 먹이)주기, 송아지한테 우유주기(송아지는 태어난 후 약 10주간 엄마젖을 먹는다. 엄마젖을 젖병에 담아 먹인다.), 아이스크림 만들기, 스트링치즈 만들기, 피자만들기, 잔디밭에서 놀기, 와우젖소차 타기 등. 체험은 예약이 필수. 와우젖소차는 젖소 모양으로 만든 차로 대한민국 젖소차 1호이다.

와우목장 설성면 위치한 와우목장에서는 우유를 생산하고 우유를 이용한 다양한 체험을 할 수 있다.

이러한 와우목장에 위철연 대표의 50년 인생이 녹아있다. 1970년 농대를 졸업한 그는 1972년, 경기도 화성군 봉담읍(구 봉담면) 와우리에서 와우목장을 열었다. 당시 목장은 15,000평 풀밭이었고, 소는 호주 젖소(임신우) 총 5마리였다. 그렇게 시작한 목장을 1979년 이천시 설성면으로 이전 확장했다. 이곳 목장에서는 한때 젖소를 300여 마리까지 사육한 적이 있다. 현재는 150여 마리를 기른다. 이 젖소들은 목장의 초지(草地)에서 직접 재배한 풀과 사료를 먹고 자란다. 젖소 1마리가 지내는 공간도 넓다. 젖소는 좋은 음식을 먹고 스트레스를 덜 받는다. 건강한 원유가 나오는 이유이다. 와우목장은 1972년부터 현재까지 친환경순환낙농법을 실행하고 있다. 와우목장앞에 와우목장카페가 있다. 이 카페 옆 넓은 호밀밭과 잔디밭이 눈을 시원하게 한다. 와우목장에서 생산한 우유를 넣은 요거트를 먹어보자. 아주 맛있다.

성호호수연꽃단지와 성호낚시터

설성면에 가면 제요리에 있는 반월성성당을 둘러보고 성호호수연꽃단지와 이천 성호낚시터도 걸어보자. 이 연꽃단지는 이천 유일의 대규모 연꽃단지이다. 2008년 설성면 장천리 889번지 일원에 조성했고 면적은 32만m²이다. 5월 즈음부터 개개비가 연꽃봉오리 위에 앉아서 노래한다. 개개비는 참새 목 휘파람새과로 연꽃단지나 호숫가 갈대밭, 강가에 서식한 다. 몸은 올리브색에 가까우며 멸종 위기에 처한 새이다. 사 진작가들이 연꽃과 개개비를 카메라에 담는 풍경도 멋지다.

이천 성호낚시터는 설성면 장능리에 위치한다. 성호낚시 터는 평지형 낚시터로서 수면적은 약 10만평이고 최고수심은 4~5m, 평균수심은 2~3m이다. 자연경관도 이국적이다. 아 름답다. 호숫가에 펜션형 수상방갈로좌대, 구형 수상방갈로 좌대, 부교 등이 있어 운치를 더한다. 성호낚시터는 주변으로 둘레길이 잘 조성되어 있다. 가족이나 연인, 친구 등과 함께 걸어보시길.

설성면 성호연꽃단지

23

장호원읍
신선이 먹은 복숭아, 황도

장호원

장호원(長湖院)은 이천시 남동부에 위치한 읍이다. 이천시 율면과 설성면, 여주시 가남면과 점동면, 충청북도 음성군 감곡면과 접해있다. 장호원읍은 역사 속에서 법정구역상 충청도와 이천시를 오갔다. 조선시대(1401, 태종 1)때는 음죽현이었고 1895년(고종 32) 이천군에 속했으나 다시 음죽현에 속했다. 현재 장호원읍 선읍리(善邑里)가 음죽현에 속했을 때 이 마을에는 음죽현 관아(官衙)가 있었다. 이 지역은 1914년까지 수백 년간 이천의 중심지였다. 현재, 선읍리에 있는 음죽현 관아 터와 음죽향교 터가 그것을 알려준다. 장호원은 1914년 행정구역 개편 때 이천군에 속하여 청미면(淸渼面)이 되었다. 1941년에는 장호원읍으로 승격됐고 1996년 이천군이 이천시로 승격되자 이천시 장호원읍이 되어 지금에 이른다.

장호원은 장해원(長海院) 또는 장원(長院)이라고도 불렸다. 물길이 많은 지리적 조건과 원(院)과 역(驛)이 있었던 것이 이 지명에 영향을 줬으리라 추정한다. 실제로 장호원에는 지명의 한자 뜻처럼 길고 넓은 물길이 흐른다. 청미천(淸渼川, 경기 남동부 지역 평야지대의 수원지 역할을 하는 주요한 하천. 천민천天民川이라고 불리었음)이 남북으로 흐른다. 용담(龍潭, 하천이 모여 못을 만들 경우 용이 살 수 있는 곳이 된다는 뜻), 추택(秋澤, 연못, 늪이 많음 등)등 물이 많아 생긴 지명도 있다. 또한 장호원(長湖院)에는 고려시대부터 조선 시대까지 원(院)이 있었다. 원(院)은 나라가 운영하는 숙박시설로 국가가 주요 도로나 역(驛)의 중간 지점에 설치하여 중앙관청 관리들이 공공업무를 수행하거나 공무로 여행할 때 숙식 편의를 제공했다. 장호원이 음죽현이던 조선시대(1401, 태종 1), 현재 장호원읍 이황리에 유춘역(驛)이 신설됐다. 당시 공무원들은 이 역에서 공공업무를 수행하기 위한 말을 갈아타고 공급받았다. 이 역은 중남부 내륙지방 보부상의 통행로였고, 운송로이기도 했다. 지방행정과 상업, 시장, 주막촌(酒幕村, 여행자나 상인들이 이용한 숙

장호원 복숭아 장호원 사람들은 복숭아로 축제를 연다. 처음에는 복숭아꽃이 필 무렵 과수원에서 축제를 열었다. 지금은 전국민이 찾아오는 축제로 성장했다. 복숭아 맛도 일품이다.

박시설), 가촌(街村, 도로를 따라 주택이 길게 자리 잡음)도 발달했다. 장호원은 지금도 서울~부산을 연결하는 3번 국도가 통과하고 경기도와 강원도를 동서로 잇는 38번 국도가 교차한다. 하지만, 이천군청, 그리고 이천시청 청사가 창전동으로, 나중에는 중리동으로 이전하면서 장호원의 도시화나 산업 발전은 더디 가고 있다.

신선이 먹었다는 복숭아

장호원에서 활발하게 발전하고 있는 것이 있다. 쌀, 복숭아, 사과, 배 등 농산물과 과수 재배이다. 장호원에는 많은 구릉지와 드넓은 평야가 있다. 산으로 둘러싸여 있어 강한 비바람을 막아준다. 때문에 일조량은 많고 낮과 밤의 일교차가 크다. 타 지역에 비해 강수량은 적고 땅은 비옥하다. 이러한 자연환경으로 인해 장호원의 농산물은 맛있다. 특히 7월과 10월 사이에는 장호원 복숭아를 꼭 먹어야 한다. 복숭아는 신선이 먹는다고 하여 선과(仙果)라고도 했다. 손오공도 그 맛에 흠뻑 반했다고 한다. 얼마나 맛있으면 그랬을까. 장호원 복숭아에 대해 알아보자.

이름도 예쁜 복숭아는 아삭하면서도 식감은 부드럽다. 달콤한 맛에 향미도 탁월하다. 꽃은 우아하다. 복사꽃이 만발할 때 그 풍경이 얼마나 아름답고 황홀했는지, 무릉도원(武陵桃源)이라는 표현을 썼을 정도이다. 추운 겨울을 지나고 새봄에 화사한 연분홍빛꽃으로 들녘을 점점이 물들이고 여름에는 진초록 이파리 사이로 싱그러운 열매를 선사하니 그러하지 않겠는가. 조선 전기 산수화인 '몽유도원도'는 안평대군이 무릉도원을 거니는 꿈을 꾼 뒤 그 장면을 안견한테 말했고 안견이 그것을 그려서 탄생한 작품이라는 일화가 있다.

복사나무는 아시다시피 복숭아나무를 말한다. 원산지는 페르시아로, 학명도 페르시카(pérsica)이다. 우리나라에서도 오래전부터 복사나무가 자생했다. 이원수 선생이 쓴 〈고향의 봄〉 가사 일부를 보면 복숭아나무는 우리나라 곳곳, 특히 산골에서 재배했다는 것을 알 수 있다. '나의 살던 고향은 꽃피는 산골, 복숭아꽃 살구꽃 아기 진달래' 이 대목이다. 〈고향의 봄〉은 1926년 4월 아동잡지 『어린이』에 수록됐고 홍난파 선생이 곡을 붙인 후 지금까지 국민동요로 불린다.

장호원에서는 복숭아나무를 소규모로 재배하다가 과수원을 조성해 재배하기 시작했다. 그 시초는, 장호원읍 오남리에 거주한 유두희 씨가 1930년에 조성한 해동과수원에 힘이 실린다. 이 과수원의 복숭아나무 수령이 그 근거가 된다. 한때, 일본인 다까노 씨가 백족산 기슭인 장호원 진암리에 개원한 과수원으로 추정했으나 다까노 씨는 유 씨보다 5년이 늦은 1935년에 시작한 것으로 알려졌다. 1920년대 구릉지대와 야산 개발이 활성화되면서 복숭아나무 과수원도 점점 늘어났다. 당시 주로 재배한 품종은 상해 수밀도(水蜜桃)와 천도복숭아였다.

장호원 미백도

장호원 복숭아의 수확 시기는 7월~10월 초까지이다. 이 기간에 미백도, 천중도, 황도 등 다양한 품종이 순차적으로 생산된다. 그 가운데 미백도는, 7~8월 사이에 생산되는데, 껍질 색깔이 은은한 유백색이며 열매는 크다. 과즙은 풍부하며 신맛은 적고 당도는 높다. '미백도'는 장호원이 원산지이다. 그 사연이 있다. 이차천 씨는 장호원읍 이황리에서 복숭아나무를 재배했다. 그러던 중 1951년 1·4후퇴 때 대전으로 피난을 갔다. 이 씨는 대전에서 미국인 선교사가 운영한 복숭아나무 과수원 일을 하며 피난 생활을 했다. 전쟁이 끝나고 이 씨는 선교사의 과수원에서 복숭아나무를 얻어와 이황리의 복숭아나무에 눈접붙이기를 했다. 복숭아나무는 무럭무럭 자랐다. 어느 하루 이 씨는 한 나무에서 유난히 크고 하얀 복숭아를 발견했다. 보기에 아름답고 먹음직해 이웃과 나눠 먹었다. 이때 이웃 사람들은 복숭아 맛을 입에 침이 마르도록 칭찬했다. 이 씨는 이 품종을 미국계 복숭아로 색깔은 희고 맛은 일품이라는 뜻을 담아 '미백도'라는 이름을 지었다. 미백도 묘목을 생산해 주변에 보급했다. 그러다 보니 미백도는 장호원에서 전국으로 확산됐다.

장호원 황도

9월~10월 사이에는 황도를 먹으러 장호원에 가자. '장호원 황도(長湖院 黃桃, Changhowon Hwangdo)'는 요즘 소비자의 선호도가 가장 높은 품종이다. 이 황도는 겉껍질과 속살이 노란색이어서 황도라고 한다. 황제가 먹는 복숭아, 또는 과실의 황제라 하여 황도라고도 한다. 황도는 5월 즈음 노란 종이로 열매를 감싸주는데 열매가 햇볕에 노출된 부분은 선홍색이다. 황도는 복숭아, 파인애플, 사과, 감 이렇게 4가지 과일 맛을 품고 있어서 '천상의 맛'이라고 한다. 육질은 부드럽고 당도는 높다. 크고 아름다운 생김새와 빛깔, 달큰한 향기 또한 우수해 복숭아 중에서 으뜸으로 친다.

장호원 황도가 여기까지 오기까지 최상용 씨를 이야기해야 한다. 1963년이었다. 장호원읍 진암4리에 살던 최 씨는, 외가 친척을 통해 복숭아나무 두 그루를 얻었다. 품종은 '엘버

장호원 황도 원조목, 백족산 아래, 장호원읍 진암리 도월마을에 복숭아 원조목(木)이 있다. 2015년 5월 29일 기준. 수령은 약 48년.

타(elberta)'. 이 품종은 외가 친척이 일본에서 들여온 것으로, 열매가 처음 열릴 때만 해도 소비자로부터 호응을 얻지 못했다. 대신 과육에서 씨가 잘 빠지는 특성으로 인해 주로 복숭아 통조림용으로 사용됐다. 최 씨는 30여 년 동안 이 나무를 엘버타라고 부르며 계속 재배했다. 이 품종은 장호원의 토질과 기후와 환경에 맞춰 자라고 열매를 맺었다. 어느 하루 한 나무에서 유난히 큰 열매가 최 씨의 눈에 띄었다. 노란색에 동그랗고 향기 좋은 복숭아였다. 이 열매를 먹었더니 다른 나무에서 한 번도 맛보지 못한, 특이한 맛이 났다. 때는 1980년대, 우리나라 경제가 눈부시게 발전하고 있었다. 소비자의 복숭아 맛에 대한 취향도 달라졌다. 드디어 세상이 장호원 황도의 진가를 알아보기 시작했다. 이 품종에 대한 연구도 본격으로 진행됐다. 1993년, 농촌진흥청 과수연구소의 시험연구 결과 평가회를 통해 황도는 장호원에서 자연발생 변이 품종임과 동시에 장려품종으로 인정받았다. 1994년 2월 1일 자로 '장호원 황도'라는 한국 이름으로 공식 명명, 정식 품종 등록도 마쳤다. 엘버타와는 확연히 다른, '장호원 황도'라는 새 이름을 얻은 것이다. 장호원 황도는 2000년 9월 일본 수출을 시작으로 홍콩, 싱가포르, 인도네시아 등 세계 각국으로 수출한다. 한편, 백족산 아래, 장호원읍 진암리 도월마을에는 복숭아 원조목(木)이 있다. 이 나무는 최 씨가 심고 가꾼 것으로 전해진다. 2015년 5월 29일 기준, 수령은 약 48년. 4월과 5월 사이 백족산 아래 복숭아밭은 그야말로 무릉도원이다. 백족산(百足山)은 해발 402m로, 산 정상에 발이 100개인 커다란 지네가 살았다는 전설도 전해온다.

햇사레 장호원 복숭아축제

9월엔 햇사레 장호원 복숭아축제장에 가보자. 장호원읍에 위치한 장호원 농산물유통센터 일원에서 열리는 축제에서는 복숭아품평회, 먹을거리장터, 복숭아 무료 나눔, 복숭아시식회,

복숭아가요제 등 다채롭고 즐거운 문화 행사가 펼쳐진다. 축제장에 가면 풍원농원, 창원농원, 대서리작목반, 방추리 작목반, 백족산작목반 등 여러 농장의 다양한 햇사레 복숭아를 저렴하게 구입할 수 있다. 이천쌀을 혼합한 복숭아 식혜, 복숭아말랭이, 복숭아식초, 복숭아고추장 등 복숭아와 관련된 여러 가공식품도 만날 수 있다. 햇사레 장호원 복숭아축제는 장호원 복숭아 재배 농민들의 치열한 노력의 산물이다. 농민들은 1997년 자체적으로 복숭아 축제를 열고 장호원 복숭아의 우수성을 알렸다. 이후 해마다 9월이면 햇사레 장호원 복숭아 축제가 열린다.

한편, 햇사레는 농협 경기지역본부와 충북농협이 2002년 이천시 장호원 지역과 충북 음성 지역 내 4개 조합을 서로 연합해 개발한 브랜드이다. 당시, 경기동부원예·장호원·감곡·음성농협은 햇사레과일조합공동사업법인(구 경기·충북 복숭아연합사업단)을 만들고 복숭아 브랜드 개발과 체계적인 판로개척에 힘썼다. 음성군 생극·삼성농협도 2006년 이 법인에 합세했다. '햇사레'는 '풍부한 햇살을 받고 탐스럽게 영근'이라는 의미를 담고 있다. 2003년 4월 특허청에 브랜드를 등록했고 이후 GAP 인증도 받았다. 햇사레 복숭아는 철저한 품질관리와 꾸준한 재배기술 보급과 교육 등으로 체계적인 사업을 하고 있다. 이 복숭아는 세계로 수출 중이다.

장호원 오일장, 각본없는 생방송 드라마

오일장은 걸어가면서 자유롭게 관람이 가능한 각본 없는 생방송 드라마이다. 삶의 전시장이다. 감독과 주연은 상인과 소비자. 상인은 큐레이터, 가게는 전시장이자 공간적 배경, 종일 구경해도 관람료는 무료. 장호원 오일장은 날짜 끝자리에 4나 9가 들어가는 날에 열린다. 이 장은 장호원 일대에서 규모가 가장 크다. 시장 입구에 있는 주차장에서 청미천 산책로까지 길게 이어진다. 주차장은 승용차 70~100여 대를 주차할 수

장호원 장날 풍경 장은 각본 없는 생방송 드라마이다. 모두가 주연배우이다.

있다. 장날 전통시장 구역과 넓고 긴 장터로는 활기로 가득하다. 다양한 사연으로 장에 온 사람들, 제철 곡류와 채소와 과일, 반찬, 생선, 즉석식품 등 맛있는 먹거리, 다양하고 진귀한 생활용품, 농사지을 때 필요한 것 등등. 없는 것이 없을 정도이다. 삶이 권태로울 때 장호원 시장에 가보자. 헐렁한 차림이어도 좋다.

123년 전통 장호원감리교회

장호원교회(대한기독교 감리회)는 123년 동안 어린이와 청소년, 노인 등 이천 지역사회에 나눔과 교육을 실천해왔다.

장호원감리교회 전경 장호원교회는 123년동안 장호원 주민들과 함께 했다. 교육의 산실이자 이웃사랑을 실천했다.

1910년 즈음 매일학교라고 불리는 선교학교를 세워서 기독교교리외에 수학과 역사, 지리 등을 가르쳤다. 이 학교는 일제의 탄압에 의해 오래 가지 못하고 사라졌다. 1913년 교회에서는 청미학교(남자매일학교와 여자매일학교)를 설립했다. 이 학교 역시 일제에 의해 주간 경영이 어렵게 되자 1919년 폐교했다. 1919년 3·1 운동이 일어나던 해, 교회는 독립운동의 산실이 된다. 1930년대 한국어를 거의 쓰지 못하게 하는 일제의 핍박과 위기 속에서도 조선문을 가르쳤다. 여자야학도 실시했다. 당시 여성에게는 교육의 기회를 제공하지 않고 집안일과 육아, 농사일 등을 전담시켰다. 이러한 상황에서 교회는 특히 생활이 어려운 여학생들에게 학용품과 난방비 등을 지원해주며 공부를 하도록 독려했다. 교회는 2023년까지 지역사회는 물론이고 해외까지 수많은 봉사와 나눔을 이어가고 있다. 이천 지역사회 도시재생사업 교육장소나 타 지역의 등 외부 행사에도 기꺼이 교회 문을 열었다. 교회 건축물도 웅장하다. 종교를 뛰어넘어 탐방할만하다. 가을엔 청미천 따라 코스모스길도 걸어보자.

24

율면 1
이천의 제주도, 부래미마을

고부간 갈등을 사라지게 한 밤 이야기

율면은 동쪽으로는 음성군 감곡면(甘谷面)과 생극면(笙極面), 남쪽으로는 충북 음성군 금왕읍(金旺邑)과 삼성면(三成面), 북쪽으로는 이천시 설성면(雪星面)과 접한다. 안성과도 인접해 있다. 율면면적은 36.77km², 인구는 3,100여 명(2021년 기준)으로 이천에서 가장 적은 인원이 살고 있다. 율면(栗面)은 지명에 밤나무 율(栗)자를 사용한다. 그 정도로 밤나무가 많았다고 전한다. 율면에서도 본죽리에는 밤 관련 설화가 있을 만큼 밤나무가 많았다. 밤의 효력도 뛰어났다. 고부간의 갈등도 사라진다는 밤 이야기도 전해온다. 옛날에 중병을 앓고 있는 시어머니와 건강한 며느리가 본죽리 밤골에 함께 살았다. 두 사람은 사이가 매우 안 좋았다. 시어머니가 며느리 시집살이를 호되게 시켰기 때문이다. 이를 견디지 못한 며느리는 어느 날 은밀히 지혜로운 자를 찾아갔다. 그리고 시어머니를 없앨 방도를 물었다. 그러자 지혜로운 자는 며느리한테 이런 비책을 알려줬다. "매일 삶은 밤을 넣고 밥을 지어서 어머니 밥상에 올려라. 백일동안 그렇게 하면 시어머니는 죽게 될 것이다." 이에 며느리는 본죽리 일대에 있는 밤을 주워 밤밥을 지어서 시어머니께 올렸다. 한데 날이 갈수록 시어머니의 혈색이 좋아지고 건강해졌다. 희한한 일은 백일이 되자 시어머니는 건강을 회복했다. 그러자 시어머니는 며느리의 지극한 효성과 밤 덕분에 건강을 되찾았다며 동네방네에 자랑을 했다. 그러면서 고부간의 갈등이 사라지고 화목한 가정이 됐다고 전한다.

설봉향과 귤이 열리고 돼지박물관도 있다

율면은 먹거리가 풍부한 지역이기도 하다. 1990년대 까지 율면에서는 쌀·보리 콩·옥수수·잎담배·고추 농사도 많이 지었다. 현재는 다양한 과일을 많이 재배한다. 포도는 여러 품평회에서 우수 농산물로 인정받을 정도로 맛과 품질이 우수하다. 아주 맛있다. 복숭아와 배, 블루베리도 마찬가지. 율면에서 설봉향(한라봉)과 귤도 생산한다. 생산지는 율면 북두리 736번지에 위치한 '하늘빛농원'. 이 농원은 경기도 최초의 설봉향과 귤따기 체험 농장이다. 과일 맛은 달콤새콤하면서도 꿀맛이다. 설봉향은 이천 설봉산 이름을 가져와 지었다. 하늘빛농원에서 생산한 귤과 설봉향은 농원이나 이천로컬푸드매장, 롯데아울렛 향토문화관에서도 구입 가능하다. 상고귤은 11월 초부터 12월 둘째 주 정도까지 수확한다. 약간의 변수는 있다.

율면 월포리에 '피아뜰 돼지보러오면돼지(돼지박물관)'가 있다. 이곳에 가면 돼지가 선보이는 돼지공연도 볼 수 있다. 전 세계의 다양한 돼지 인형, 돼지에 관한 정보와 역사적 의미를 알 수 있고 돼지로 만들 수 있는 요리 등을 체험하고 먹을 수 있다. 돼지에 대해 궁금하면 피아뜰 돼지보러오면돼지에 가면 된다.

율면에는 드넓은 청미천(淸渼川)과 석원천(石院川)이 들녘을 가로지른다. 이 하천의 물은 맑고 깨끗하다. 다양한 물고기와 미생물이 서식한다. 여름밤엔 반딧불이도 볼 수 있다. 무엇보다 하천 주위의 넓고 기름진 평야에서 수확한 이천쌀은 임금님께 올린 진상미로 정평이 나 있다. 드넓은 평야는 물론이거니와 특히 산성리 산골(옥골)에서 생산한 햅쌀로 지은 밥은 옥빛이다. 밥만 먹어도 맛있다. 논은 대부분 산 아래 있어 땅의 깊이가 깊고 흙은 모래와 회갈색 진흙이 알맞게 섞여서 비옥하다. 우렁이와 지렁이 등 다양한 생물이 서식하는, 살아 있는 땅이다. 그곳에서 생산한 쌀로 지은 밥이니 영양이 풍부하고 맛있을 수밖에.

아름다운 부자들이 사는 마을 부래미마을

부래미마을은, 율면에서도 가장 남쪽에 위치한 작은 농촌마을이다. 부래미마을은 석산리 일대를 말한다. 석산리는 본래 충청북도 음죽군 상율면에 속했고 옛 명칭은 석교촌(돌다리가 있는 마을)이었다. 1914년 행정구역이 폐합됨에 따라 석교촌·하산동·내부암·외부암을 병합하여 석산리라 하였으며 율면에 편입되었다. 세월이 흘러 행정구역상 석산리를 석산1리, 석산2리, 석산3리로 분리했고 석산로변에 위치한 석산1리는 벌판에 있다 하여 벌불암(외부암, 벌부래미), 석산2리는 마을 안쪽에 있다하여 안불암(내부암, 안부래미)이라고 불렀다고 전한다. 구전에 의하면 석산1리와 석산2리 사이에 있는 산에 부처를 닮은 형상의 돌(바위)가 있어 돌산 혹은 불암(佛巖)산이라고 불렀고 돌석(石)자를 사용해 석산리로 불렀다고 한다. 돌산과 관련한 이야기가 또 있다. 옛날에 석산리 주변에 부자가 많이 살았다고 한다. 어느 날 한 스님이 이 마을을 찾아와 시주를 권유했으나 부자들은 시주는커녕 스님을 냉대했다. 그러자 스님은 바로 돌아가지 않고 마을을 찬찬히 둘러보고는 '저 돌산만 없었으면 이 마을 사람들이 더욱 부자가 될 텐데 안타깝네'라고 혀를 끌끌 차고는 마을을 떠났다. 스님의 말은 부자들 귀에 빠른 속도로 들어갔고 부자들은 더 큰 부자가 되기 위해 부처상과 돌산을 없앴다. 기이한 일은 나눔에 박하고 재물을 탐하던 부자들은 어느 날부터 재산을 탕진했다. 결국 그들은 모두 마을을 떠났다. 이 이야기는 사람의 입에서 입으로 전해지다 보니 조금씩 차이가 있다. 그러던 어느 날부터 이 마을에 안성 이씨가 터를 잡고 살기 시작했다. 부래미마을은 안성 이씨 집성촌이 됐다. 이들은 마음씨가 따뜻하고 공부하는 데에 게을리하지 않았으며 나눔에도 후했다. 세월은 흐르고 흘러 2003년 이 마을은 녹색농촌체험 마을로 지정됐다. 마을 사람들은 마을 이름을 다시 지었다. 부래미(富來美)마을. 이 마을에는 아름답고 마음씨 따뜻한 부자들이 살고 있고 이 마을을 오가는 사람마다 부자가 된다는 의미이다. 어느 날부터 이 마을 안성 이씨 조상 묘와 사당이 있는 사당골에는 도시에서 살다가 한적하고 공기 좋은 곳을 찾아 귀촌한 사람들이 집을 짓고 산다. 그 사람들도 아름답고 성품이 좋다. 주민들간의 화합도 잘 되는 마을이다.

사람은 마을을 만들고 마을은 사람을 살게 한다

도로에서 부래미마을 표지판을 따라 가는 순간 먼발치에서 팔성산이 어서 오라고 큰 품을 활짝 펼친다. 신작로를 따라 조금만 올라가면 석산저수지(내석저수지)가 눈에 들어온다. 이 저수지를 지나 산책로를 따라 가다보면 오래된 주택과 텃밭 사이 공터에 형광색 건물, 체험장이 눈에 들어온다. 마을길을 좀 더 걸으면 부래미마을 다목적체험관이다. 이 마을이 2003년 녹색농촌체험마을로 지정되면서 2007년에 신축한 건물이다. 30여 가구도 채 되지 않은 작은 시골마을, 편의시설이나 큰 건물 하나 없는 이 마을에, 20여 년 간 매년 2~3만 명이 다녀갔다고 한다. 그 세월 동안의 무슨 일이 있었던 걸까. 2003 녹색농촌 체험 마을 지정(농림축산식품부), 농촌마을 가꾸기 경진 대회(농림부, 2003, 2004, 2007), 정보화 마을 지정(행정안전부, 2004), 슬로푸드 체험마을 지정(경기도, 2004), 농촌마을 종합개발 사업 진행(농림축산식품부, 2005~2009), 체험휴양 마을 지정(이천시, 2011), 농어촌 인성학교 지정(교육부/ 농림축산식품부, 2013), 부래미마을 영농조합법인 설립(2014)이외

부래미마을 다목적체험관 이 체험관에는 현재 마을디자인평생교육이 진행되고 있다. 교육 및 체험, 숙식공간도 갖추고 있다.

에도 부래미마을의 수상 경력은 화려하다. 당시 우리나라 농촌 마을 대부분이 고령화되고 인구가 줄고 있었다. 하지만 부래미마을에는 서울과 경기지역에서 체험객들이 밀려왔다. 전국 여러 지역에서도 단체 체험객 방문이 급증했다. 제철 작물 수확체험, 봄이면 딸기따기 체험, 복숭아꽃 배꽃 구경, 여름이면 토마토따기, 포도따기, 가을이면 쌀찐빵 만들기, 농촌모습 그리기, 인절미 만들기 이외에도 깡통열차타고 마을여행, 도자기 만들기, 자연염색체험, 감자·고구마 캐기, 계란꾸러미 만들기 등 사계절 체험이 줄을 섰다. 2018년에는 들녘에서 메뚜기 축제도 열렸고 밤에는 독서모임도 했다. 체험장 주인들은 체험객들에게 과일 따는 최적의 요령과 주의사항 등을 재미있게 설명했다.

이 마을은 정보화 마을로 지정되면서 집집마다 컴퓨터를 들여놓고 인터넷 공부를 했고 인터넷으로 정보를 공유했다. 부래미마을 홈페이지도 만들었다. 마을 사람들은 어른 아이 할 것 없이 마을 청소와 화단 가꾸기에도 정성을 기울였다. 마을에서 수확한 농산물은 체험객이나 인터넷을 통해 판매했다. 동네에서 관심을 갖지 않고 버려둔 땅을 발굴해 아름다운 생태습지공원으로 조성했다. 이 습지에서는 찬 샘물이 마르지 않고 자꾸 샘솟았다. 버드나무를 비롯해 각종 나무와 동물과 생물이 살았다. 관광객 숙소는 다목적체험관이나 마을 민박집을 연계했다. 식사는 부녀회에서 준비하여 다목적체험관에서 먹었다. 식사의 주 재료는 마을에서 수확한 쌀과 싱싱한 채소와 과일 등이었다. 마을 재정과 일처리는 인터넷으로 공유했고 조직적이고 합리적으로 움직였다. 외지 사람들에겐 일거리가 생겼고 주민들은 농사를 짓는 짬짬이 프로그램을 진행했다. 주민들의 연소득은 두배 가까이 올랐다. 그렇게 산 아래 조용한 작은 마을에 기적이 일어났다. 마을 주민과 정부기관이 협력해 농촌 명소를 만들었다. 여기에 마을을 아끼는 누군가의 투철한 사명감과 봉사와 희생, 그리고 주민의 협조로 부래미마을은 시골에서 보기 드물게 성공한 마을공동체의 표본이 됐다.

하지만 이 마을도 지난 2019년 발발한 코로나를 피해갈 수 없었다. 3년여 동안 숙박과 체험은 문을 닫았다. 그러는 중에 체험관 앞 밭은 인삼밭이 됐다. 2022년 6월 부래미마을은 다시 문을 열었다. 현재 다목적체험관에서는 숙식과 체험이 가능하다. 마을디자인평생교육원 등 교육공간으로도 활용한다. 생태습지도 살아났다. 체험과 숙박은 미리 예약을 해야 가능하다.

남혜인 자연염색 공방, 우당도예원 김영국 화가

부래미마을에 '남혜인 자연염색' 공방도 있다. 이 공방에서는 6월이면 '조선시대로의 홍화염색 여행'을 한다. 진행은 공방 대표인 남혜인 작가가 한다. 홍화(紅花)는 보편적으로 6월 중순부터 꽃이 핀다. 사람 몸에 이로운 꽃이라 하여 '잇꽃'이라고도 불린다. 홍화는 약성이 있어서 맨손으로 만져도 몸에 좋다. 홍화꽃으로 염색한 옷은 색감도 매력적이다. 홍화염색 여행의 첫 코스는 홍화꽃밭이다. 꽃밭에서 주홍빛 꽃잎을 딴다. 바구니에 담긴 꽃잎은 단풍잎을 흩뿌린 듯 매혹적이다.

홍화꽃밭 율면 부래미마을 남혜인 자연염색 공방 옆에는 홍화꽃밭이 있다. 유월이면 홍화꽃이 만발한다. 이 꽃을 따서 조선시대 방식으로 염색을 한다.

홍화 염색, 쪽 염색 율면 부래미마을 내에 위치한 남혜인 자연염색 공방에서는 매년 6월이면 홍화염색을 한다. 평상시에도 율면 토종 식물로 염색을 한다.

꽃잎을 절구에 넣어 찧는다. 그것을 동그란 꽃모양으로 만든다. 말려서 다음에 사용하기 위해서이다. 홍화꽃물과 오미자물, 홍화대잿물을 섞은 물에 새하얀 천을 담그고 천에 골고루 물이 들게 한다. 물을 꼭 짜서 마당의 빨랫줄에 가지런히 넌다. 부래미마을에 오면 이러한 홍화염색, 그러니까 조선시대에 우리 선조들이 했던 염색방법을 체험할 수 있다. 쪽(푸른빛)염색, 밤나무이파리, 꼭두서니 등 율면의 토종식물로 자연염색 체험을 할 수 있다. 도자기 체험도 가능하다. 남 작가의 남편인 김영국 님은 화가이자 도예가이다. 김 작가는 이곳에서 우당도예원을 운영한다. 소나무와 부래미마을 풍경을 그림과 조형물과 도자기 등 예술작품으로 풀어낸다. 체험은 예약 필수.

어재연 장군 생가

율면에 오면 어재연(魚在淵, 1823~1871) 장군 생가도 둘러봐야 한다. 이 생가는 율면 산성1리 돌원마을의 둔덕에 있다. 돌원마을은 마을 주변에 돌이 많다 하여 돌원이라고 했다. 조선시대 이 마을 앞에 역로(驛路)가 있어서 돌원역이라고 하다가 나중에 석원역이 됐다고 한다. 『동국문헌비고』(1770)나 1871년에 발행한 『이천읍지』에 의하면 돌원마을에 돌원장이 섰다는 기록도 있다. 이곳은 조선시대에 한양에서 부산까지 이어주는 영남대로(현 영남길)에 조선통신사가 왕래했던 교통의 요지였다. 당시 유동 인구도 제법 많았다고 전한다. 현재 돌원마을은 고즈넉한 시골마을로 가구 수가 적고 주민들은 주로 농사를 짓고 산다.

어재연 생가는 경기도 영남길 제10길 이천옛길의 마지막 도착지이기도 하다. 이 생가는 1984년 1월 14일에 국가민속문화재 제127호로 지정됐다. 이 고택이 조선 후기 가옥 구조를 살필 수 있는 중요한 자료가 되기 때문이다. 이 고택은 사랑채·광채·안채 모두 건물의 질이 우수하고 집 원형이 제법 잘 보존된 상태이다. 넓은 안마당을 사이에 두고 안채와 사랑채는 마주하고 있으며 'ㅁ'자형 배치 구조를 이루고 있다. 안

율면 산성리 어재연 장군 생가 어재연 장군은 신미양요 때 미군과의 전투를 이끌다가 전사했다. 이 고택은 조선후기 고택 양식을 살필 수 있는 중요한 자료이다.

채는 7칸 ㄱ자형 구조로 부엌과 안방으로 배치됐고 대청이 건넌방과 연결고리가 된다. 긴 흙돌담이 화장실 뒤부터 안채와 광채 뒤란을 둥그렇게 둘러싸고 있는데 마치 잘 그린 그림을 옮겨놓은 듯 하다. 방안의 벽에는 물건수납공간이 있는데 중요민속문화재라 자세히 볼 수 없어 아쉬움이 크다. 이러한 문화재는 내부도 관광객에게 공개하여 과거 우리나라 집 구조 등을 알게 하는 건 어떨까.

이 생가에 가면 집 외관을 둘러보면서 어재연 장군과 그의 남동생인 어재순, 그리고 신미양요 때 나라를 지키기 위해 싸우다가 전사한 병사들을 생각하시기를. 이 고택이 중요한 의미를 갖는 이유이기도 하다. 신미양요는 지난 2018년 tvN에서 이병헌과 김태리 등이 출연한 〈미스터 션샤인〉의 역사적, 시대적 배경이기도 했다. 사실 어재연 장군의 이름은 익숙하지 않다. 어 장군은 병인양요에서도 나라를 지키는 데에 공을 세웠다. 1981년 신미양요 때 강화도의 광성보에서 강화도 수비대장 순무중군(巡撫中軍)으로 미군에 맞서 백병전을 치르다가 남동생 어재순 그리고 수백 명의 조선군과 함께 전사했다. 이후, 나라에서는 전투를 지휘한 어재연 장군의 공적을 높이 평가해 충장공(忠壯公)이란 시호와 병조판서 겸 지삼군부사(知三軍府事)라는 벼슬도 내렸다. 신미양요 때 어재연 장군이 사용한 수자기(帥字旗, 조선시대 군영軍營의 최고지휘관이 지휘하는 장소에 꽂는 깃발)를 당시 미 해군이 본국으로 가져갔고 그로부터 100여 년 이상 미국 애나폴리스 해군사관학교박물관에서 보관해왔다는 점은 시사하는 바가 크다. 그 수자기는 한국문화재청과 우리 해군의 끊임없는 노력으로 2007년 10월 22일에 장기대여 형식으로 반환됐고 현재 강화역사박물관에 보관중이다. 돌원마을에는 어재연 장군과 관련 된 곳이 제법 있다. 어재연 장군이 전사하기 전까지 타던 말이 생가로 돌아와 스스로 목숨을 끊었고 동네사람들은 이를 기특하게 여겨 무덤을 만들고 묻어줬다는 말무덤, 어 장군이 어릴 적 활쏘기와 무술연습을 했다던 '사장말랭이' 혹은 '사장골', 충장사와 쌍연못 등.

25

율면 2
한폭의 수채화같은 소뚝도랑둘레길

소뚝도랑길

율면은 이천의 제주도라고 부른다. 이천의 최남단에 있는 데
다 자연 풍광이 아름답기 때문이다. 그곳에 소뚝도랑둘레길
(이하 소뚝도랑길)이 있다. 소뚝도랑길은 오래전 마을 사람들이
소를 몰고 다니던 둑과 길이라고 하여 붙여진 이름이다. 오래
전 이 마을 사람들에게 농업이 생업이고 농가에 농기계가 많
지 않을 때의 이야기이다. 마을 주민들 말에 따르면, 1990년
대까지 이 마을 농가에서는 대부분 소를 길렀다. 봄이면 농부
는 소와 함께 밭두렁·논두렁을 다니며 농사를 지었다. 소는
농부의 이랴 좌랴 하는 지시에 따라 쟁기를 끌고 밭과 논을 갈

앉다. 사람이 해야할 힘든 일을 대신 했다. 농부는 밭 갈고 논 가는 일을 마치면 석산저수지 둑이나 근처 풀밭에 말뚝을 박고 소를 매어두곤 했다. 그러면 소는 한가로이 풀을 뜯어 먹고 낮잠을 자고 가끔 소끼리 뿔을 들이받기도 했다. 여름 오후, 아이들은 소 풀을 먹이러 나왔고 소는 저수지나 도랑에서 흐르는 물로 목을 축였다. 당시 저수지에서 논으로 이어지는 도랑이 있었다고 한다. 이 마을 사람들은 이러한 이유로 저수지 둑과 도랑이 있는 근처를 소뚝도랑길이라고 불렀다. 둑은 높은 길을 만들기 위해 쌓은 언덕을 이르는 순우리말이다. 도랑은 좁고 작은 개울을 말하는 우리말이다. 소뚝도랑길은 소+둑(뚝)+도랑(또랑)+길의 합성어인 셈이다.

소뚝도랑길의 리모델링

소뚝도랑길은 하마터면 이 마을 주민들 기억 속에 묻힐 뻔했다. 농가에서 편리한 농기계로 농사를 지으면서 소를 키우지 않게 되면서부터 이 길에 대한 추억도 점점 희미해졌다. 그러다가 2020년 소뚝도랑길둘레길을 조성하면서 다시 살아났다. 서울에서 공무원으로 근무하던 한분이 율면으로 이사왔고 어느 날 이 길을 산책하는 중에 이 길이 너무 아름답다고 느꼈다고 한다. 마을 사람들한테 정비되지 않은 농수로에 대한 불

율면 소뚝도랑둘레길 야자매트를 깔고 다채로운 꽃을 심어서 논길을 걷는 재미가 더한다.

편함과 이 길에 얽힌 재밌는 이야기도 알게 됐다. 그는 석산 2리 이장님과 마을 주민들, 그리고 다양한 분야 사람들과 함께 머리를 맞대고 이 길을 다시 살리고 농수로도 정비할 수 있는 방안을 찾기 시작했다. 그 소망은 경기도 도랑복원 사업, 환경부 우리도랑 살리기 사업 정책 공모사업에 응모로 이어졌다. 그리고 2019년 마침내 사업에 선정됐다. 환경부와 경기도, 이천시가 예산을 지원하면서 2020년 3월 공사가 시작했다. 부래미마을 석산2리 산성2리 일원이었다. 이 과정에서 이천시와 율면, 그리고 당시 석산2리 이충섭 이장님을 비롯한 부래미마을 주민들 그리고 그 외 많은 이들이 힘을 모았다. 석산저수지를 중심으로 기존의 논과 논 사이, 논·밭 사이 주변에 무성하게 자란 풀을 깎고 잡목을 깔끔하게 제거했다. 논둑의 약 100m 가량의 도랑에 자연석을 쌓고 길을 평평하게 다진 후 도랑의 폭과 둑의 너비를 넓혔다. 논의 흙길에 야자매트도 깔았다. 눈·비가 내릴 경우 땅이 질퍽하여 신발에 흙이 덕지덕지 묻을 수 있기 때문이다. 상습 침수구역에는 넓고 깨끗한 도랑이 새롭게 만들어졌다. 여름 장마나 폭우가 내리는 날이면 팔성산에서부터 내려온 물이 농수로를 따라 흘러오다가 범람하여 논·밭이 수해를 입혔는데 이를 방지하기 하기 위해서였다. 덕분에 2020년 여름 폭우에도 논밭에 수해는 없었다.

2021년 봄, 율면에서는 소뚝도랑길 논가에 사계절 꽃씨를 뿌렸다. 그해 여름부터 가을까지 소뚝도랑길은 벼와 꽃들이 어우러져 너무나 아름다운 길이 됐다. 마을 사람들과 소 외에 아무도 찾지 않은, 존재 자체가 미미한 저수지 둑과 논길이 동네 사람들의 산책로로 변신했다. 사진가들도 찾아와 사진을 찍었다. 소뚝도랑길은 '길의 재생', '길의 리모델링'이라고 해도 어울린다. 기존 시골 논길을 단정하게 정비하고 꽃을 심어 운치를 더했기 때문이다.

연인의 길, 석산저수지

소뚝도랑길은 총 3코스로 구성돼 있다. 총 길이는 9.3km. 1코스는 2.5km(소요 시간 35분), 2코스는 2.8km(40분), 3코스 4km(60분)이다. 그 가운데 3코스를 선택한다. 자동차는 부래미마을 다목적체험관 앞에 주차해놓고 석산저수지둑에서 시작해 둑 오른쪽으로 휘돌아가다가 논둑을 걷는다. 논둑에서 복숭아 과수원과 배 과수원을 지나 생태공원에서 잠시 쉰다. 다시 시골 농로를 걷다가 팔성산을 오른 후 차를 세워둔 부래미마을 다목적체험관까지 오는 코스이다.

　우선 석산저수지 앞이다. 율면 석산2리 부래미마을 입구에 있는 석산저수지는 석산리 지명을 따서 지은 이름이다. 이

저수지는 오래전 농업용 물 공급을 위한 용도로 쓰였다. 저수지 위 아래로 논과 밭이 있다. 지금은 논농사를 지을 때 지하수를 주로 사용한다. 석산저수지둑은 연인의 길이다. 어느 가을 오전이었다. 윗마을에 사는 청년이 군대에서 휴가를 나왔다가 이 저수지 둘레를 산책하고 있었다. 마침 같은 시간에 건너 마을에 사는 아가씨도 저수지 둑을 걸었다. 아가씨는 서울에서 직장에 다니다 고향에 잠시 내려왔다가 초등학교 가을운동회를 구경하러 가는 중이었다. 이 둑에서 처음 만난 두 사람은 첫눈에 반했다. 이십 대 초반인 그들은 사랑을 시작했다. 이 저수지는 사계절이 예쁘고 특히 봄과 가을 풍경은 절경이다. 이곳은 저수지 뒤쪽으로는 팔성산이 둥그렇게 펼쳐져 있고 둑방 아래로는 논이 펼쳐져 있다. 그 풍경에 흰구름과 산들바람, 들꽃과 갈대, 저수지 물빛은 그 자체로 감성 충만한 자연카페이다. 그곳에서 만났으니 마음이 열리고 말랑말랑해지는 것은 당연한 일. 청춘남녀는 일 년간 연애한 후 결혼했다. 아들·딸 낳아 훌륭하게 키웠고 60년을 행복하게 살았다. 이후 연인이 이 저수지둑을 걸으면 사랑이 이루어진다는 전설이 생겼다.

소뚝도랑길은 추억을 소환한다

소뚝도랑길은 시간을 되돌아가게 하는 힘이 있다. 황소에 대한 그리운 추억을 소환한다. 어느 여름밤 우리집 소가 다른 마을로 마실을 간 적이 있다. 외양간에 매에 놓은 줄이 풀린 모양이었다. 그날 가난한 농가와 마을은 발칵 뒤집혔다. 온동네 사람들은 함께 소를 찾느라 잠을 이루지 못했다. 소는, 다음 날 아침에서야 우리집으로 돌아왔다. 소는 어두운 밤 혼자 꽤 먼 마을까지 갔던 것 같다. 다른 마을 이장이 우리마을 이장한테 연락을 해서 알았다. 소도 훌훌 떠나고 싶어 한다. 소는 다음 날 아무 일 없다는 듯이 아버지와 함께 들에 나가 밭을 갈고 논을 갈았다. 식구들은 그곳에서 자란 곡식을 먹고 미래의 꿈을 꿨다. 소는 농가를 먹여 살린 부지런한 식구였고 아버지의 든든한 친구였다.

부래미생태공원

석산저수지를 지나 논두렁과 밭두렁을 걷는다. 소뚝도랑길을 걸으면 이 길의 사계절 풍경이 자연스럽게 그려진다. 이 길은 어느 코스든 사계절 풍광이 아름답다. 특히 사월의 봄날 논둑에서 과수원과 팔성산을 올려다보고 있노라면 '고향의 봄' 노래가 저절로 나온다. 사월이면 푸른 하늘 아래 분홍 진달래와

율면 소뚝도랑둘레길 소뚝도랑길은 소와 저수지둑과 길을 혼합해 지은 이름이다. 한때 사라질뻔한 길을 리모델링하여 걷기 좋은 길, 스토리가 있는 길로 재탄생 시켰다.

노란 생강나무꽃이 팔성산을 점점이 수를 놓는다. 복숭아꽃과 배꽃, 포도나무가지마다 돋아나는 연푸른 싹, 들판의 이름모를 들꽃은 한 폭의 수채화가 된다. 봄날 복숭아밭은 화사한 분홍색꽃과 초록풀이 어우러져 그저 아름답다. 과수원을 지나 부래미자연생태공원앞이다. 자연생태공원은 논과 논 사이에 보물처럼 숨어있다. 마을 사람들은 이곳을 습지라고 부른다. 이 생태공원 한 가운데 서면 청량함이 온몸에 스민다. 이 습지에는 고라니와 다람쥐, 청설모 등 다양한 야생동물이 산다. 각종 수생식물과 곤충도 산다. 물 속에 뿌리를 깊게 내리며 하늘을 향해 당당하게 서 있는 버드나무도 아름답다. 습지는 계속 샘물이 솟아 나온다. 20여 년 전 아이들은 이곳에서 율면의 토종 수생식물과 곤충 등을 관찰했다. 하지만 어느 날 예산이 끊기면서 사람 손길도 뜸해졌다. 2023년 다시 예산이 투입됐다. 생태공원으로 가는 길이 정비됐고 습지는 다시 그 정체를 드러냈다. 화장실이 없는 것은 여행자에게 큰 아쉬움이다. 이 습지를 잘 가꿔서 많은 여행자가 율면의 토종 생태환경을 보고 누렸으면 한다.

팔성산에도 올라보자

마을 뒷산이자 소뚝도랑길의 3코스에 속하는 팔성산에도 오른다. 팔성산은 해발 378m, 부래미마을 사람들은 뒷동산 정도로 여긴다. 디지털음성문화대전에 따르면, 팔성산은 경기도 이천과 충청북도 음성군 생극면, 경기도 안성을 통하는 길목에 위치하고 있다. 교통상의 요지이며 사방을 두루 조망할 수 있는 전략적 거점이다. 라고 요약한다. 이 산 이름은 4개 정도이다. 그 가운데 팔승산(八勝山), 팔성산(八星山), 팔성산(八聖山)은, 산 정상부에는 테뫼식(산 정상부를 둘러쌓은 성) 산성 터가 있는데, 그것에서 유래된 것으로 추정한다. 두 문헌 기록도 그것을 뒷받침한다. 『문화유적총람』에는 "팔성산 정상에 위치하는 산성으로 임진왜란 때 향토 방위를 위하여 인근 주민들이 축조한 성이라 하며 여덟 번 싸워서 여덟 번 승리했다고 팔승산(八勝山)이라고도 전함. 현재는 대부분 붕괴되어 흔적만 남아 있을 뿐이며 토축 둘레 약 500m, 높이 약 1m, 두께 1.3m 정도이다."라고 소개한다. 또, 『조선보물고적조사자료』 경기도편에 "율면 산성리 팔성, 본성은 음성군에 뻗어 둘레 약 300간의 토축임. 이천군에 있는 것, 약 40간 겨우 모양을 짐작하기 족함"이라고 기록돼 있다. 율면에서는 팔성산(八姓山)이라고도 부른다. 구전에 따르면 팔성산 아래 여덟 성씨(姓氏)가 살았다 하여 유래된 이름이라고 한다. 예컨대 율면 산성리에는 함종 어씨(咸從 魚氏)가 많이 살았고, 석산리에는 안성 이씨(安城 李氏)와 제주 고씨(濟州 高氏), 이천시 율면 석산리 장성골(장성동)에는 장수 황씨(長水 黃氏), 오성2리에는 개성 왕씨(開城 王氏), 월포리에는 전주 류씨(全州 柳氏)가, 현재 율면 소재지인 고당리에는 고령 박씨(高靈 朴氏), 한양 조씨(漢陽 趙氏) 등이 많이 살았다고 한다. 팔성산은 국가의 위기에 주민들이 똘똘 뭉쳐서 산과 마을을 지켰고 그러면서도 다양한 사람들을 품은 산인 것 같다. 팔성산에서 내려와 부래미마을 다목적체험관을 향해 걷는다.

소뚝도랑길에 대한 엉뚱한 발상

소뚝도랑길의 시간은 느리게 흐른다. 누구한테나 자신을 내

어주고 반갑게 맞이한다. 대상을 가리지 않는다. 소뚝도랑길
에 서서 엉뚱한 발상도 해본다. 소뚝도랑길에서는 소와 관련
된 다양한 것을 보고 체험할 수 있다. 예컨대 송아지부터 엄마
소, 아빠소 등 소와 관련된 다양한 조각작품과 미니어처를 볼
수 있다. 구간구간마다 전시된 소와 관련된 속담이나 전래 동
화도 읽을 수 있다. 논둑이나 밭둑에 쉼터나 작은 원두막을 설
치해 놓는다. 그곳에서 부래미마을에서 철마다 수확한 제철
과일과 곡식을 구입할 수 있고 마을 어르신들께 소뚝도랑길에
서 있었던 재미있는 추억과 이야기도 들을 수 있다. 논둑에서
새참 체험도 하면 어떨까. 들녘에서 새참은 상상만으로도 즐
겁다.

소뚝도랑길 꽃길 사업은 종료됐다. 해서 논가에서 꽃을 보
기는 어렵다. 그래도 석산저수지부터 논둑을 걸어보는 것만
으로도 힐링이 된다. 이 길을 좀 더 충만히 누리려면 부래미마
을다목적체험관에서 지도를 살펴보고 가는 게 도움이 된다.
복잡하고 분주하게 하루를 살아낸 당신, 삶의 어느 날 율면의
소뚝도랑길을 걸어보시기를. 천천히 흘러가는 율면의 논길이
선물처럼 기다린다.

참고 자료

강남대학교인문기술공감연구소·이천문화원, 『이천시 대월면 문화유적·민속 조사보고서』, 홍익문화사, 2002.

강남대학교인문기술공감연구소·이천문화원, 『이천시 도심권 문화유적민속조사 보고서』, 홍익문화사, 2016.

강남대학교인문기술공감연구소·이천문화원, 『이천시 마장면 문화유적·민속 조사보고서』, 홍익문화사, 1998.

강남대학교인문기술공감연구소·이천문화원, 『이천시 모가면 문화유적·민속 조사보고서』, 홍익문화사, 2002.

강남대학교인문기술공감연구소·이천문화원, 『이천시 부발읍 문화유적·구전자료 조사보고서』, 홍익문화사, 1998.

강남대학교인문기술공감연구소·이천문화원, 『이천시 설성면 문화유적 민속조사보고서』, 홍익문화사, 1997.

강남대학교인문기술공감연구소·이천문화원, 『이천시 신둔면 문화유적·민속 조사보고서』, 홍익문화사, 2000.

강남대학교인문기술공감연구소·이천문화원, 『이천시 율면 문화유적·민속 조사보고서』, 홍익문화사, 1997.

강남대학교인문기술공감연구소·이천문화원, 『이천시 장호원읍 민속자료 조사보고서』, 홍익문화사, 1999.

강남대학교인문기술공감연구소·이천문화원, 『이천시 호법면 문화유적·민속 조사보고서』, 홍익문화사, 2001.

김기흥, 『서희 협상을 말하다』, 새로운제안, 2006.

용인대학교산학협력단·이천쌀문화축제추진위원회, 『이천쌀문화축제백서』, 2013.

이원희·김동옥·신배섭·이인수, 『安興池와 愛蓮亭』, 홍익기획, 2010.

이천문화원, 『雪峯文化 2016 제54호 길을 걷다, 이천을 거닐다』, 홍익기획, 2016.

이천문화원, 『雪峯文化 2017 제56호 이천의 노거수』, 홍익기획, 2017.

이천문화원, 『雪峰文化 2021 제61호 문턱을 넘어서』, 홍익기획, 2021.

이천문화원, 『시민을 위한 이천의 역사』, 2022.

이천문화원, 『利川陶藝村(이천도예촌)향토문화조사보고서 6』, 1994.

이천문화원, 『이천마을기록사업7 장호원』, 홍익기획, 2021.

이천문화원, 『이천사람실록3 '창전동에서 90년을 살았지'』, 홍익기획, 2019.

이천문화원, 『이천의 나무도감 – 마을을 지켜온 노거수이야기』, 홍익문화, 2018.

이천문화원, 『利川의義兵活動과三一運動향토문화조사보고서 4』, 1987.

이천문화원, 『이천이야기보따리총서1 효자를 살린 돌울음소리』, 홍익기획, 2018.

이천문화원, 『利川紫彩農謠향토문화조사보고서 2』, 1986.

이천문화원, 『향토의 얼 찾기 인물편 1 국난극복의 슬기 서희』, 1984.

이천문화원·경기학연구센터, 『이천마을기록사업1 신둔면 지석리 '괸돌고을 산신마을'』, 홍익기획, 2017.

이천문화원·서희선생기념사업회, 『겨레의 위대한 스승』, 서희, 홍익기획, 2004.

이천문화원·이인수, 『이천의 인물』, 홍익기획, 2010.

이천문화원·홍순석, 『이천의 옛이야기』, 홍익기획, 2007.

이천시서희선생선양사업추진위원회, 『위대한 협상의 마법사, 서희』 스토리텔링, 2008.

이천시·이천시지편찬위원회, 『시민을 위한 이천시지』, 2018.

이천시지편찬위원회, 『이천시지 1 : 자연과 역사』, 홍익기획, 2001.

이천이야기꾼·이천문화원, 『이천인문학 총서 4 – 새롭게 읽어보는 이천이야기 백가지 II』, 홍익문화사, 2016.

장위공 서희선생 사료집 간행위원회, 『장위공 서희선생 사료집』, 1993.

정여울, 『빈센트 나의 빈센트』, 21세기북스, 2019.

홍영의, 최정준, 김형섭, 심승구, 『설봉서원 4현의 생애와 사상』, 경인문화사, 2019.

경기일보, 이천시, 어린이 교통공원 체험교육 운영, 2024.4.7.

뉴스1, 이천시, 복하천에 반도체 로봇 모양 '물놀이장' 내년 8월 개장, 2023.11.17.

이천설봉신문, 안흥지에 국내 최초 '동심의 길', 시민 감성힐링 공간으로 큰 호응, 2021.6.17.

환경일보, '이천오층석탑 환수염원탑' 세운 이천시민, 2021.11.4.

중부일보, '백사면 산수유마을' 생태관광거점 조성 추진, 2021.4.21.

사진 제공

이천 연표

993년

서희(徐熙), 거란
소항덕과 담판 외교,
거란군 물리침

1871년

신미양요 발발
(율면 출신 어재연·어제순
광성보 전투에서 순절)

기원전 3~4세기

백제가 이천에
설봉산성 축조

1444년

세종 때
이천도호부로 승격

1900년

장호원감리교회 설립

1402년

이천향교 설립

1896년

이천수창의소
광현전투에서
대승

936년

태조 왕건, 서목의
도움으로 복하천 건넘
(이섭대천 지명 탄생)

1564년

향현사 창건
(설봉서원 전신)

1902년

이천최초의
근대학교
이천공립소학교
설립

1930년
관고시장, 2일 5일 장
열리기 시작함

1976년
OB맥주
이천공장 착공

1986년
육괴정 이천시
향토유적 제13호
지정

1971년
이천 태극당 설립

1983년
SK하이닉스
(구 현대전자)
이천공장 착공

1984년
어재연 장군 생가
국가민속문화재
제127호 지정

1974년
동경기인삼농협
(구 용인삼업조합
이천분소 설치)

1987년
설봉문화제 개최,
이천도자기축제 개최

1979년
와우목장 설성면으로
이전확장

1970년
설봉호수
(구 관고저수지 준공)

1988년

사기막골 도예촌 조성

2001년

제1회 세계도자비엔날레
개최,
이천커피체험농장
이천커피열매 첫 수확

2008년

이천시청 청사
중리동으로 이전,
이천시 도자특구 지정

1998년

제1회 이천쌀문화축제,
제1회 장호원
햇사레복숭아축제
개최

2003년

부래미마을
녹색농촌 체험 마을
지정

2000년

제1회
이천백사산수유축제

2007년

이천시립월전미술관
개관

2009년

서경들마을
농촌마을
종합개발사업
서경 권역 지정

1993년

이천시 통합브랜드
'임금님표 이천'
상표 등록

2002년

이천시립박물관
개관

2010년

이천시,
공예 및 민속예술분야
유네스코 창의도시
지정

2017년

이천시티투어버스 첫 운행

2023년

에덴파라다이스 호텔에서
이천오픈아트페스티벌
개최, 수요응답형버스(DRT)
'똑버스' 개통

2015년

산수유사랑채 준공

2019년

시몬스 테라스 개장

2016년

서희테마파크 개장,
경강선 개통

2020년

한국기독교역사박물관
제17회 전시
(3·1운동이후
기독교민족운동)

2013년

이천농업테마공원 개장

2018년

예스파크 개장

2024년

이천시 알음길,
걷기 좋은 길 조성
(도심순환형 둘레길)

대한민국 도슨트 17

이천

1판 1쇄 인쇄 2024년 8월 5일
1판 1쇄 발행 2024년 8월 12일

지은이 김희정
펴낸이 김영곤
펴낸곳 ㈜북이십일

TF팀 이사 신승철
출판마케팅영업본부장 한충희
마케팅1팀 남정한
출판영업팀 최명열 김다운 권채영 김도연
제작팀 이영민 권경민
진행·디자인 다함미디어 | 함성주 유예지

출판등록 2000년 5월 6일 제406-2003-061호
주소 (10881) 경기도 파주시 회동길 201(문발동)
대표전화 031-955-2100 팩스 031-955-2151 이메일 book21@book21.co.kr

(주)북이십일 경계를 허무는 콘텐츠 리더

대한민국 도슨트 채널에서 도서 정보와 다양한 영상자료, 이벤트를 만나보세요!
포스트 post.naver.com/travelstudy21
인스타그램 www.instagram.com/k_docent

ISBN 979-11-7117-756-1 04900
     978-89-509-8258-4 (세트)